- 广西高校人文社会科学重点研究基地"广西教育现代化与质量监测研究中心"基金支持项目
- 南宁师范大学旅游管理国家一流专业建设点建设成果
- 南宁师范大学教育学广西一流学科建设成果
- 南宁师范大学2022年新工科、新文科研究与实践项目"建设新文科 服务新动能——西部高校新时代文旅新型人才培养与实践"(2022XWK006)阶段成果
- 南宁师范大学2022年新工科、新文科研究与实践项目"新文科建设视域下旅游管理专业服务乡村振兴的课程体系探索与实践"(2022XWK004)阶段成果

高等院校应用型人才培养"十四五"规划旅游管理类系列教材

研学旅行指导师实务

主　　编◎张　群
副 主 编◎叶建芳　杨春玲　邵小慧
参　　编◎周蓝航　农广达　徐慧雅　宋清雪　黄丽莹

Practical Guide for Study Travel Tutor

华中科技大学出版社
http://press.hust.edu.cn
中国·武汉

内容提要

《研学旅行指导师实务》是一本关于研学旅行教育的专业教材,旨在帮助读者深入了解和掌握研学旅行指导师的职业素养、教育培训、课程设计与实施以及研学旅行中的突发问题处理和安全防控等方面的知识和技能。本教材共分为九章。第一章、第二章为研学旅行教育以及研学旅行指导师概述。第三章、第四章重点介绍研学旅行指导师的职业素养以及研学旅行指导师的职业教育、培训与鉴定。第五章至第九章主要围绕研学旅行指导师在研学旅行过程中的课程设计与实施、活动评价与反馈、研学旅行过程中的突发问题及其处理、研学旅行安全防控以及招投标问题进行探讨。

图书在版编目(CIP)数据

研学旅行指导师实务/张群主编. —武汉:华中科技大学出版社,2024.4
ISBN 978-7-5772-0681-3

Ⅰ. ①研… Ⅱ. ①张… Ⅲ. ①教育旅游-师资培训-高等学校-教材 Ⅳ. ①F590.75

中国国家版本馆CIP数据核字(2024)第075187号

研学旅行指导师实务　　　　　　　　　　　　　　　　　　　张群　主编
Yanxue Lüxing Zhidaoshi Shiwu

策划编辑:王　乾
责任编辑:贺翠翠
封面设计:原色设计
责任校对:刘　竣
责任监印:周治超
出版发行:华中科技大学出版社(中国·武汉)　　电话:(027)81321913
　　　　　武汉市东湖新技术开发区华工科技园　　邮编:430223
录　　排:孙雅丽
印　　刷:武汉科源印刷设计有限公司
开　　本:787mm×1092mm　1/16
印　　张:13.75
字　　数:301千字
版　　次:2024年4月第1版第1次印刷
定　　价:59.80元

本书若有印装质量问题,请向出版社营销中心调换
全国免费服务热线:400-6679-118　竭诚为您服务
版权所有　侵权必究

出版说明

党的十九届五中全会确立了到2035年建成文化强国的远景目标,明确提出发展文化事业和文化产业。"十四五"期间,我国将继续推进文旅融合,实施创新发展,不断推动文化和旅游发展迈上新台阶。2019年和2021年先后颁布的《国家职业教育改革实施方案》《关于深化本科教育教学改革 全面提高人才培养质量的意见》《本科层次职业教育专业设置管理办法(试行)》,强调进一步推动高等教育应用型人才培养模式改革,对接产业需求,服务经济社会发展。

基于此,建设高水平的旅游管理专业应用型人才培养教材,将助力旅游高等教育结构优化,促进旅游专业应用型人才的能力培养与素质提升,进而为中国旅游业在"十四五"期间深化文旅融合、持续迈向高质量发展提供有力支撑。

华中科技大学出版社一向以服务高校教学、科研为己任,重视高品质专业教材出版。"十三五"期间,在教育部高等学校旅游管理类专业教学指导委员会和全国高校应用型本科旅游院校联盟的大力支持和指导下,出版社在全国范围内特邀中组部国家"万人计划"教学名师、近百所应用型院校旅游管理专业学科带头人、一线骨干"双师双能型"教师,以及旅游业界精英等担任顾问和编者,组织编纂出版"高等院校应用型人才培养'十三五'规划旅游管理类系列教材"。该系列教材自出版发行以来,被全国近百所开设旅游管理类专业的院校选用,并多次再版。

为积极响应"十四五"期间我国文旅行业发展及旅游高等教育发展的新趋势,"高等院校应用型人才培养'十四五'规划旅游管理类系列教材"应运而生。本套教材依据文旅行业最新发展和学术研究最新进展,立足旅游管理应用型人才培养特征进行整体规划,对高水平的"十三五"规划教材进

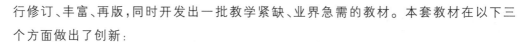

行修订、丰富、再版,同时开发出一批教学紧缺、业界急需的教材。本套教材在以下三个方面做出了创新:

一是紧扣旅游学科特色,创新教材编写理念。本套教材基于旅游高等教育发展新形势,结合新版旅游管理专业人才培养方案,遵循应用型人才培养的内在逻辑,在编写团队、编写内容与编写体例上充分彰显旅游管理应用型专业的学科优势,有利于全面提升旅游管理专业学生的实践能力与创新能力。

二是遵循理实并重原则,构建多元化知识结构。在产教融合思想的指导下,坚持以案例为引领,同步案例与知识链接贯穿全书,增设学习目标、实训项目、本章小结、关键概念、案例解析、实训操练和相关链接等个性化模块。

三是依托资源服务平台,打造新形态立体教材。华中科技大学出版社紧抓"互联网+"时代教育需求,自主研发并上线华中出版资源服务平台,可为本套教材作立体化教学配套服务,既为教师教学提供便捷,提供教学计划书、教学课件、习题库、案例库、参考答案、教学视频等系列配套教学资源,又为教学管理提供便捷,构建课程开发、习题管理、学生评论、班级管理等于一体的教学生态链,真正打造了线上线下、课内课外的新形态立体化互动教材。

本套教材的编委会力求通过出版一套兼具理论与实践、传承与创新、基础与前沿的精品教材,为我国加快实现旅游高等教育内涵式发展、建成世界旅游强国贡献一份力量,并诚挚邀请更多致力于中国旅游高等教育的专家学者加入我们!

华中科技大学出版社

前言
Preface

根据教育部等11部门印发的《关于推进中小学生研学旅行的意见》,研学旅行将成为中小学生一种独立的学习方式和教育活动。研学旅行指导师是伴随着研学旅行产生并逐渐发展起来的职业。研学旅行指导师是指策划、制定或实施研学旅行课程方案,在研学旅行过程中组织和指导中小学学生开展各类研究学习和体验活动的专业人员。研学旅行指导师在研学旅行活动中起着重要作用。从事研学旅行指导工作,不仅要具有一定的理论知识,还要具备较强的实践能力,特别需要具备处理各种复杂问题的能力。目前,国内研学旅行指导师行业还处于起步阶段,尚无大量规范的行业标准和规范可供参考。

随着我国研学旅行的发展,研学旅行指导师的需求将会大量增加。为提高研学旅行指导师职业素养,建立研学旅行指导师教育与培养体系,提高研学旅行指导师的专业技能,使研学旅行的工作程序与标准规范化,我们编写了本教材。相对于已经出版的关于研学旅行指导师的教材,本教材在适用性、全面性、实用性上有了新的突破。

(1) 适用范围广。本教材不仅可以作为研学旅行相关专业的学生和教师用书,也可供对研学旅行指导师感兴趣的人员阅读,同时适用于研学旅行活动的组织者和参与者,有助于促进研学旅行活动的顺利开展。

(2) 内容全面。本教材涵盖了研学旅行指导师的职业素养、教育培训、课程设计与实施以及研学旅行中的突发问题处理和安全防控等多个方面的内容,全面体现了研学旅行指导师所要具备的知识与技能。

(3) 实践操作性强。本教材中提供了大量的实际案例和表格,且有具体的操作指导,有助于提升研学旅行指导师的专业技能和实践能力。

（4）培训与考试相结合。本教材以培训和考试为主，注重提升研学旅行指导师的实际操作能力和素质，同时提供了大量的课后习题，便于读者学习、记忆和掌握所学知识。

在本教材编写过程中，张群编写了第一章、第八章和第九章，叶建芳编写了第二章，徐慧雅编写了第三章，邵小慧编写了第四章，周蓝航编写了第五章，农广达编写了第六章，宋清雪编写了第七章，杨春玲提供了全书大部分案例，黄丽莹进行了大量的资料搜集与整理工作；段文军、廖钟迪提出了很多宝贵的修改意见。在本教材出版之际，对给予帮助、支持和鼓励的专家、朋友和同仁表示真挚的感谢。我们力求在"研学旅行指导师实务"领域有新的突破，但鉴于精力及拥有资料的不足，书中难免有错误与疏漏之处，敬请广大读者批评和指正。

目录
Contents

第一章　研学旅行教育概述　/001
第一节　研学及研学旅行　/003
第二节　研学旅行教育理论　/010

第二章　研学旅行指导师概述　/017
第一节　研学旅行指导师定义与分类　/019
第二节　研学旅行指导师的职业形象　/026

第三章　研学旅行指导师职业素养　/037
第一节　研学旅行指导师的思想素养　/039
第二节　研学旅行指导师的知识素养　/043
第三节　研学旅行指导师的能力素养　/049
第四节　研学旅行指导师的行为素养　/054

第四章　研学旅行指导师职业教育、培训与鉴定　/058
第一节　研学旅行指导师职业教育与培训概述　/060
第二节　研学旅行指导师教育与培训方式　/062
第三节　研学旅行指导师的等级评审条件　/064
第四节　研学旅行指导师的职业等级划分标准　/066
第五节　研学旅行指导师的职业等级评定　/075

第五章 研学旅行课程设计与实施 /077

第一节　研学旅行的课程设计 /081
第二节　研学旅行指导师的课程实施 /101

第六章 研学旅行活动评价与反馈 /116

第一节　研学旅行活动评价 /118
第二节　研学旅行活动反馈 /131

第七章 研学旅行突发问题及其处理 /134

第一节　集合问题预防与处理 /137
第二节　途中问题预防与处理 /141
第三节　住宿、用餐问题预防与处理 /152
第四节　课程问题预防与处理 /156
第五节　冲突问题预防与处理 /160

第八章 研学旅行的安全防控 /165

第一节　中国研学旅行安全概况 /167
第二节　研学旅行安全服务规范与防范体系 /179
第三节　研学旅行安全工作的发展导向和政策建议 /187

第九章 研学旅行的招投标 /194

第一节　研学旅行招标 /196
第二节　研学旅行投标 /200

参考文献 /207

第一章
研学旅行教育概述

本章概要

本章较为系统地论述了研学及研学旅行的概念、特征及发展历程,对研学旅行教育理论进行了分析和梳理。

学习目标

知识目标
1. 了解研学的概念、特征与目标,熟悉研学旅行的概念、特征与渊源。
2. 掌握研学旅行教育的理论基础。

能力目标
1. 认识研学及研学旅行是教育的一种方式,认识研学旅行指导师职业的科学性、教育性。
2. 具备作为研学旅行指导师从业人员必备的理论素养,具备研学旅行教育理论知识和能力,知道所从事工作的科学性与教育性,为未来工作奠定良好基础。

素养目标
具备良好的理论素养,具备教育工作者的素养与情怀。

章节重点

1. 研学及研学旅行的概念。
2. 研学旅行的特征。
3. 研学旅行教育理论。

知识导图

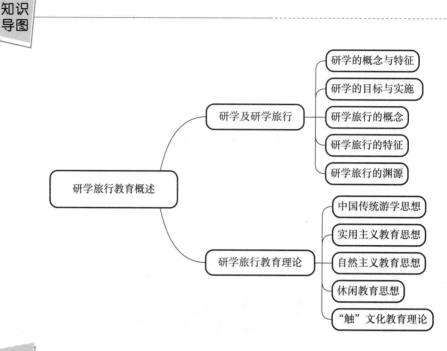

慎思笃行

"中国研学旅行发展报告·绍兴发布"会议成功举办

2023年3月20日,由中国旅游研究院、浙江省文化和旅游厅、绍兴市人民政府共同主办,绍兴市文化广电旅游局承办的"中国研学旅行发展报告·绍兴发布"会议在浙江绍兴举办。会议以主题演讲、报告发布、案例分享、论坛交流等形式,凝聚共识,共同推动我国研学旅行市场高质量发展。全国人大教育科学文化卫生委员会主任委员雒树刚以视频连线形式参加会议并做专题发言。

雒树刚表示,当前,研学旅行在中小学生群体中的渗透率快速提高,越来越多的学校开展研学旅行,研学旅行市场主体也迅速发展,应着力保持研学旅行持续健康发展。一是进一步提高研学旅行的覆盖率。研学旅行活动越来越被学校和家长重视,政府将研学旅行纳入中小学义务教育越来越明确,现在的关键是提高覆盖率,让更多的中小学生参与进来。二是进一步加强研学产品的开发建设,以"学"为中心组织研学旅行。要注意研学旅行产品的特定性,将研学产品与中小学生所学的课程紧密结合、与中小学生的接受能力紧密结合、与中小学生的兴趣爱好紧密结合。研学旅行要体现实践性,其本质在于让中小学生亲身体验,这是研学旅行与其他旅游相比的独特之处,也是研学旅行与课堂教学相比的优势。三是相关监管要跟上研学旅行市场的发展。政府部门要高度重视对研学旅行市场的监管,要有标准,包括准入标准、资质标准、产品标准、运行标准、内容标准等；同时要抓紧研学旅行全要素体系建设，包括研学基地、研学线路、研学教师、研学课程、研学安全等，这都是业界努力的着力点。

中国旅游研究院戴斌院长做了"国家营地·国民研学"的主题演讲。他提出，为了更好推进"书生意气的研学，家国天下的旅行"的发展理念，要从中国式现代化全面推进中华民族伟大复兴的战略高度，由营地到城市再到线路，对新时代的研学旅行做出必要的空间规划。要做好三个方面：一要建设一批面向少年儿童的国家营地，形成新时代研学旅行的重点项目支撑；二要培育一批面向青少年健康成长和文明交流互鉴的研学城市；三要推广一批面向不同年龄段和寓学于游的研学旅行国家线路。

会议期间，发布了《中国研学旅行发展报告（2022—2023）》《绍兴：一座研学城市的成长观察》"中国研学旅行目的地·标杆城市"、绍兴市系列研学旅行创新举措和产品内容以及《促进中国研学旅行发展绍兴共识》，举办了全国首个研学旅行气象站落户绍兴揭牌仪式，与会者以圆桌论坛的形式分别展开了研学旅行城市、企业和营地对话。

（资料来源：中国旅游新闻网，2023-03-21。）

心领神会

第一节　研学及研学旅行

一、研学的概念与特征

（一）研学的概念

研学，即研究性学习，是教育部2000年1月颁布的《全日制普通高级中学课程计划（试验修订稿）》中综合实践活动板块的一项内容。它是指学生在教师指导下，从学习生活和社会生活中选择和确定研究专题，主动地获取知识、应用知识、解决问题的活动，即为学生创设一个情境，让学生以自己的理解方式去认知世界。它秉持重在知识建构过程的学习观，在这样的学习过程中，教师不再以自己的方式解读教科书，然后把知识传递给学生。研学作为一种跨学科的综合实践活动，是一种重在解决问题和探究过程的开放式学习活动，也是一门实践的艺术。

（二）研学的特征

研学是师生共同探索新知的学习过程，是师生围绕着解决问题，共同确定研究内容，选择研究方法，相互合作和交流的过程。研学具有以下特征：

1. 灵活性

研学的内容并非来源于特定的知识体系,而是来源于学生的学习生活和社会生活。它立足于研究、解决学生关注的一些社会问题或其他问题,涉及范围广泛。因此,研学内容可能是单一学科的也可能是多学科综合交叉的,可能偏重实践层面也可能偏重理论研究层面,具有很大的灵活性,为学习者、指导者发挥个性特长和才能提供了广阔的空间,从而形成一个开放的学习过程。

2. 自主性

在研学过程中,学生在教师的指导下自主确定研究主题;学习的方式不是被动地记忆和理解教师传授的知识,而是敏锐地发现问题,主动地提出问题,积极地寻求解决问题的方法,探求结论的自主学习。

3. 现实性

研学强调理论与社会、科学和生活实际的联系,特别关注环境问题、现代科技对当代生活的影响等与社会发展密切相关的重大问题;强调要引导学生关注现实生活,亲身参与社会实践活动。同时,研学的设计与实施应为学生参与社会实践活动提供条件。

二、研学的目标与实施

(一)研学的目标

研学强调对所学知识、技能的实际运用,注重学习的过程和学生的实践与体验。学生在参与研学的过程中需要注重以下几项具体目标:①获得亲身参与研究探索的体验;②培养发现问题和解决问题的能力;③培养收集、分析和利用信息的能力;④学会分享与合作;⑤培养科学态度和科学道德;⑥培养社会责任心和使命感。

(二)研学的实施

研学即研究性学习,它不同于传统的教学。在开展研学的过程中,教师和学生的角色都具有新的特点,学习的实施类型、教育内容的呈现方式、学生的学习方式、教师的教学方式以及师生互动的形式都会发生较大变化。

1. 研究性学习的实施类型

依据研究内容的不同,研究性学习的实施主要分为两大类:课题研究类和项目(活动)设计类。课题研究以认识和解决某一问题为主要目的,具体包括调查研究、实验研究、文献研究等类型。项目(活动)设计以解决一个比较复杂的操作问题为主要目的,一般包括社会性活动的设计和科技类项目的设计两种类型。

2. 研究性学习的组织形式

研究性学习的组织形式主要有三种类型:小组合作研究、个人独立研究、个人研究与集体讨论相结合。

3. 研究性学习实施的一般程序

研究性学习的实施一般可分为三个阶段：进入问题情境阶段、实践体验阶段和表达交流阶段。在学习过程中这三个阶段并不是截然分开的，而是相互交叉和交互推进的。

进入问题情境阶段要求教师创设一定的问题情境，可以开设讲座、组织参观访问等，做好背景知识的铺垫，调动学生原有的知识和经验，然后组织讨论，提出核心问题，激发学生探究的动机。

实践体验阶段指的是在确定需要研究解决的问题之后，学生进入具体解决问题的过程。学生通过实践、体验，形成一定的观念、态度，掌握一定的方法。该阶段实践体验的内容有三项：①收集和分析信息资料；②调查研究；③初步的交流。

在表达交流阶段，学生要将取得的收获进行归纳整理、总结提炼，形成研究成果。成果的表达方式提倡多样化。

4. 研究性学习实施中的教师指导

研究性学习强调学生的主体作用，同时也重视教师的指导作用。在研究性学习实施过程中，教师应将学生作为学习探究和解决问题的主体，并注意转变自己的指导方式。

在研究性学习实施过程中，教师要及时了解学生开展研究活动中遇到的困难以及需要的帮助，有针对性地进行指导。教师应成为学生研究信息交汇的枢纽，成为交流的组织者和建议者，在这一过程中教师要注意观察每一个学生在品德、能力、个性方面的发展，适时给予鼓励和指导，帮助他们建立自信并进一步提高学习积极性。教师需通过多种方式争取家长等的关心、理解和参与，让他们与学生一起开发对实施研究性学习有价值的校内外教育资源，为学生开展研究性学习提供良好的条件。教师要指导学生写好研究日记，及时记载研究情况，真实记录个人体验，为以后总结和评价提供依据。

教师可以根据学校和班级实施研究性学习的不同目标和主客观条件，在不同的学习阶段重点为学生提供不同的指导，如指导资料收集工作，指导设计解决问题的方案，指导学生形成结论等。

三、研学旅行的概念

（一）旅行的概念

1. "旅行"一词的历史渊源

"旅"字早在周代金文里就有了。"旅"有旅客、客居和旅途之义。《周易·复卦》载："先王以至日闭关，商旅不行。"其中的"旅"是指旅客。《左传·庄公二十二年》载："羁旅之臣,幸得免负檐。"其中的"旅"是指客居。《尔雅·释宫》谓:"旅,途也。"其中的"旅"是指旅途。这些都反映上古中国人的出外旅行情况。在此义中,早在殷周之际,人们已经开始注意旅行的类别。《易经》中,专讲行商客贾的一卦就称为"旅卦"。"旅"字之所以用于商旅,一是因为"旅"本来就含有行走之意,二是因为"旅"常被古人假借为"庐",与"庐"字相通的"旅"字便成了当时商业旅游的专称。东周时期,旅行分类更加清楚,东周人除了沿用殷周以来的说法,还以"旅"称商旅,以"征"称军旅,以"归"称婚旅,以"巡"称天子之旅,以"迁"称迁徙之旅,特别是他们用"旅"字为中国旅游史引进了现代"旅游"的概念。

"行"字早在商代甲骨文中也已出现,是道路之意,后其义由道路引申为在路上走。《诗·唐风·有杕之杜》曰:"独行踽踽。岂无他人?"《墨子·公输》:"行十日十夜而至于郢。"其中的"行"都是行走之意。外出、走出,不可能不遍览四周的风景和奇异风俗,引发人的审美愉悦和求知冲动。

2."旅行"一词的现代含义

旅行,根据《现代汉语词典》,指"为了办事或游览从一个地方去到另一个地方(多指路程较远的)"。正如吴开婉在《文化与旅行:基于概念的探讨》一文中所言,旅行的概念重在强调时空的移动。从空间上说,必须有人的位置的转换,才可能有旅行,即在地理坐标上可以明确标示出位置的变化。从时间上说,每一次旅行都是一次时间的延伸。

3."旅行"与"旅游"的辨析

根据字面意思,"旅行"的核心是离家出行,由此地到彼地。离家出行的活动有很多,不仅包括以消遣、商务、探亲访友、游学探险等为目的的离家远行活动,而且包括以营利等为目的的离家远行活动。从时间维度来看,旅行是没有时间限制的,可以是暂时性的活动,也可以是永久性的活动。而旅游是指暂时性的离家旅行,游览观光。从这个角度来看,旅行和旅游是一种包含与被包含的关系,旅行的范畴要大于旅游的范畴。旅游的目的只能是消遣、商务、探亲访友、游学探险等非就业性目的,不能是挣钱谋生性质的就业性目的。暂时性是旅游的显著特点,换言之,旅游的时间性要求较强,旅游活动要求旅游者在一定时间范围内必须回到原来的居住地。由此可以看出,旅游活动的发生需要旅行,但是旅行活动不一定属于旅游活动,有些旅行活动属于旅游活动,有些旅行活动不属于旅游活动。

(二)研学旅行概念的提出和界定

"旅行"非"旅游"。"旅行"与"旅游"仅一字之差,但内涵大不一样。研学旅行也一样,2013年国家出台关于研学旅行的相关政策,但很少有人琢磨其中的差异,也较少有企业理解此意。目前,各研学旅行试点城市较多按"研学旅行"的思路在推进工作。概念的界定,是我们亟待解决的问题。研学旅行要求以旅行为载体和过程,以影响、引导和帮助为方法,助力青少年成长。

研学旅行以教育部相关文件为指导,属于教育制度设计,旨在推动基础教育育人模式的新探索,帮助中小学生身心健康成长。这个制度设计给教育部门与旅游部门的发展、转型都带来了重大历史机遇。

1. 研学旅行概念的提出

2013年2月,国务院办公厅印发了《国民旅游休闲纲要(2013—2020年)》,提出"逐步推行中小学生研学旅行"的设想。2014年4月,教育部基础教育一司司长王定华在第十二届全国基础教育学校论坛上发表了题为"我国基础教育新形势与蒲公英行动计划"的主题演讲,首先提出了研学旅行的概念:学生集体参加的有组织、有计划、有目的的校外参观体验实践活动。研学旅行由"研学"加"旅行"组合而成,可以从两个方面去理解其含义:一是重心在旅行,表现为夏令营式的旅行;二是重心在研学,实为旅行式的教育。我国推行中小学生研学旅行的初心是推动课程改革,提升学生的综合素质,因此社会上更多的是从第二种角度来理解研学旅行。

在研学旅行的概念提出以后,研究者逐步形成旅游是手段、教育是目的,以及"游中学、学中游"的研究视角。朱立新(2014)认为,广义的研学旅行就是指以研究性、探究性学习为目的的专项旅行。丁运超(2014)认为,研学旅行是一门以学生为主体,以发展学生能力为目标,在内容上超越了教材、课堂和学校的局限,具有探究性、实践性的综合实践活动课程。

2016年11月,教育部等11部门印发《关于推进中小学生研学旅行的意见》,对研学旅行进行了释义:中小学生研学旅行是由教育部门和学校有计划地组织安排,通过集体旅行、集中食宿方式开展的研究性学习和旅行体验相结合的校外教育活动,是学校教育与校外教育衔接的创新形式,是教育教学的重要内容,是综合实践育人的有效途径。该意见首次提出将研学旅行纳入中小学教育教学计划。

2. 研学旅行概念的界定

关于研学旅行,目前学者们给出的定义主要有广义和狭义之分。广义的研学旅行是指以研究性、探究性学习为目的的专项旅行;狭义的研学旅行是指一门以学生为主体,以发展学生能力为目标,在内容上超越了教材、课堂和学校的局限并具有探究性、实践性的综合实践活动课程。

理解研学旅行的内涵有四个关键点:一是研学旅行必须在中小学生上学期间进行,也就是必须在周一至周五开展;二是研学旅行必须围绕特色鲜明的主题来开发课程和组织研学旅行线路;三是研学旅行要求整年级或整班级集体参与研学活动;四是研学旅行最好在营地进行,做到集体体验式学习。

综上所述,研学旅行是以中小学生为主体对象,由教育部门和学校有计划地组织安排,以集体旅行生活、集中食宿方式为载体,以提升学生综合素质为教学目的,依托旅游吸引物等社会资源,将体验式教育和研究性学习相结合的一种教育旅行活动。研学旅行是学校教育和校外教育衔接的创新形式,是教育教学的重要内容,是综合实践育人的有效途径。

四、研学旅行的特征

（一）教育为本质

研学旅行履行的是教育功能。其根本宗旨在于提高中小学生的身心素质,培养中小学生的核心素养。因此,研学旅行要基于中小学的教育教学要求,进行科学、系统性的设计,纳入中小学教育教学计划。研学旅行的主要目的是通过探究式学习使参加者受到教育,这决定了其本质属性是教育,任何不以此为根本目的或者教育属性被弱化、形式化的行为都不是真正意义上的研学旅行。研学旅行要遵循教育内在规律,既要注重旅行形式的趣味性、旅行过程的知识性、旅行内容的科学性,还要注重学生良好人文素养的培育,特别是要重视旅行过程中良好习惯的养成教育,培养学生成为文明游客。

（二）旅行为平台

研学旅行是一种通过外出旅行的方式进行学习的活动,因此研学旅行中有旅游的元素,但不能完全以旅游为主要目的。"春游""秋游""夏令营"活动将"游玩"作为主要目的,因而不属于研学旅行的范畴。研学旅行具有体验性。大批学生走出校园开展研学旅行,需要教育部门主导和组织,同时也需要交通、食品药品监管、文化和旅游、财政、公安等相关部门配合。活动以旅游为载体,促进各方共同制定安全预案,实现无缝对接。

（三）研学为纽带

研学旅行是将"学"与"游"融合一体,借助自然事物,激发学生强烈的好奇心,激发学生内在的求知欲,让学生自主地运用已知去探求未知的过程。研学旅行的两大基本要素是"研学"和"旅行",二者在研学旅行的开展过程中缺一不可,如果缺失"研学",则沦为单纯的观光游;如果缺失"旅行",则沦为另类的课堂教育。研学作为重要的纽带,将教育和旅游两个要素紧密联系起来。为确保研学旅行的有效实施,要紧抓研学这一纽带。因此,研学旅行线路的设计、课程的开发、效果的评价、指导师队伍的建设、保障的落实,都是推进研学旅行的重要抓手,缺一不可。

（四）课程为形式

1.研学旅行是自主性课程

学生是研学旅行的主体,在研学旅行活动中表现出较强的自主性。在研学旅行过程中,首先学生会自发地生成兴趣,确定活动主题,预设研学内容,成为研学旅行活动的策划者。其次,学生会通过充分磋商来制定研学旅行线路、经费预算、规则与纪律、分工与协作,通过合作解决出现的问题。学生是研学旅行组织过程中的管理者与承担者,也是研学旅行过程的亲历者和体验者。

2. 研学旅行是开放性课程

研学旅行超越了教材、课堂和学校的局限,向自然、生活和社会领域延伸与扩展,加深了学生与自然、社会的联系,呈现出更加丰富多彩的表现形式,广度拓宽、深度延伸,为学生的个性发展提供了开放的空间。研学旅行使学生身处自然与社会之中,不断与自然和社会"沟通",能开阔他们的心胸,增长他们的见识。

3. 研学旅行是探究性课程

研学旅行为学生提供了许多探究、解决问题的机会,要求学生善于思考,积极捕捉来自身边的问题并进行界定、甄别、筛选和整合。研学旅行过程中随机生成的许多问题,可能是学生不曾预料的,所以需要学生通过探索甚至试错加以解决。同时,无论是通过"温故"还是通过探索或试错发现的新知,都需要在研学旅行过程中再次验证。最后,学生将验证了的新知,用于解决类似问题,形成举一反三的体验。

4. 研学旅行是体验性课程

陶行知坚持"教学做合一",研学旅行重在强调学生广泛参加各项社会实践活动,倡导学生亲近自然、走进社会,强调学生在客观环境中自我体验、自我感悟、自我成长。在研学旅行教育活动中,学校的学生走出校园,走进名胜风景、科技馆、博物馆、现代农业示范园、制造车间……走进与学校生活截然不同的环境,既是一种参与过程的体验,也是一种情感意志的体验,更是一种分享合作的体验。同时,研学旅行活动的体验性不仅仅是学生单向的个体体验,研学旅行指导师会引导每个学生一起活动,让全体学生共同体验、相互研讨,在参与和体验中拓宽视野、了解社会、亲近自然,培养团队合作能力和社会实践能力。

5. 研学旅行是实践性课程

研学旅行本质上是实践的,相对于课堂教学,研学旅行更注重培养学生解决实际问题的综合实践能力,在一定程度上可以起到匡正当前学校课程过于偏重书本知识、偏重课堂讲授、偏重让学生被动接受学习的弊端,弥补学生经验狭隘、理论脱离实际的缺陷。

五、研学旅行的渊源

说起研学旅行,很多人都以为它是近几年才出现的新兴事物,或是借鉴于外国开展的修学旅行。实际上在近代,著名教育家陶行知就组织新安小学的学生进行了长途修学旅行,引导他们通过卖报纸、唱歌、劳动等方式自己赚取路费和生活费,考察沿途风土人情,领略自然风光,了解近代工业文明等,开启了我国近代修学旅行的先河。

中国古代的游学,可以视作今天研学旅行的渊源。孔子,儒家学派创始人,春秋末期教育家、思想家,其学说对中国的文化思想产生了深刻的影响,塑造了中国的价值体系。他带领部分弟子周游列国,拜访名师、游说诸侯、研学求道,诞生了许多启发性的篇章。与当今研学旅行不同的是,孔子与弟子的游学过程十分艰难困苦,不仅交通不便,途中还要躲避战乱,增添了别样的感悟。同时,孔子与弟子的游学求道不局限于与名师或诸侯的交流,也不只是师生和生生之间的交流,还包括与游学途经地点的人民大众的沟通和互相启发。例如,名篇《两小儿辩日》,讲述了两个小孩就太阳远近展开争辩的故事,孔子虽知识渊博却也不能决断。这个故事中,两个小孩从不同角度看问题、探索未知世界的精神值得学习,孔子实事求是、勇于承认自身不足的精神也值得学习。这启示我们,今天研学旅行的课程设计应当充分发挥学生的自主性,教学相长,发动学生找寻看待问题和解决问题的多种角度,接触不同的社会角色或自然角色,了解不同的想法和看法,并从中得到学习和启发。唐代杜甫与文士们的郊游,明代徐霞客基于游学经历写就的《徐霞客游记》,都彰显了中国古代游学的发展轨迹。

纵观中国古代游学,文人学士们或者探索自然风光,或者探索社会哲学,或只身出行,或结伴而行,但不变的是对自然风光的欣赏、对知识的渴望和对深度探究的向往。今天的研学旅行是继承,更是开拓和创新。研学旅行有了更多的教育理论作为支撑,也有了更多的学习方法,更加翔实的学习过程,以及更丰富的学习内容。

第二节　研学旅行教育理论

研学旅行是行走的课堂,是以教育为目的的旅行,通过旅行的方式,现场教学,强调学以致用和实践出真知的教育理念。研学旅行是一种校外教育的新形式,既可以将其作为中小学生综合实践课程来看待,也可以将其上升到整个教育理念的高度去认识。

一、中国传统游学思想

中国传统的教育思想本质上是一种君子之学、圣人之学,强调修身养性,并由此达到"齐家治国平天下""学而优则仕",这是中国传统教育的理念。以儒家思想为基础的教育理念,有着鲜明的实用主义特征。《论语》里所倡导的君子的形象是"文质彬彬",这体现的是学习者一种自内而外的全面的教养。如何形成君子的修养?不仅要从知识的角度去积累,更注重的是"践行",也就是在身体参与的情况下展现出德性之学。"学而时习之",一个"习"字所传达出来的"践习""实践""践履"的意思,使得儒家的教育观念一开始就带上了浓厚的实用主义特征。

孔子带着学生周游列国,虽然有其政治上的辛酸与无奈,但也开启了中国最早的研学旅行教育。举凡山水、风土人情、艺术、政治、社会等,在孔子那里都能成为教育的场域。面对山水,孔子启发学生要从山水的形态中获得一种道德的力量,"知者乐水,仁者乐山""子在川上曰:'逝者如斯夫! 不舍昼夜。'"。面对松柏,孔子说:"岁寒,然后知松柏之后凋也。"孔子还注重在旅行中考察当地的风土人情,"入太庙,每事问",在当时最高等级的太庙里,孔子当然不会放过学习的机会,不停地询问,以此来获得周礼的知识。"夫子至于是邦也,必闻其政",孔子每到一个地方,都会考察探究当地的风土人情以及政治形势。在孔子看来,大自然就是人类的老师,走到自然当中,人就会学习到很多道理:"天有四时,春秋冬夏,风雨霜露,无非教也;地载神气,神气风霆,风霆流形,庶物露生,无非教也。"宋代大儒朱熹不仅有着"平生山水心"的旅游情怀,同样也继承了孔子把大自然当老师的观点,在《朱子语类》中也可见此语。

儒家还特别重视知与行的关系,强调"行"在学习中的重要意义。"行"其实就是"运行、施行、做事"。儒家忌空谈,也反对只学习抽象的知识,而主张将所学运用到实践当中。儒家甚至认为"百姓日用而不知"这种"中庸之德"是人生修行的最高境界。荀子就曾着重强调这种精神:"闻之而不见,虽博必谬;见之而不知,虽识必妄;知之而不行,虽敦必困。"

王阳明认为"致良知"就是要在"事事物物"上磨,也就是说,在做事的时候,人才是真正地在不断学习,也才能学到真正的知识。"知者,行之始;行者,知之成"。

在儒家的教育思想中,"游"是一个很重要的概念。游,有"游戏"的意思,比如孔子认为要"志于道,据于德,依于仁,游于艺";游也是"玩物",在玩的过程中涵养道德素养,也就是"玩物适情"。这与我们现在倡导的教育理念"在玩中学,学中玩"非常接近。游戏是学生成长过程中非常重要的手段,一方面,游戏可以让人不至于无所事事,在游戏中培养兴趣,激发学习的动力;另一方面,游戏具有体验性、实践性、趣味性与创造性。运用游戏的手段达到教育的目的,根据游戏的精神去开发活动课程,这些都是当前研学旅行值得借鉴与贯彻的内容。

中国古代书院是中国传统教育的重要空间,在书院制的教学场景下,"从游"成为私学教育的一大特色。所谓"从游",就是"跟从游历"的意思,也就是学生追随老师作业,与老师朝夕相处,共同学习,共同游历,在这一过程中老师会分享其渊博知识与逻辑经验,学生会被老师的高尚德行与人格风范所熏染,使自己不断提升。关于"从游"教育,清华大学老校长梅贻琦先生有着经典而贴切的解释,他曾在《大学一解》这篇文章中写道:

> 古者学子从师受业,谓之从游。孟子曰:"游于圣人之门者难为言。"间尝思之,游之时义大矣哉。学校犹水也,师生犹鱼也,其行动犹游泳也,大鱼前导,小鱼尾随,是从游也。从游既久,其濡染观摩之效,自不求而至,不为而成。

"从游"表现了一种独特的教育方式,也是古代师生相处的生动描述,"故君子之于学也,藏焉,修焉,息焉,游焉。夫然,故安其学而亲其师,乐其友而信其道。是以虽离师辅而不反也"。当今研学旅行于此也当深受启发,研学旅行的过程是师生"从游"的最佳契机。我们不能将研学旅行全部交由旅行社或相关组织打理，学校的老师、班主任、辅导员全程参与到研学旅行中，对师生情谊的培养将有大有益处。

古代书院非常重视游历的作用。元代理学家郑玉主张个体在游历名山大川中感悟历史，激发情怀，壮大志向，"渡淮而北，泛黄河，足以发吾深远之思；登太华，足以启吾高明之见；历汉唐之遗迹，足以激吾悲歌感慨之怀；见帝城之雄壮，足以成吾博大弘远之器识"。所以他在师山书院讲学时，经常带领学生避开市井喧嚣去游历俊秀山川，抛弃理论说教去感悟自然之美、体验行动之乐。

古代书院外出游历的学习体验既避免了枯燥的理论说教，又培养了学生吃苦耐劳、知行合一的良好习惯，获得了事半功倍的教育效果。

二、实用主义教育思想

中国传统教育注重实用，不尚虚谈；崇知重行，知行合一。实用主义教育思想本质上不仅是知识的教育，更是素养的教育，注重培养学生生活、生产的各种技能以及情感素养，以期能够更好地生活、生产。实用主义教育思想认为，与其注重概念，毋宁注重直观；与其注重语言，毋宁注重事实和劳作。西方实用主义的先驱代表拉伯雷认为，教育的目的是实际生活的准备，学生应在实际生活中求知识，如晨夕仰观天体，可知宇宙的广大；在就食之际说明饮食物品的性质，可以获得实用的知识；上学的时候，观察路旁各种植物，可以获得自然科学知识；于读书之余应做骑马、角力、游泳等锻炼手足、强健筋肉的运动，并应附带完成各种作业。教师更应常常带领学生观察铸铁、打铜、琢玉等制作金属器具的过程，兼使学生随时留意织布匠、成衣匠、印刷匠的工作。此种教育有三种教育上的价值：①强健学生体格；②丰富学生多方面经验；③增进学生对产业的兴趣。

美国实用主义教育的代表人物杜威提出"教育即生活"。所谓"教育即生活"，是指教育的过程就是生活的过程，学校就是社会，学校应该与儿童生活相结合。而杜威的中国学生陶行知一方面继承了他的实用主义教育思想，另一方面更是创造性地提出"生活即教育""社会即学校""在做中学"等教育理念。相比杜威的"教育即生活"而言，陶行知的实用主义教育思想强调学生要走出校园，走向社会，走向大自然，在与外部世界的接触中，边做边学，边学边做。"生活即教育"是要拿全部的生活作为教育的内容。就这一点而言，陶行知的教育理论与实践，对当前研学旅行的发展具有更直接的启发与借鉴价值。

苏联的苏霍姆林斯基提倡教师要从生活世界的角度去教育学生，"智育是一个复杂的过程，它包括形成世界观信念，使智慧富于思想方向性和创造方向性，而这又跟校内教学教育过程与校外社会生活和谐结合起来的那种个人的劳动和社会积极性处于紧密统一之中"。因此，学生要从劳动、自然、旅行与游戏中获得教育。

我国近代著名教育家张其昀先生也深谙实用主义教育思想之旨。他提出了教育需要处理好三对关系：课内与课外，校内与校外，学校与社会。他认为学校之内，无处不是教室。校园的建筑、空地以及色彩、光线等都对儿童身心发展有所影响。儿童的活动也不限于校内,须扩展至校外,远足旅行、实地观察等事均需于校外举行。儿童天性好动,年龄越长大,身体越健康,其对户外活动与校外活动的兴趣也越浓厚。科学教育必须使儿童与大自然为伍,引起其好奇心,发展其创造力。民族精神教育亦然,其应以乡里为起点,将爱乡土的心理,扩而充之为爱国家、爱同胞的民族意识与民族精神。

同时期的著名教育家陈鹤琴提出了"活教育"的教育观。他认为,从书本上能吸收的知识是"死"的,是间接的,而从大自然与大社会获取的知识是"活"的和直接的。"活教育"的课程论并不排斥书本,但是书本应是现实世界的写照,应能在自然、社会中得到印证,并能反映儿童的生活和身心发展规律。教育要让自然、社会、儿童生活和学校教育内容成为一个联系的整体。他提倡"做中教、做中学、做中求进步"的"活教育"方法论原则。

三、自然主义教育思想

自然主义教育思想首先重视儿童的教育,认为儿童的教育影响其一生;同时认为儿童含有知识的种子,遵循其生长的规律教育之,就会发芽长大。自然主义教育思想还认为教育要根据儿童成长的不同阶段进行相应的施教。自然主义教育思想重视行动,以事物为中心,讲究因材施教,注重个性,张扬个性,注重自由。

自然主义教育思想的代表性人物卢梭,强调感官和心理的自然发展,强调从经验得来的经验才是真正的知识;主张以实物教授儿童,使儿童自己去获得经验。因此,卢梭提出自然主义教育的三条途径,即自然、人和事物。这三种教育途径只有紧密相连、和谐一致,才可能取得好的效果。在《爱弥儿》中,他写道:"我们的才能和器官的内在发展,是自然的教育;别人教我们如何利用这种发展,是人的教育;我们对影响我们的事物获得良好的经验,是事物的教育。"他认为,相对于喧嚣浮躁的城市,乡村大自然的宁静生活更适合儿童的教育。儿童应当到大自然中去观察,在自然中学习。卢梭的教育观注重从人的直观性出发,他反对死记硬背与强硬灌输,主张减少不必要的人为因素,要求受教育者走向大自然、走向社会,对自然万物进行直接的接触与观察。他自己晚年隐居,每天去大自然中观察植物,获取植物学的知识,堪称自然主义教育的典范。

自然主义教育思想的巨擘夸美纽斯,在其著作《大教学论》中指出,旧学校的最大弊病是违背自然,用无用的知识填满学生头脑,造成儿童学习时间和精力的极大浪费。他认为,要想改革旧教育,就必须贯彻适应自然的原则。所谓"适应自然",按夸美纽斯的看法,包括以下两层含义。

(1) 遵循自然界的"秩序"。夸美纽斯认为,自然界存在一种起支配作用的普遍法则,他称其为"秩序"。他把人看作整个自然的一部分,因此,人的发展以及对人进行的教育应服从于这一普遍法则。

(2) 依据人的自然本性和身心发展的规律进行教育。夸美纽斯说:"凡事都要跟随自然的领导,要去观察能力发展的次第,要使我们的方法依据这种顺序的原则。"夸美纽斯认为,人生而具有智慧、道德和信仰的种子,但这些种子的发展如何,取决于人所受的教育。所以"实施这种教育的时候不用鞭笞,无须严酷或强迫,它可以实施得尽量温和轻快,尽量自然(正如生物的体格长大,丝毫不需勉强或强迫肢体去伸展一样,因为如果合适地得到食物、照料和运用,身体是会逐渐地、不知不觉地自行生长,并且变强壮的。同样,我主张把养料、照顾和运用谨慎地供给心智,把它自然而然地导向智慧、德行和虔信)"。他说:"教与学的行动本来是件自然的、令人高兴的和惬意的乐事。自然的事情无须强制。水从山上往低处流无需任何力量,每个生物很容易在其本性喜欢的方向上发展,……鸟儿学飞,鱼学游水,野兽学跑,无须任何强制。只要它们觉得自己四肢强壮,便本能地做这些事情。"夸美纽斯还推崇直观教学,视之为教学的首要原则,"在可能的范围以内,一切事物都应该尽量地放在感官跟前。一切看得见的东西都应该放到眼睛跟前,一切听得见的东西都应该放到耳朵跟前。气味应当放到鼻子跟前,尝得出和触得着的东西应当分别放在舌头和肢体跟前。"这种注重感官直接体验事物以获得知识的教学方法,也可以成为研学旅行遵循的指导原则。

夸美纽斯以适应自然、合乎自然的秩序(顺序)来论证自己教育改革的主张有一定的合理性,反映了他力求摆脱神学,使教育工作科学化的良好愿望。尽管其中有些想法片面、机械,但他的这些见解对我们当今的教育实践不无启发意义。

四、休闲教育思想

休闲是生活中很重要的一项内容,甚至是生活的大部分内容。它关系到人的生活质量以及个体的生活满意度与幸福感。长久以来,在功利主义盛行的形势下,教育成了生存的工具手段,学习工作的技能成为教育的主要目的。这样的教育在一定程度上忽视了日常生活的重要性,尤其是忽视了日常生活中休闲的重要性。一般意义上,休闲时间就是闲暇的时间,它是人可以自由支配的空余时间,是人自由表现自我、实现人生价值的重要契机。工作往往仅是生存所需,而并非生活之全部。就人的一天而言,至少有三分之一的时间是非工作时间;就人的一生而言,则超过三分之二的时间都是非工作时间。在非工作时间中,人如何度过,并恰当地处理好自我与周围世界的关系,以及人与自我的关系,都是值得受教育者充分重视的事情。

美国著名休闲学者杰弗瑞·戈比认为,成功地使用休闲,有三个重要观念:创造性、学习和乐趣。他倡议学生要自由地去玩、去探索他居住的那片土地,去尝试一门新的爱好。有学者指出,"休闲作为教育的背景"涉及"通过休闲实现的教育",包括在正规和非正规的学习环境中,如教室、操场、课后活动、夏令营和社区的教育项目。因此,无论是在课内,还是课外,这种休闲教育的理念应该得到普及。而走出校门,发展一种课外旅行的教学活动,无疑是更富有成效的一种教育方式。休闲教育的缺失导致学生不会正确地利用时间,当闲暇来临的时候,常常感到无所事事;而在从事休闲活动的时候,又会有很多不恰当的选择以及行为发生。休闲教育的缺失,也导致长久以来强调的素质教育起不到应有的效果,学生的全面发展也存在诸多困难。随着人类文明的整体进程发展、物质财富的持续增长,在21世纪人类社会注定会迈进休闲时代,这要求受教育者更加全面、更加理智地去面对生活,能够自由地实现自我的价值。因此,休闲教育课程体系的设置、休闲理念的传输、休闲实践的引导就显得尤为迫切。

另外,休闲教育除了体现为一种生活的教育,也体现为教学方法的革新。休闲是一种价值,是成为人的过程;休闲还意味着快乐(富有情趣)的体验。这种体验的特征反映在教育领域里,则是"寓教于乐"的教学方法。

研学旅行通过精心设计课程,引导学生走出校园、走向社会,以一种旅行的方式感知周围的世界。这种教育形式就是一种休闲教育,它能让学生学习旅行的经验,并在充满体验感知的过程中获得成长的快乐。

五、"触"文化教育理论

当前中小学教育面临的一个很重要的问题是学生感官的钝化。感官的钝化是表象,背后反映出来的是学生想象力、情感力的缺乏,这种缺乏表现为与人交往中沟通能力的欠缺、对周围世界的兴趣缺乏、探索未知的动力不足、生活的热情不高、对自然的漠然等。感官钝化的学生,有可能理性很发达,运算推理等能力也很强,考试成绩也不差,多数情况下在老师、家长面前表现得很乖顺;但从长远来看,其创新能力、活力都比较低下,整个生命可谓缺乏精彩,略显呆板,令人痛心。这些问题集中表现了学生感官的钝化。

所谓感官的钝化,指的是学生的眼睛、耳朵、舌头、鼻子、肢体等运用得太少。有人会反对说,中小学生的眼睛、耳朵不是每天都在用吗？其他的感官也都在发挥作用呀！不错,这些感官每天似乎都在用,每一个正常的中小学生都是每天在看、在听、在用身心察觉世界,但是这里所说的感官钝化一方面是指所感并非所触,另一方面是指感觉用得太少。

整个基础教育阶段,由于学生绝大多数时间都是在校内接受应试教育,全方位感知世界的机会很少,特别是属于被动感知的舌头、鼻子、肢体等感知形式单调,很多时候属于闲置状态,学生很少有机会主动用舌头、鼻子、皮肤去感触外界。因为毕竟在教室上课、做题时,用上嗅觉、味觉、触觉等的机会不多。久而久之,这些感觉自然会钝化,驱动这些感觉的内心力量也会变得很微弱。

即便是眼睛与耳朵,其所感也可能并非其所触,也就是说学生每天都会看、听,但其看与听的内容、对象绝大多数是枯燥乏味的文字、数字以及教化的声音,看到的都是非常表面的东西,此时大脑就会很费力地去理解、推算,眼睛(包括耳朵)仅是学生学习的工具性器官,而非目的性器官。我们不会很在意眼睛与耳朵本身的感受,我们更在意的是通过眼睛、耳朵,学生是否记住了、理解了知识。

学习当然离不开人对知识的记忆与理性的推算,但学习最终要落实到人的完整生命体验上来。正如古人所说的"修身养性","修身",无非就是动容周旋、言谈举止要做到止于至善、恰到好处,是一种文质彬彬的君子之风。这不仅仅是一种道德意义上的学习,也是对人的整体生命展现的化育。提升感受力,也就是"养性",用现在的话来说,就是"核心素养"的习得。对于中小学"触"教育的缺乏,或者"触官"训练的缺乏,我们现在所要做的就是补足"触"教育,推行"触官"的课程训练体系。

长久以来日趋僵化的应试教育模式,已经让国家教育管理部门、教育实施部门充分意识到了它的危害。事实上,20世纪80年代开始,我国就从国家层面多次呼吁与推动素质教育或者全面教育。20世纪90年代中后期,素质教育相关的国家文件正式制定,综合实践课程也在21世纪初提出并推行,然而应试教育声势浩大,这就导致了素质教育在大多数地区的学校有名无实,成为可有可无的装饰品;甚至有的地方打着素质教育的旗号,大搞课外培训与辅导,反而进一步加重了学生的负担。

综合实践课程的推出,是落实素质教育的重要举措,然而由于综合实践课程自身的特点与课程标准要求,实际上要么一些学校不开设这样的课,要么就是改变一下上课的地点,转换一下教学的方式,此举固然对学生能力、素养的提升有帮助,但基本的应试教育模式没有发生根本改变,综合实践课程的教学模式相对固化与呆板,甚至应试教育的一些观念渗透进综合实践课程教育当中,这使得综合实践课程教育披着素质教育、综合实践教育的外衣,做着应试教育的事情。

传统的应试教育本质上是身心分离、重心轻身的教育,综合实践课程应该重在身心综合发展,强调身体学习的重要性。教育部推出研学旅行政策,将研学旅行纳入中小学教育教学计划,应该是解决这一问题的一剂良药。因为无论我们对研学如何理解,对走出校门、在旅行中学习是没有异议的,这也是学校开设研学课程的本质性规定与约束。只要是旅行,身体,也就是各种"触官"就派上了大的用场。研学旅行就是立足于身体学习、立足于"触"文化理念的一门校外综合实践课程。

  思考与练习

简答题

1. 有哪些中国传统教育思想与当今研学旅行有关?
2. "触"文化理论对于当今教育的启示有哪些?
3. 旅游与旅行的关系是什么?

第二章
研学旅行指导师概述

本章概要

本章较为系统地介绍了研学旅行指导师的定义及其内涵、分类和历史追溯,对研学旅行指导师的职业精神、职业角色定位和职业形象塑造进行了具体阐述。

学习目标

知识目标

1. 了解研学旅行指导师的定义及其内涵。
2. 了解研学旅行指导师的分类和历史追溯。
3. 了解研学旅行指导师的职业形象塑造。

能力目标

1. 掌握研学旅行指导师的语言表达和沟通技巧。
2. 能够制定研学旅行的行程安排和活动方案。
3. 能够处理和解决研学旅行中的突发事件和问题。

素养目标

1. 充分认识研学旅行指导师的责任心和使命感。
2. 具备研学旅行指导师的服务意识、团队合作精神和领导能力。

章节重点

1. 研学旅行指导师的定义。
2. 研学旅行指导师的职责。
3. 研学旅行指导师的职业形象。

知识导图

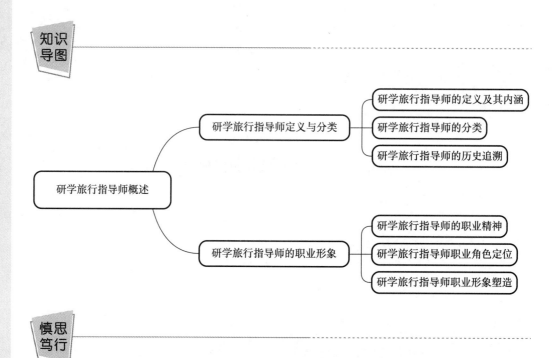

慎思笃行

研学旅行指导师被认定为文旅行业"新职业"

2022年6月14日,人力资源和社会保障部公布18个新职业信息,向社会公开并广泛征求意见,其中文旅行业的新职业包括研学旅行指导师、民宿管家等。

人社部对研学旅行指导师的定义为策划、制定、实施研学旅行方案,组织、指导开展研学体验活动的人员。其主要工作任务包括:

(1)收集研学受众需求和研学资源等信息;

(2)开发研学活动项目;

(3)编制研学活动方案和实施计划;

(4)解读研学活动方案,检查参与者准备情况;

(5)组织、协调、指导研学活动项目的开展,保障安全;

(6)收集、记录、分析、反馈相关信息。

人社部表示,随着《中华人民共和国家庭教育促进法》的出台实施和"双减"等政策的推行,确立研学旅行指导人员的职业属性、界定职业工作任务等显得很有必要,基于此,专家和有关部门提出的"研学旅行指导师"这个新职业,是我国在新阶段、新理念、新格局和人民对美好生活的追求中孕育的新职业。

下一步,新职业信息经公示征求意见、修改完善后,将被正式纳入新版职业分类大典。人社部将会同有关部门组织制定新职业标准,同时面向社会广泛征集新职业标准或评价规范,指导培训机构依据国家职业标准开展培训;同时,积极稳妥推行社会化评价,由经人社部门备案的用人单位和社会组织开展评价活动。对评价认定合格的人员,由评价机构按照有关规定颁发证书。获证人员信息纳入人才统计范围,获证人员按规定享受职业培训补贴、职业技能鉴定补贴等政策。

(资料来源:中华人民共和国人力资源和社会保障部。)

心领神会

第一节 研学旅行指导师定义与分类

一、研学旅行指导师的定义及其内涵

(一)研学旅行指导师的定义

有别于常规形式的课堂教学,研学旅行既是一种行走的动态课程,也是一种跨学科的生成式课程。因此,带领学生开展研学旅行活动的师资显得特别重要。可以说,师资质量的高低是决定一次研学旅行教育活动成功与否的关键。

毫无疑问,在研学师资的构成队伍中,研学旅行指导师是关键中的重点。那么,我们该如何解读"研学旅行指导师"这个概念呢?2019年,中国旅行社协会与高校毕业生就业协会等联合发布了《研学旅行指导师(中小学)专业标准》(T/CATS 001—2019),该标准作为目前全国唯一的研学旅行团体标准,明确了研学旅行指导师的定义。同年,文化和旅游部人才中心制定的《研学旅行指导师职业能力等级评价标准》,也采用该定义。

研学旅行指导师(study travel tutor),是指策划、制定或实施研学旅行课程方案,在研学旅行过程中组织和指导中小学学生开展各类研究学习和体验活动的专业人员。

我们可以从不同角度来解读该定义的具体内涵。从工作流程看,该定义涵括了研学旅行的行前(策划和制定课程)、行中(实施课程)、行后(评价总结)工作;从角色功能看,它指明了研学旅行指导师是研学课程的策划者、制定者和组织实施者;从职业需求看,它指明了研学旅行指导师不是一个传统职业岗位,而是一种新兴的职业,从业者是既懂教育又懂旅游的跨行业复合型专业人才。

(二)研学旅行指导师内涵辨析

1. 研学旅行师资队伍

从目前的研学旅行实践来看,研学旅行活动的师资队伍是多层面的组合体,主要由以下几方面构成。

(1)学校总负责和研学承办机构的总领队。校方的总负责一般由副校长或主任来担任,研学承办机构的总领队则多是企业的主管经理担任。他们主要负责研学旅行的组织工作,起到总协调和把控的作用。

(2)学校老师。他们是研学旅行实施过程中落实具体工作的重要成员,其主要职责是协助学生队伍的管理,落实沿途各个环节的安排。

(3)承办方人员。他们主要包括旅行社(研学服务机构)派遣的全陪导游、地陪导游,景区、场馆的讲解员,以及基(营)地专业的老师或教练、科研场所特聘讲座授课人员等。

(4)安全员。安全员主要是负责安全的人员或随队医生,负责在研学旅行活动过程中及时做好安全保障工作。

(5)家长志愿者。在某些特殊情况下,研学旅行组织者也会邀请家长志愿者,以辅助老师的身份参与到研学旅行活动中来。

从以上分析可知,从教学设计角度来看,研学旅行过程中所说的指导师,其实是一个群体师资的概念,研学旅行活动必须是由一群密切配合、各负其责的人员共同完成的;但是从具体的"岗位或人员"角度出发,研学旅行指导师则是独立的岗位,承担着明确的岗位职责。《研学旅行服务规范》(LB/T 054—2016)规定,在主办方人员配置中,"应至少派出一人作为主办方代表,负责督导研学旅行活动按计划开展;每20位学生宜配置一名带队老师,带队老师全程带领学生参与研学旅行各项活动"。在承办方人员配置中,"应为研学旅行活动配置一名项目组长,项目组长全程随团活动,负责统筹协调研学旅行各项工作;应至少为每个研学旅行团队配置一名安全员,安全员在研学旅行过程中随团开展安全教育和防控工作;应至少为每个研学旅行团队配置一名研学导师,研学导师负责制定研学旅行教育工作计划,在带队教师、导游员等工作人员的配合下提供研学旅行教育服务;应至少为每个研学旅行团队配置一名导游人员,导游人员负责提供导游服务,并配合相关工作人员提供研学旅行教育服务和生活保障服务"。可见,该规范将"研学导师"(本书称"研学旅行指导师")作为一个独立岗位,区别于主办方的带队老师,承办方的项目组长、安全员和导游人员。随着研学旅行教育活动的普及,"研学旅行指导师"将作为一个新岗位甚至是新职业而存在。

2.研学旅行指导师和研学导师

"研学导师"名称来自《研学旅行服务规范》(LB/T 054—2016),本书采用了"研学旅行指导师"名称。从研学旅行教育活动的实践出发,用"指导"更加切合和准确,结合文件规定的"研学旅行"这一专有名词,新岗位的名称则可确定为"研学旅行指导师";如果再根据接待对象,还可以称为"中小学研学旅行指导师",简称"研学旅行指导师"或"指导师"。

(三)研学旅行指导师与其他类似岗位的区别

1.研学旅行指导师与导游的区别

导游是指依法取得导游证,接受旅行社委派,为旅游者提供向导、讲解及相关旅游服务的人员。在目前的归类中,固定在各大旅游景区内提供导游服务的景点讲解员,也属于导游的范畴。从资格认定看,导游必须经全国导游资格考试成绩合格,并且与旅行社订立劳动合同,或者在相关旅游行业组织注册,取得导游证并接受旅行社的委派后才能从业。而目前获取研学旅行指导师证书的方式,以行业培训为主。受训者经测试合格,获取行业认证的技能证书后,在主办方或承办方聘用下即可执业。但从职业发展角度看,要成为一名研学旅行指导师,应取得导游证。

从工作职责看,导游的主要职责是在旅游活动中提供导游讲解服务、旅行生活服务以及解决旅途中出现的问题。而研学旅行指导师不仅要履行导游职责,其工作内容还会涉及策划、制定和实施研学旅行课程方案,在研学旅行过程中组织和指导中小学生开展各类研究学习和体验活动,工作重心不仅包括讲解和生活服务,还包括教学设计、学习指导和安全管理等内容。从服务对象看,导游接待的游客是不做区域、年龄、身份等方面的区分的,而研学旅行指导师的服务对象就是中小学生。

研学旅行指导师与导游也有着高度的相似之处:其一,二者的工作环境都是以校外社会真实场景为主;其二,二者都需要具备室外工作的组织能力、应变能力、语言表达能力等实操技能;其三,二者都需要有"广博兼有所专"的文化知识储备;其四,二者的主要职责都是保障整个活动的安全顺利。

2.研学旅行指导师与中小学教师的区别

教师是履行教育教学职责的专业人员,承担教书育人、培养社会主义事业建设者和接班人、提高民族素质的使命。

从资格认定看,中小学教师必须具备规定的学历、经国家教师资格考试合格,有教育教学能力,经认定合格,才可以取得教师资格;研学旅行指导师的证书,目前还是技能证书,还不是国家准入的资格证书,但从职业发展要求来看,作为一名研学旅行指导师应取得教师资格证。

从工作内容看,中小学教师主要是学校教育,工作内容主要是学科理论教学;研学旅行指导师主要是校外教育,通过探索、体验、活动、研究性学习等方式来完成综合实践课程教学。

从工作场所看,中小学教师的主要工作场所是在校园内;研学旅行指导师的教学场地则主要是在校外。

中小学教师和研学旅行指导师有三个共同之处:其一,二者进行的都是教学活动,具有"为人师"的性质;其二,二者的服务对象相同,都是学生;其三,二者都需要具备必要的教学资质和专业技能,保证教学目标的实现和活动的安全顺利。

3.研学旅行指导师与基(营)地教练的区别

在《现代汉语词典》中,"教练"有两个解释:一个是动词,表示"训练别人使掌握某种技术或动作(如体育运动和驾驶汽车、飞机等)";另一个是名词,意即"从事上述工作的人员",如健身教练、足球教练等。本书所指的教练,是指凭着一技之长,接受应聘,在一些基(营)地或旅游景区,从事拓展训练、军事训练等活动的人员。

从资格认定看,基(营)地教练更多的是教练员本人在各项单独技能上的认证,认证主管单位也各有不同;研学旅行指导师的认证,目前以旅游行业为主。

从工作职能看,基(营)地教练更强调技能上的指导;研学旅行指导师强调的是在整个研学活动过程中的引导和启发作用。

从工作范围看,基(营)地教练所从事的大多是研学环节中的某项具体教学工作;研学旅行指导师所要负责的则是从课程设计到落地,再到后期评价的整个教学过程。

从工作场所看,基(营)地教练的工作场所以基(营)地为主,比较固定;研学旅行指导师的工作场所随着研学旅行活动地点变化而移动。

从服务对象看,基(营)地教练的服务对象是不做区域、年龄、身份等方面的区分的,而研学旅行指导师的服务对象就是中小学生。

基(营)地教练与研学旅行指导师也不乏相同之处:其一,二者都是在校外以实践体验的方式来教学;其二,二者都具有一定程度上的教育功能,有着与教师相似的职责;其三,由于教学情况复杂,二者都需要有很强的活动组织能力和安全防范与处理能力。

二、研学旅行指导师的分类

我国目前的研学旅行指导师这一职业,尚处在不断形成和规范的阶段,且由于这一职业涉及面广、服务范围大、专业要求高,我们可以从不同的维度对其进行分类。

(一) 按委派主体分

按照委派主体的不同,可将研学旅行指导师分为以下四种类型。

1. 学校研学旅行指导师

学校研学旅行指导师简称学校指导师,指按照规定取得研学旅行指导师证书,接受学校委派,代表校方实施研学旅行课程方案,为研学旅行活动提供专业服务并具备教师资格的人员。此类人员大多由在校教师组成,是学校实施综合实践课程的主要成员。

2. 旅行社研学旅行指导师

旅行社研学旅行指导师简称旅行社指导师,指按照规定取得研学旅行指导师证书,接受符合《研学旅行服务规范》(LB/T 054—2016)规定的旅行社的委派,代表旅行社实施研学旅行课程方案,为研学旅行活动提供专业服务并具备导游资格的人员。

若根据各旅行社所承担的不同分工进一步细分,旅行社研学旅行指导师还可分为:组团社研学旅行指导师(简称组团社指导师),指接受组团社委派而开展工作的研学旅行指导师;地接社研学旅行指导师(简称地接社指导师),指接受地接社委派而开展工作的研学旅行指导师。受旅行社团队服务的专业化和成本因素影响,导游与研学旅行指导师合二为一的趋势越来越明显。

3.基(营)地研学旅行指导师

基(营)地研学旅行指导师简称基(营)地指导师,指按照规定取得研学旅行指导师证书,接受各级主管部门认定的研学实践教育基(营)地的委派,代表基(营)地实施研学旅行课程方案,为研学旅行活动提供专业服务的人员。

4.其他类研学旅行指导师

其他类研学旅行指导师简称机构指导师,指按照规定取得研学旅行指导师证书,接受第三方研学服务机构(包括旅游景区、博物馆、图书馆、科技馆、少年宫、研究所等研学资源单位,教育、文化、培训等研学服务机构)的委派,实施研学旅行课程方案,为研学旅行活动提供专业服务的人员。

（二）按就业方式分

按照就业方式的不同,可将研学旅行指导师分为以下两种类型。

1.专职研学旅行指导师

专职研学旅行指导师指按照规定取得研学旅行指导师证书,被学校、旅行社、基(营)地、研学服务机构或研学资源单位正式聘用,签订劳动合同,以研学旅行教育工作为其主要职业的从业人员。这类人员大多受过高等教育和专门训练,大部分具有导游资格证书或教师资格证书等专业证书,是学校、旅行社、基(营)地、研学服务机构或研学资源单位的正式员工。

2.兼职研学旅行指导师

兼职研学旅行指导师指平时不以研学旅行指导师工作为主要职业,而是在业余时间,被学校、旅行社、基(营)地、研学服务机构或研学资源单位临时聘用并委派从事研学旅行教育工作的人员。目前这类人员可细分为以下两种。

一种是被学校、旅行社、基(营)地、研学服务机构或研学资源单位等临时聘用,通过规定取得研学旅行指导师证书,但只是兼职从事研学旅行教育工作的人员。

另一种是被学校、旅行社、基(营)地、研学服务机构或研学资源单位等临时聘用,具有特定知识或技能并临时从事研学旅行教育工作的人员。比如科研机构的专家学者、文化遗产地的非遗传承人、民间民俗艺人等,他们是研学旅行师资队伍的重要补充,往往可以深入讲授和指导研学课程,有力保证了研学旅行课程的高品质实施。

（三）按技能等级分

随着研学旅行教育活动在全国各地不断深化开展,为规范研学旅行指导师职业的发展,根据国家职业技能等级要求和《研学旅行指导师(中小学)专业标准》(T/CATS 001—2019)的规定,文化和旅游部人才中心从专业技能水平角度,将研学旅行指导师技能等级由低到高分成四级研学旅行指导师、三级研学旅行指导师、二级研学旅行指导师、一级研学旅行指导师这四个级别。

三、研学旅行指导师的历史追溯

(一)国内研学旅行指导师的历史追溯

虽然研学旅行指导师是当下提出的一个新名词、新概念,但在我国悠久的历史传承中,从不缺乏崇尚"读万卷书,行万里路"之人。确切地说,本书所要诠释的"研学旅行指导师"这一群体,从本质上来看,其实自古就有,且不分中外。

1. 研学旅行指导师的鼻祖——孔子

孔子是我国研学旅行指导师的鼻祖。鲁定公十三年(公元前497年),孔子55岁,带着弟子们离开鲁国,开始14年周游列国的旅程。孔子周游列国在主观上是一次漫长的政治之旅,但在客观上却是带着众弟子在行旅中不断践行自己理想的过程。弟子们则在孔子的言传身教之下,一路在实践中学习做人、做学问,乃至治国理政的方法和道理。可以说,周游列国这一践行过程,既成就了孔子的伟大,也成就了其弟子们的人生功业,对于今天我们的研学旅行指导师职业的发展,有着深远的借鉴意义。

2. 以游学成就史学的大家——司马迁

司马迁是我国伟大的史学家,他所撰写的我国第一部纪传体通史《史记》,被公认是中国史书的典范。《史记》这部伟大史书的完成,其实与司马迁重视实地考察有着极为重要的联系。他在20岁那年,开始了人生中第一次有计划的游学考察,多次漫游全国,行程达万余里,不但亲身感受到了各地不同的风土人情,更是收集到了大量的第一手资料。"奉使西征巴蜀以南",是司马迁青年时代的第二次重要游历。此外,他还多次跟随汉武帝出游,几段出游经历都极大地丰富了他的历史知识。这种走出书斋,远游探访,以及通过实地考察以印证古史真伪、搜集轶文遗事的方式,让司马迁集各类文献史料之大成,创作出《史记》这部历史巨著。

3. 中国游记文学的开创者——郦道元

郦道元是我国南北朝时期北魏的一位官员,同时他还是一位遍游山水的地理学家。他从小博览群书,还不时跟随父亲出游。他的足迹遍及如今的河南、安徽、江苏、山东、山西、河北、内蒙古等地。每到一个地方,他都会细心勘察河道沟渠、水流地势,并仔细搜集各地的风土人情和传说故事。在此基础上,他以古书《水经》为基础,搜集数百种文献史料,结合自己多年亲身考察而积累的资料,写下了40卷的《水经注》。郦道元以现实社会和山川自然为生动有趣的课堂,在旅途中考察学习,在学习中发现问题,在解决问题中成就自己,这种在实践中探索的精神,正是研学旅行指导师所应继承的珍贵遗产。

4. 开辟佛教新局面的高僧——玄奘

玄奘,通称三藏法师,俗称唐僧。唐贞观三年(629年)秋,为探究佛教各派学说的分歧,找到真正的佛教经典,玄奘经凉州出玉门关,一路上历经种种艰难险阻,西行五万里奔赴天竺。前后历经17年,他游学天竺各地,遍学了当时大小乘各种佛门学说,直到公元645年,才返回长安。回国以后,玄奘将他西游的亲身经历,以口述的方式,编写成12卷的《大唐西域记》。

5. 近代修学旅行的倡导者——陶行知

在我国教育发展史上,陶行知是近代相当有影响力和国际声望的教育家之一。他所提倡的"生活即教育""社会即学校""教学做合一"三大生活教育理论,至今对我们的教育实践有重要的指导意义。

1929年,陶行知创办淮安新安小学,成为该校的第一任校长。1933年10月,为践行陶行知的教育理论,在陶行知的学生、时任新安小学校长汪达之的组织下,该校7名学生组成"新安儿童旅行团"前往镇江与上海,进行了为期两个月的修学旅行,这次修学旅行激发了两年后更大规模的修学旅行团的诞生。"新安儿童旅行团"已经初步具备了今天研学旅行概念的基本要素,对今天开展研学旅行教育仍然有相当重要的现实指导意义。因此,可以说,陶行知是开创我国研学旅行的第一人。

(二)国外研学旅行指导师的历史追溯

1. 古希腊时期的西方司马迁——希罗多德

希罗多德是古希腊时期著名的历史学家及作家,他把自己旅行中的所见所闻,结合第一波斯帝国的历史记录,写成了一本书,取名叫《历史》,他也因此被后世尊称为"历史之父"。希罗多德一方面从官府档案文献、石刻碑铭和当时多种著作中,大量获取写作资料;另一方面,利用自己亲身游历和实地调查采访所获得的大量资料,来编纂书籍。

2. 古希腊时期的伟大"背包客"——柏拉图

柏拉图出生于公元前427年,他被认为是古希腊伟人的哲学家和思想家之一。在柏拉图的一本批判性自传中,他至少提到了自己的五次单独出行。可以说,他是一位典型的古代"背包客"。他就跟中国的孔子一样,曾经离开故土,周游列国,开阔了眼界,积累了丰富的知识。

3. 掀起东方热潮的意大利旅行家——马可·波罗

马可·波罗是13世纪的意大利旅行家和商人,在元朝时来到过中国,随后以自己的中国之行整理出《马可·波罗游记》。马可·波罗走遍了中国的大江南北,他每到一处,都要详细地考察当地的风俗、地理、人情。研学旅行就是离开课堂,去往陌生的场所亲历各种体验的过程,这种在异地实践的经历很可能会改变一个人的一生,甚至影响到社会历史的进程。

4. 欧洲大陆游经典线路的缔造者——约翰·艾维伦和罗伯特·斯宾塞

17世纪的英国上流社会,对于16~25岁的贵族子弟应到国外游学1~3年基本已达成共识。这些贵族子弟在欧洲各地学习语言和多种功课,掌握舞技、剑术、骑术,了解各地风土人情,增长见闻。1643年11月,英国学者约翰·艾维伦离开牛津,经多佛尔海峡到加莱,至巴黎,再越过阿尔卑斯山,抵达罗马和威尼斯,把意大利作为最后的目的地。此后的许多贵族和乡绅子弟,就将他的这条旅途视作典型线路。英格兰的罗伯特·斯宾塞,也创造了一条复杂的线路,该线路也被后人奉为游学经典。游学线路的形成为"大旅行时代"的到来指明了行动目标,欧洲大陆游已不仅仅是一般的观光旅行,而是具备了明确的教育目的,以及具体的学习内容和行动线路,有了鲜明的教育特征。

5. "大旅行"概念的提出者——理查德·拉塞尔斯

17世纪,旅行指南书的流行、导游行业的产生和旅游业的发展,为欧洲大陆旅行提供了一条成熟完备的服务链,青年学子们的欧洲大陆旅行得以形成一套相对固定的规范和形式,这就是我们今天所知的"大旅行"。"大旅行(grand tour)"一词,最早见于英国天主教神父理查德·拉塞尔斯所著的《意大利之旅》一书中(1670年)。他在国外生活和游历的生涯中,6次游览法国,5次探访意大利,分别到过荷兰和德国各1次。对于放眼世界的英国青年而言,"大旅行"带给他们的作用是非常深远的。脱离自己熟悉的生活环境游历欧洲大陆,培养了他们独立的人格、稳重的阅世经验和维护家庭名誉的责任心。同时,自然世界和艺术海洋的滋润开发了他们的心智,提升了他们感受美的能力,强化了他们的处事能力。这些对我们今天设计研学课程,培养中小学生的世界观、人生观和价值观,有不少可以借鉴的地方。

第二节　研学旅行指导师的职业形象

一、研学旅行指导师的职业精神

研学旅行指导师有着教师和旅游从业人员双重身份。研学旅行指导师要努力服务社会,成为高技能、高素质的社会主义事业的建设者,弘扬社会主义良好道德风尚,无私奉献,努力奋斗。各行各业从业人员职业精神的培养,要符合构建和谐社会的要求。因此,培养职业精神成为研学旅行指导师培养工作的重中之重,它有利于更好地满足行业、企业对高素质人才的需求。职业精神的培养和提升,可以从以下几方面来论述。

(一)职业理想

1. 职业理想的概念

职业理想是人们在职业上依据社会要求和个人条件,借想象而确立的奋斗目标,即个人渴望达到的职业境界。它是人们实现个人生活理想、道德理想和社会理想的手段,并受社会理想的制约。

职业理想是人们对职业活动和职业成就的超前反应,与人的价值观、职业期待、职业目标密切相关,也与人的世界观、人生观密切相关。

社会主义职业精神所提倡的职业理想,主张各行各业的从业者放眼社会利益,努力做好本职工作,全心全意为人民服务、为社会主义服务,这种职业理想是社会主义职业精神的灵魂。一般来说,从业者对职业的要求可以包括三个方面:维持生活、自我完善和服务社会。社会主义社会的公民在选择职业时应该把服务社会放在首位。因为只有从社会的整体利益出发,分别从事社会所需要的各种职业,社会才能顺利地前进和发展。

2.研学旅行指导师职业理想的要求

(1)职业理想要符合实际。

职业理想要符合研学旅行指导师岗位的要求。研学旅行指导师必须以个人能力为依据,结合职业要求和自身的客观条件来追求自己的职业理想,要正确地评估自己,给自己合理的职业定位,不能好高骛远。

(2)职业理想不等于理想职业。

一般认为当个人的能力、职业理想与职业岗位最佳结合时,即达到三者的有机统一时,这个职业才是一个人的理想职业。个人只要具备符合社会需要的职业理想,并且具备从事研学旅行指导师的职业素质,通过个人不断地努力,迟早会实现自己的职业理想,成为一名优秀的研学旅行指导师。

(3)研学旅行指导师要有崇高的职业理想追求。

旅游行业由于本身的敏感性,极易受到外界各种经济社会的影响,而且研学旅行行业是国家基础教育的一部分,事关千千万万青少年儿童的成长教育,这一职业本身在安全性、适当性、竞争性等方面有极高的要求。因此,研学旅行指导师必须具有高尚的价值观和强烈的责任感,要有崇高的职业理想追求,肩负起神圣的教育使命。

(二)职业责任

1.职业责任的概念

职业责任是指人们在一定职业活动中所承担的特定职责,它包括人们应该做的工作和应该承担的义务。职业活动是人一生中基本的社会活动,职业责任是由社会分工决定的,是职业活动的中心,也是构成特定职业的基础。职业责任往往通过行政甚至法律方式加以确定和维护。职业责任包括职业团体责任和从业者个体责任两个方面。这里的关键在于,要促进从业者将客观的职业责任变成自觉履行的道德义务,这是社会主义职业精神的一个重要内容。

2.研学旅行指导师职业责任的内容

研学旅行指导师的职业责任包括负责研学旅行的相关企业的团体责任和从事研学旅行的从业者的个体责任两个方面。

旅行社、研学基（营）地等作为负责研学旅行的相关企业，需要肩负一定的团体责任，主要包括社会责任、法律责任、教育责任以及安全责任等。

研学旅行承担着中小学教育的一部分职能，是我国基础教育的重要组成部分，研学旅行的组织方和承办方，在社会、法律、教育、安全等方面都承担了重要的责任。研学旅行指导师是研学旅行中极为重要的角色，既承担着指导教师、监督管理员的职责，又肩负着导游、教练与组织服务者的任务，需要履行相应的职业操守，承担一定的职业责任。

（三）职业态度

1. 职业态度的概念及影响因素

职业态度指个人职业选择的态度，包括选择方法、工作取向、独立决策能力与选择过程的观念。简言之，职业态度就是指个人对职业选择所持的观念和态度。树立正确的职业态度是从业者做好本职工作的前提。职业态度具有经济学和伦理学的双重意义，它不仅揭示从业者在职业生活中的客观状况、参与社会生产的方式，也揭示他们的主观态度。其中，与职业有关的价值观念对职业态度有着特殊的影响。一个从业者工作积极性的高低和完成职业任务的好坏，在很大程度上取决于他的职业价值观念。职业伦理学研究表明，先进生产者的职业态度指标最高。因此，改善职业态度对于培育社会主义职业精神有着十分重要的意义。影响职业态度的因素主要有以下四种。

（1）自我因素。

自我因素包括个人的兴趣、能力、抱负、价值观、自我期望等。职业态度的自我因素与职业发展过程有相当密切的联系，因为个人因素的形成多与其成长背景相关，个人价值观是在成长过程中一点一滴慢慢养成的。个人在选择职业时所表现出来的态度，也是个人兴趣、能力、抱负、价值观、自我期望的一种反映。

（2）职业因素。

职业因素包括职业市场的需求、职业的薪资待遇、工作环境、发展机会等。就理想而言，兴趣、期望、抱负，应该是个人选择职业的主要依据。个人对职业世界有越深的认识，就越能够掌握正确的职业信息，也可以获得比较切合实际的职业选择。因此，个人对职业的认知会影响到个人对职业的态度。

（3）家庭因素。

家庭因素包括家庭的社会地位、父母期望、家庭背景等。从国外研究来看，大多数的父母都希望自己的子女能拥有比自己高的学历，从事更有发展前景的工作。做职业选择时，家人的意见通常会影响个人的职业态度。

（4）社会因素。

社会因素包括同事关系、社会地位、社会期望等。在职业发展过程中，个人的最终目标是在其职业上能有所表现，有更多的人希望自己能成为社会中有身份、有地位的人。

2.研学旅行指导师职业态度的表现

(1)热情。

研学旅行服务与其他服务一样,属于非生产劳动,是一种通过提供一定的劳务活动或提供一定的服务产品,创造特定的使用价值的劳动。但是研学旅行服务又不是一项简单的服务,因为它的服务对象主要是未成年的学生,学生的可塑性和模仿性特别强,这就要求研学旅行指导师在研学活动中要表现出热烈、积极、主动、友好的情感或态度来引导学生。研学旅行指导师充满热情地生活工作时,其生命力就在不断加强、深化、拓展,其热情就会感染学生和合作者,从而营造出和谐的研学氛围,来推动学生主动积极完成各项研学任务,实现预期的研学目标。

(2)勤奋。

"勤"在《现代汉语词典》中解释为"尽力多做或不断地做",而"奋"解释为"鼓起劲来"。我们只有不断地努力,才能取得优异的成绩。唐代著名文学家韩愈说过"书山有路勤为径,学海无涯苦作舟"。他告诉人们,在读书、学习的道路上,没有捷径可走,没有顺风船可驶,想要在广博的书山、学海中汲取更多更广的知识,"勤奋"是必不可少的。同样地,在研学的职业道路上也是没有捷径可走的,研学旅行指导师只有在工作上勤奋,才能影响学生在研学旅行中的勤奋;研学旅行指导师只有做好"五勤",即脑勤、眼勤、嘴勤、手勤、腿勤,才能让学生在研学旅行的道路上开出绚丽的花朵。

(3)敬业。

敬业是一个人对职业的态度,是对所从事职业的敬畏和尊重,也是人们从业的一项基本要求。各行各业有不同的职业性质和工作特点,也有各自不同的职业要求,但无论从事哪种职业,都需要员工有敬业精神。企业是这样,研学旅行事业更是如此。从事教育事业的研学旅行指导师,更应该具备崇高的敬业精神。

(4)忠诚。

忠诚是指对国家、对人民、对事业、对上级、对朋友等真心诚意、尽心竭力,忠诚代表着诚信、守信和服从。在我国传统道德观念中,忠诚是衡量人品的一个重要标准。人民教师首先要忠诚于党的教育事业,研学旅行指导师也一样,要忠诚于教育事业,忠诚于旅游业,常怀感恩之心、坚守职业良心,像爱家人一样爱护学生,讲究职业良心。

(5)自制。

在研学教育过程中,无论是言传还是身教,都有赖于研学旅行指导师主体的自身素养。研学旅行指导师要充分发挥言传身教的作用,特别是自身的言谈举止、学识修养等方面的素质至关重要。因此,研学旅行指导师应该增强自制意识,强化自律能力,以提高自身的素质,塑造良好的形象,提高人格感染力。要学生做到的,自己首先要做到,禁止学生做的,自己坚决不做,在行动上为学生作表率。

(6)进取。

著名心理学家马斯洛说:心态改变,态度跟着改变;态度改变,习惯跟着改变;习惯改变,性格跟着改变;性格改变,人生跟着改变。这就说明研学旅行指导师拥有进取心是做好工作的最基本条件。但是,若要进取心发挥出积极的作用,那就要注意自身心态的维护。如果心态平和,进取心就会是稳步发展的动力;如果心态偏激,进取心往往会演变成急功近利的手段。研学旅行指导师传授给学生的不应仅仅是知识技能,更应该是一种理想、一种信念以及做人的准则,是能够支撑人生的强大精神动力。研学旅行指导师应该严谨治学,勤于进取,并保持永恒的进取心。

(7)协作。

团队合作精神,呈现出来就是凝聚的力量。它以共同的目标和期望激励着团队成员协同合作、不断奋进,使成员不仅在自己的领域发扬风采,更为集体的发展贡献力量。团队精神的核心是协同合作。协作并不意味着个人成果的简单叠加,而是在相互配合中达到"1+1>2"的效果。协作的驱动力不应该仅仅是规章制度,还应该包括共同的兴趣、价值取向等,引导团队成员形成共同的使命感和归属感。研学旅行小到一个班级的活动,大到全校的出行,都需要依赖一定数量的服务团队,研学旅行中有研究性学习、体验、讲解、集体生活、参观等多种形式的活动,工作内容涉及研学中的交通、住宿、餐饮、课程等,这要求研学旅行指导师精诚合作、步调一致,以共同完成研学旅行实践教育。

(四)职业道德

1. 职业道德的概念及作用

职业道德是指从事一定社会职业的人们在履行其职责的过程中理应遵循的道德规范和行为准则。

从事某种特定职业的人们有着共同的劳动方式,接受共同的职业训练,因而往往具有共同的职业兴趣、态度、爱好、心理习惯和行为方式,这些因素结成某些特殊的关系,形成特殊的职业责任和职业纪律,从而产生特殊的行为规范和准则,即职业道德。

社会主义研学旅行职业道德坚持全心全意为学生服务的根本宗旨和集体主义的基本原则,基本要求是热爱研学旅行事业,在研学中发扬爱国主义精神。研学旅行职业道德是道德功能在研学职业范围内的具体表现。它对发展研学教育事业,提高从业人员的素质,以及形成良好的社会风尚,有着重要的作用。随着改革开放的深入,职业道德的作用也表现得更加明显。研学旅行职业道德的主要作用如下:

首先,职业道德是研学旅行指导师实现角色认同的前提。这种角色既代表学校和社会对研学旅行指导师个体在整个研学旅行活动中的定位,同时也包含着社会各界所期望的研学旅行指导师的个人行为模式,既包括社会、他人对研学旅行指导师行为的期待,也包括研学旅行指导师对自身应有行为的认知。研学旅行指导师的职业道德是实现这种角色认同的基础。

其次,职业道德是研学旅行指导师敬业乐教、发展成长的内在动力。职业道德规范是对研学旅行指导师的道德品质和职业行为的基本要求。研学旅行指导师将这些外在规定内化为职业使命,它就会成为研学旅行指导师专业发展的精神动力。

研学旅行指导师富有崇高的信念和坚定的责任,是其职业岗位的突出特点,也是一种能力、决心和力量。研学旅行指导师拥有它,在任何地方、任何情况下都会尽职尽责地承担义务,在危急时刻挺身而出。研学旅行指导师的事业心、职业责任感和工作积极性都源于对学生的爱。师爱是师德之魂。

最后,职业道德是研学旅行指导师进行职业交往、解决利益冲突和矛盾的重要准则。研学旅行指导师在处理与他人、集体的利益关系中想要把握原则,需要职业道德的力量与约束。职业道德不仅是专业发展的动力,而且有助于研学旅行指导师明晰研学教育的价值和意义。一个研学旅行指导师如果只是为了外在利益而从事研学实践活动,就难以履行对学生的教育使命。职业道德能够激励研学旅行指导师获得研学实践的内在召唤,成为追求卓越的教育教学成就的精神支柱。

2.研学旅行指导师职业道德的内容

(1)爱国守法、恪尽职守。

爱国守法是社会主义公民基本道德规范。爱国守法主要指热爱祖国和遵纪守法,强调公民应培养高尚的爱国主义精神,自觉地学法、懂法、用法、守法和护法。恪尽职守指谨慎认真地做好本职工作,严守自己的工作岗位。研学旅行指导师要全面贯彻国家教育方针,自觉遵守教育法律法规,依法履行教师职责权利,不得有违背党和国家方针政策的言行。

(2)教书育人、关爱学生。

研学旅行指导师要遵循教育规律,实施素质教育;循循善诱,诲人不倦,因材施教;培养学生良好品行,激发学生创新精神,促进学生全面发展;关心爱护学生,尊重学生人格,平等公正对待学生;对学生严慈相济,做学生的良师益友;保护学生安全,关心学生健康,维护学生权益;不讽刺、挖苦、歧视学生,不体罚或变相体罚学生。研学旅行指导师要一切为学生着想,维护学生的合法权益,尊重与满足学生的合理要求。

(3)为人师表、以身作则。

研学旅行指导师要坚守高尚情操,知荣明耻,严于律己,以身作则;要严格要求自己,遵守社会公德,语言规范健康,举止文明礼貌,作风衣着整洁得体,注重身教。研学旅行指导师只有不断提高自我修养,做到以身作则,才能真正为人师表。

(4)立德树人、传承文化。

研学旅行是加强学生中华优秀传统文化教育、培育和践行社会主义核心价值观、落实立德树人根本任务的有效途径。因此,研学旅行指导师在学生宝贵的研学过程中,不能放过任何机会,要有意识地传播中华优秀传统文化和社会主义核心价值观,通过具体的场景和实例来树立学生的"四个自信",让学生从眼里和心里感知祖国的伟大,从而起到更好的教育效果。

(5)身心健康、积极向上。

研学旅行指导师的工作既是一项高智能的脑力劳动,也是一项非常艰苦的体力劳动,必须有强壮的身体和健康的心理才能完成这项特殊的工作。研学旅行指导师带着大量的未成年学生进行研究性学习,往往承担着很大的精神压力,如果不懂得自我心理调适,化解或分散各种心理负担,就容易产生各种问题,影响工作的顺利开展。因此,研学旅行指导师要不断学习,提高自己的思想觉悟和技能,培养坚定的意志和积极乐观的心态,与同学们一起成长。

(6)言行一致、诚实守信。

《论语·子路》:"言必信,行必果。"言行一致、诚实守信是中华民族的优良传统。千百年来,人们讲求诚信,推崇诚信。诚信之风质朴醇厚,历史越悠久,诚信之气越光大华夏,充盈中华。它早已融入我们民族文化的血液,成为文化基因中不可或缺的重要一环。青少年时期是人生的黄金时期,是人生中至真至美至纯的时期,因此在研学过程中,研学旅行指导师面对每件事都有必要把诚信高高举起,用诚信的光芒来照耀学生。

(7)团结协作、顾全大局。

团结协作、顾全大局是集体主义观念在研学工作中的具体表现,它要求研学旅行指导师在服务研学对象的过程中以国家和集体利益为重,讲团结、顾大局,能够处理好与他人之间的关系,杜绝相互指责现象的发生。

(8)意志坚定、沉着冷静。

意志坚定、沉着冷静是研学旅行指导师的重要素质要求之一,因为研学旅行指导师在研学过程中可能会遇到各种问题,在面对困难问题时要能沉着应对,冷静思考后应做出恰如其分的处理。因此,研学旅行指导师在工作中要不断锻炼自己,不断提高业务能力,将自己的研学工作做得越来越好。

(9)文明礼貌、仪容端庄。

文明礼貌、仪容端庄是研学旅行指导师在研学过程中必须具备的基本道德情操和外在体现。研学旅行指导师不但要尊重每个学生的生活习惯、宗教信仰、民族风俗等,还要注重自己的仪容仪表,做到穿着得体、妆容适度、举止大方、行为文明,为学生作出表率。

(10)耐心细致、优质服务。

耐心细致、优质服务是研学旅行指导师的一项重要业务要求,也是衡量研学旅行指导师工作态度的一项标准。研学旅行指导师对待学生应像对待自己的家人一样有耐心、细心、热心,尽最大努力帮助学生解决遇到的问题。研学旅行指导师在工作过程中,必须时刻树立优质服务的意识,要尽心、尽职、尽责地解决学生在研学过程中遇到的问题。

二、研学旅行指导师职业角色定位

(一)实践教育的引领者

研学旅行首先是一种实践教育,研学旅行指导师是学生参与研学旅行实践的引领者。研学旅行课程把学习与旅行实践相结合,将校内教育和校外教育相衔接,强调学思结合,突出知行合一。研学旅行指导师在研学旅行活动过程中,需要启发学生的自主学习意识,激发他们浓厚的学习兴趣,引导学生学会动手动脑,学会生存生活,学会做人做事,进而促进其身心健康发展,培养他们的社会责任感、创新精神和实践能力,从而实现立德树人这一根本目的。在旅行实践过程中,研学旅行指导师不仅需要对实施研学旅行课程进行充分准备,也要具备对研学旅行课程进行二次研发的能力,以此激发学生对研学旅行课程的兴致,取得事半功倍的效果。研学旅行指导师要以以学生"自主发现"为理念的主题式和项目式研习为导向,在研学方法、引导方式等方面耐心细致地做好引导工作,努力让学生学会自主发现问题,并在实践中解决问题,收获成就感。

(二)优秀文化的传递者

文化是一个国家、一个民族的灵魂,是一个国家综合国力和国际竞争力的深层支撑。研学旅行指导师在带领学生饱览祖国大好河山的同时,要讲好中国故事,要促使中华优秀传统文化在学生心里生根发芽,在课程设计和实施中润物细无声地让学生不忘本来、吸收外来、面向未来,更好地构筑中国精神、中国价值、中国力量。研学旅行指导师在宣传传统文化时不能简单地做古人的传声筒,也不能简单地照本宣科,更不能以古颂古、尊古薄今、为学而学,而要在"取其精华,去其糟粕""择其善者而从之,其不善者而改之"的前提下,掌握新时代赋予传统文化的时代内涵,对传统文化中的仁爱、民本、诚信、正义、和合、大同等思想观念、人文精神、道德规范的内涵,要结合社会主义核心价值观,紧扣以爱国主义为核心的民族精神和以改革开放为核心的时代精神,做出与时代相适应的新的诠释。

(三)研学活动的组织者

研学旅行活动是以集体旅行、集中食宿的方式,来引导中小学生在实践中体验,在体验中研究学习。因此,研学旅行活动本身就是一个复杂的系统工程,而且离开常规的教学环境,更增加了管理学生的难度。这就需要研学旅行指导师具有很强的组织协调能力,不但要能在研学旅行活动开展之前,协助做好活动策划工作,精心设计课程,还要能在研学活动实施过程中,落实好现场课程,组织学生有秩序、积极地参与到课程中来。一名优秀的研学旅行指导师应该细心组织好整个研学过程中的每一个环节,串联并处理好旅游车司机、餐厅酒店的服务员、基(营)地教练、景区讲解员等之间的关系。研学旅行指导师组织协调能力的强弱,将影响研学课程实施效果的好坏。

(四)生活学习的服务者

研学出行,短则一天,多则三五天,甚至一周以上。在出行的这些时间里,一方面固然要培养学生独立生活及处理日常事务的能力;另一方面,也需要有研学旅行指导师随时处理好需要由承办机构来落实的一些事情,做好每一天的生活保障工作,如用餐的安排、居住房间的分配及告知使用注意事项等。而且,中小学生毕竟还是未成年的孩子,心智尚不成熟,处理日常事务的能力也会有欠缺,这就需要研学旅行指导师还能像学生的家人一样,时时处处关心学生的饮食起居,关注活动过程中的动态变化,特别是学生们的情绪及心理状况,以便及时发现问题,并给予必要的帮助和引导。

(五)安全研学的保护者

《关于推进中小学生研学旅行的意见》明确提出研学旅行要以预防为重、确保安全为基本前提。安全问题是学生研学出行的首要问题,也是研学旅行指导师在工作中务必格外重视之处。没有安全,就没有研学旅行。广大中小学生都是未成年人,自我把控力弱,社会生存经验浅,个体精力却异常旺盛,这就增加了安全出行保障工作的困难程度。因此,在整个研学旅行活动过程中,研学旅行指导师作为离学生最近,也是学生最直接的保护人员,需要从上岗的那一刻起,就牢牢把握住"安全"这道关口,将安全意识贯穿到整个研学过程,严格把关安全操作流程,依照安全手册指南将安全预防措施落实到每一个环节,直到研学旅行活动结束。

三、研学旅行指导师职业形象塑造

在整个研学过程中,研学旅行指导师都承担着言传身教、引导育人的光荣职责。塑造一个良好的职业形象,为参与研学旅行课程的学生树立一个值得学习的榜样,是研学旅行指导师实施好课程的第一关。从职业形象上来说,研学旅行指导师的语气表情、举手投足、衣着发式等,不经意中都可能成为学生学习的对象,所以自身必须给予高度的重视。研学旅行作为一种体验式教育,是学生们都喜欢的一种学习方式。因此,研学旅行指导师塑造出专业亲切的职业形象,将能有效拉近自身与学生之间的距离,有助于建立一种新型的师生关系,从而潜移默化地使学生学到人际交往的常识,为其走出校门后顺利融入社会奠定良好的基础。

(一)仪容要求

仪容主要指人的外观容貌,由发式、面容以及人体所有未被服饰遮掩的肌肤构成。在研学旅行活动中,首先引起学生注意的是研学旅行指导师的仪容,它反映着研学旅行指导师的精神面貌、朝气和活力,是传递给学生视觉感官最直接、最生动的第一信息,是形成"第一印象"的基础。容貌固然有先天的成分,帅气和美丽的容颜容易为研学旅行指导师在学生面前赢得很好的印象分。但是,对于绝大多数从事研学旅行指导师工作的人员来说,仪容上的魅力更多地来自后天更为职业与专业的个人妆容。具体来说,研学旅行指导师仪容除了应达到老师的普遍要求外,还应特别注意以下几点:① 保持面容清爽,男士应剃须,女士可淡妆;② 勤洗发,勤理发,不染发,发型应大方利落;③ 保持口鼻腔的卫生,勤刷牙漱口,防止口腔异味;④ 不留长指甲,不涂深色指甲油,忌标新立异。

(二)仪表要求

仪表即人的外表,包括容貌、举止、姿态、风度等,在此主要指一个人外表的穿着装扮。在研学旅行活动中,研学旅行指导师的仪表往往能体现其专业程度和职业态度。一般来说,研学旅行指导师的衣着打扮,首先应该符合工作需要,方便研学实践课程的开展;其次要考虑形象需要,身为实践课的老师,在学生面前应时刻怀有"为人师表"的意识,体现在服饰上,就需要有一定的严谨度;最后还要考虑美观适用的需要,既然服饰体现一个人的修养,那么穿着打扮在符合职业身份的基础上,也无妨适当地体现出对美的个人追求和与工作的适应性。具体来说,研学旅行指导师仪表应注意以下几点。① 如有统一的工作服,则在上岗时按照规定统一着装,工号标志应佩戴在左胸合适位置。若无统一服装,则着装宜端庄大方、洁净整齐,符合课程开展的需要。② 除了大众性的品牌,一般不建议穿着偏于奢侈的名牌服装,不佩戴与工作无关的装饰品。③ 忌穿款式过露、材质过透、穿在身上显得过紧的服装。夏天男士忌穿背心、短裤,女士忌穿吊带衫、拖鞋。如果是长袖长裤,则在上岗时不能卷起衣袖和裤管。④ 在室外场地开展活动时,不应佩戴墨镜或变色镜,以确保与学生用眼神进行有效沟通交流。⑤ 鞋子与袜子都应适合户外活动,保持清洁、无破损。

(三)仪态要求

仪态泛指通过人的身体所呈现出来的各种姿势,主要包括站姿、坐姿、走姿、手势和表情神态等。研学旅行指导师在工作中所展示的仪态,不但可以体现其职业技能修养的程度,更透射其内在的文化修养和精神品质。一名合格的研学旅行指导师,应该时时处处注意个人仪态的展示,通过言传身教在学生面前做好正向的榜样。优雅自信的姿态、充满亲和力的神情、充满力量的举止,都能在悄无声息中滋润学生的心田。具体来说,研学旅行指导师仪态应注意以下几点。① 上岗后应当保持饱满的精神状态,开朗亲切,稳重自信,忌哈欠连天、萎靡不振。② 站姿应挺拔,身体端正,挺胸收腹。双臂自然下垂,不可抱在胸前或叉在腰间。忌随意晃动身体,肩摆腿摇,注意不要有各种习惯性的小动作。③ 坐姿宜端庄,不可斜躺或后靠椅背。双腿与肩同宽自然放置,不可张开过大,也不可跷二郎腿。④ 行姿应落落大方,步调宜轻盈稳健,忌将双手斜插裤兜,身体在行进中不可左摇右晃。⑤ 用眼神与学生交流时,要注意应以"环视"或虚视的目光有意识地顾及在场的每一位学生。忌只盯着一个人看,或对某一个人全身上下乱扫。目光应当热情友善,最好能配以脸部的微笑。⑥ 在指导研学活动过程中,肢体动作有力但不可过猛,肢体语言应当恰当。例如,使用手势时,忌用单指来指人,宜用平摊的手掌指示。

（四）语言要求

语言是研学旅行指导师与学生之间进行思想交流，传播文化知识，引导研学实践的重要工具。首先，每一位研学旅行指导师都应当练好语言这一基本功，尤其是口头语言表达要适应中小学生这一群体，既要条理清晰、逻辑分明、富有节奏感，也要生动形象、深入浅出、通畅易懂。其次，研学旅行课程独特的教学环境，决定了研学旅行指导师与学生之间会有更多的互动，这就需要研学旅行指导师能巧妙运用语言艺术，在研学旅行活动开展过程中灵活应对，主动引导话题。此外，为了减少与学生之间的隔阂感，研学旅行指导师也应当保持开放的心态，积极了解学生群体的话语体系，以方便更好地开展研学教育工作。总之，语言也是塑造研学旅行指导师个人形象的重要载体，研学旅行指导师要时刻有"为人师表"的意识，规范自身的用语习惯。具体来说，应注意以下几点。① 由于研学旅行活动开展的环境各不相同，应根据现场具体环境，灵活调整音量，声音饱满有力量，一般以所有学生能听清楚为准。② 语速当适中，语调应亲切，语气有温度，灵活把握语言的节奏感。③ 口齿要清晰，表达应连贯，句意当集中，避免东拉西扯、含糊不清。④ 普通话规范，用语雅俗共赏，禁止使用粗俗的口头禅，不得发表错误观点和不良信息，不得出现损害国家利益、社会公共利益或违背社会公序良俗的语言。

思考与练习

简答题

1. 研学旅行指导师与导游有什么区别？
2. 孔子的游学思想有哪些？
3. 研学旅行指导师的职业角色定位是什么？

案例分析

研学旅行指导师即将成为新职业，到底意味着什么？

在线答题

第三章
研学旅行指导师职业素养

本章概要

本章较为系统地论述了研学旅行指导师需要具备的思想素养、知识素养、能力素养和行为素养,这四种基本职业素养至关重要,只有具备了这四种基本职业素养,才能成为一名合格的研学旅行指导师。

学习目标

知识目标

1. 了解和熟悉研学旅行指导师思想素养、知识素养、能力素养和行为素养的内容。

2. 掌握提升研学旅行指导师职业素养的方法。

能力目标

1. 意识到研学旅行指导师职业素养的重要性。

2. 能够主动地从思想、知识、能力、行为等方面不断提升自身修养,能将所学知识内化为能力,为未来工作奠定良好基础。

素养目标

形成良好的职业道德和职业素养,以身作则,传播社会正能量,用工匠精神服务于研学工作。

章节重点

1. 研学旅行指导师的思想素养。
2. 研学旅行指导师的知识素养。
3. 研学旅行指导师的能力素养。

知识导图

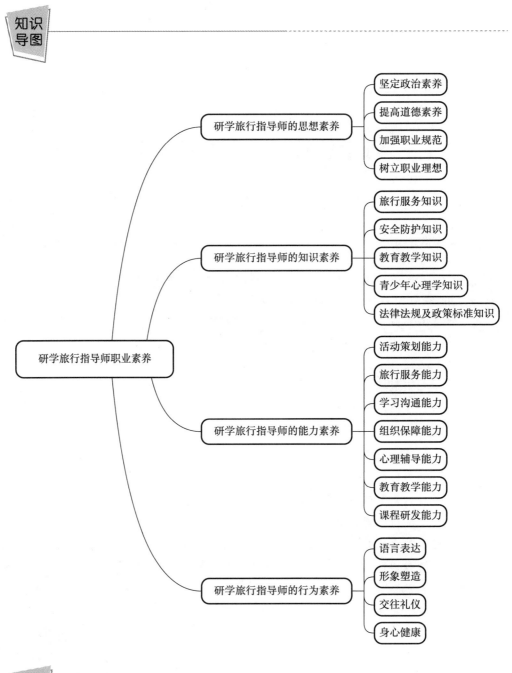

慎思笃行

研学旅行指导师首次带团的"遗憾"

"先说一件比较遗憾的吧,我第一次当研学旅行指导师出去带团,出发前一天晚上我确认了好几遍行程。等到第二天去中国科举博物馆,现场有个体验书法的活动,但我没提前做好功课,只简单地给孩子们讲了讲我国书法的起源发展啥的,到了现场后才知道孩子们可以体验,这是个多好的机会啊,可惜行程安排紧张,要体验就来不及赶去吃午饭,最后只好放弃了。我事后想想真的很后悔,也怪自己没有做好功课。之后再出去带团,我就会详细规划好体验活动之类的,让孩子们真的学到点东西,又玩得开心……"

(资料来源:陈钰岚.研学旅行导师的培育与管理研究[D].南京:东南大学,2020.)

第一节 研学旅行指导师的思想素养

一、坚定政治素养

研学旅行指导师要始终明白研学旅行活动实施的目的是全面落实立德树人的根本任务,帮助中小学生了解乡情、市情、省情、国情,激发中小学生对党、对国家、对家乡、对人民的热爱之情,增强他们对中国特色社会主义的道路自信、理论自信、制度自信和文化自信。因此,研学旅行指导师必须有坚定的政治素养,政治素养体现了研学旅行指导师的国家责任、政治责任和社会责任,具体构成包括以下三个方面。

（一）政治方向

习近平总书记在主持十九届中共中央政治局第六次集体学习时指出:"政治方向是党生存发展第一位的问题,事关党的前途命运和事业兴衰成败。我们所要坚守的政治方向,就是共产主义远大理想和中国特色社会主义共同理想、'两个一百年'奋斗目标,就是党的基本理论、基本路线、基本方略。"因此,研学旅行指导师要坚守正确的政治方向,牢固树立"四个自信",把培养社会主义建设者和接班人作为根本任务,明确"为谁培养人"和"培养什么人"的根本问题。

（二）政治意识

2020年12月24日至25日,中共中央政治局召开的民主生活会上,习近平总书记强调:"我们党要始终做到不忘初心、牢记使命,把党和人民事业长长久久推进下去,必须增强政治意识,善于从政治上看问题,善于把握政治大局,不断提高政治判断力、政治领悟力、政治执行力。"研学旅行指导师的政治意识包括政治认知和政治态度,要求研学旅行指导师切实增强政治意识、大局意识、核心意识、看齐意识,坚决维护党中央权威和集中统一领导。

（三）政治信仰

政治信仰越明确、越坚定,政治行动就越坚决、越彻底,研学旅行指导师要有正确的政治信仰。毋庸置疑,坚持中国共产党的领导是中国人民得以走出贫弱的正确选择,中国特色社会主义道路是中华民族走向复兴的正确道路。研学旅行指导师须对此有坚定的信任感,并使之成为自己所应持守的政治信念。

二、提高道德素养

(一)研学旅行指导师道德素养的重要性

首先,研学旅行指导师的言行影响着学生品质的培养。研学旅行指导师具有多重身份,其中一个重要的身份就是教师,因此研学旅行指导师的道德对学生品质的培养有着重要影响。在研学旅行中,研学旅行指导师引领广大中小学生感受祖国大好河山、感受新中国建设成就、学习中华传统美德、培育和践行社会主义核心价值观,一定程度上促进学生形成正确的世界观、人生观、价值观。

其次,研学旅行指导师对学生的学习起到重要的教育引导作用。研学旅行是将课堂与教学延伸到了整个社会,因此研学旅行指导师必须具有丰富的知识储备,成为学生印证、丰富、探究知识的引导者。与学校课堂学习不同,研学旅行就是在旅行中开展研究性学习,学生面对的是一个动态、鲜活的社会,学生体验的内容具有生成性,研学旅行指导师只有不断地引导学生对话、观察、探索,才能让学生获得全新的教育意义。在这个过程中,研学旅行指导师通过指导学生探索实践,承担着学生丰富知识、习得社会生活经验的指导者的角色。

(二)研学旅行指导师道德素养的内容

1. 思想品德

(1)热爱祖国。

众所周知,爱国是文明人的首要美德,古今中外,概莫能外。热爱祖国也是一名合格的研学旅行指导师的首要条件。首先,爱国要从爱家乡做起。研学旅行指导师引导学生认识乡情、市情、省情,增加对地方文化遗产、风俗习惯的认识,树立他们的文化自信。其次,研学旅行指导师带领学生走进社会大课堂中,给学生讲解祖国灿烂的文化、壮丽的河山、社会主义事业的辉煌成就,饱含深情的讲解可以影响学生,进而也会感染学生。

(2)优秀的道德品质。

首先是弘扬中华民族的传统美德。在研学活动过程中,研学旅行指导师要讲解中华民族的传统文化以及道德规范,同时也要引导学生通过实际行动践行和传承。其次,在组织研学活动过程中,研学旅行指导师认真谦虚、顾全大局、关爱学生、为他人着想、关爱环境等优良的道德品质,也会影响和感染学生。

(3)践行社会主义核心价值观。

党的十八大报告明确提出"三个倡导",即倡导富强、民主、文明、和谐,倡导自由、平等、公正、法治，倡导爱国、敬业、诚信、友善，积极培育和践行社会主义核心价值观。这是对社会主义核心价值观基本内容的精辟概括，即概括了国家的价值目标、社会的价值取向和公民的价值准则。《关于推进中小学生研学旅行的意见》中明确提出开展研学旅行，有利于促进学生培育和践行社会主义核心价值观。作为研学旅行指导师，自己本身也是祖国的公民，工作要求其担负重要的职责，即研学旅行指导师自身要以身作则，在一次次研学活动中引导学生学习和践行社会主义核心价值观。

(4)高尚的情操修养。

高尚的情操是研学旅行指导师的必备修养之一。从事育人工作的研学旅行指导师，首先要有良好的思想觉悟，不受金钱功利主义思想的影响，努力将个人的功利追求与国家利益结合起来；其次，要提高自己的站位，提高自己判断是非、识别善恶、分清荣辱的能力；最后，要有自我控制的能力，自觉抵制精神污染和各类诱惑，力争做到"财贿不足以动其心，爵禄不足以移其志"，始终保持高尚的情操。

2. 职业道德

(1)爱国守法，爱岗敬业。

首先是爱国守法。爱国守法包括两个层面的要求：一是热爱祖国；二是遵纪守法。爱国守法是每个公民应尽的义务，也是每个社会成员必须具备的思想觉悟，更是研学旅行指导师必须具备的素质。在研学服务过程中，研学旅行指导师要时刻以国家和人民利益为重，自觉遵守法律法规，言传身教、感染学生，激发中小学生的爱国热情；不得出现违背党的路线、方针、政策的言行，不得发表错误观点和编造散布虚假信息、不良信息，不得出现损害国家利益、社会公共利益或违背社会公序良俗的行为。

其次是爱岗敬业。爱岗敬业要求研学旅行指导师热爱研学旅行工作，勤恳敬业，甘为人梯，乐于奉献。研学旅行指导师所从事的工作属于教育工作，具有专业性和独特性。研学旅行指导师要有高度的责任感和使命感，热爱本职工作，对工作高度负责，精心制定课程方案，用心用情为学生提供研学服务，促使学生达成研学目标。

(2)关爱学生，立德树人。

关爱学生指的是关心、爱护全体学生，关心学生的身心健康，关注学生愿望和成长需求，对学生一视同仁，尊重学生的性格及学识水平差异。另外，研学旅行指导师在研学过程中要以学生为中心，时刻关心学生的人身和财产安全，及时制止有害于学生的行为或其他侵犯学生合法权益的行为，批评或抵制有害于学生健康成长的现象。研学旅行指导师不能讽刺、嘲笑、歧视学生，或变相体罚学生。

立德树人既是研学旅行的核心目标，也是研学旅行指导师最重要的素养和职责。研学旅行指导师在研学过程当中要遵循教育规律，坚守立德树人使命，激发学生的兴趣和潜能，关注学生的需求和感受，促进学生的全面发展。

(3)为人师表，优质服务。

首先，研学旅行指导师要遵守教师的职业行为规范，品行端正，为人师表，身心健康，言谈举止得体。其次，研学旅行指导师要遵守导游的职业行为规范，为中小学生群体提供优质的研学服务。研学旅行管理与服务是一项综合性极强的工作，要有强烈的责任心和服务意识。研学旅行指导师要耐心细致，顾全大局，将标准化服务与个性化服务相结合，保证研学旅行服务质量。

（三）提高研学旅行指导师道德素养的方法

1. 加强研学旅行指导师道德的自我修养

研学旅行指导师要充分利用新技术加强自身学习，以适应快速发展的时代和学生群体的需求，提高研学综合效果。在这一方面，研学旅行指导师要做到两点：其一，要加强思想理论学习，加强对中国共产党的路线、方针、政策的学习，与学校同向，聚焦立德树人，不忘初心、牢记使命，形成正确的三观，坚持教育为人民服务、为中国共产党治国理政服务、为巩固和发展中国特色社会主义制度服务；其二，要不断加强自身的职业道德修养，注意自己的言行，有强烈的家国情怀，充分发挥自身的积极性、主动性和创造性，做学生的表率，自觉弘扬主旋律，积极传递正能量。

2. 建立研学旅行指导师的道德考核评价制度

首先，确定研学旅行指导师道德考核评价内容。评价要涵盖思想品德、职业道德等主要内容，应包括优秀的道德品质、践行社会主义核心价值观、敬业爱岗、关心学生、耐心细致、团结协作、优质服务等内容。当然，评价内容的确定也要广泛征求各方的意见与建议，并做好宣传，让研学旅行指导师了解评价内容，理解自身的职责与义务。其次，要形成多主体参与的道德考核机制。众所周知，研学旅行指导师的来源不同，因此对研学旅行指导师的考核需要多主体多机构的参与。最后，树立道德激励机制。按照道德评价结果，对于工作表现优秀的研学旅行指导师应给予奖励，鼓励先进，最终带动更多人争取先进。

3. 全面提升研学旅行指导师的法治观念

研学旅行指导师是复合型人才，需要了解和掌握的法律法规较多，如《中华人民共和国教育法》《中华人民共和国未成年人保护法》《中华人民共和国教师法》《教师资格条例》和《新时代中小学教师职业行为十项准则》等，同时也要掌握关于引导学生外出方面的一些法律法规等。更重要的是，在研学旅行的过程中，研学旅行指导师要率先垂范，引导学生知法守法、爱护环境，践行绿色发展的理念。

三、加强职业规范

（一）坚守道德规范

研学旅行指导师是学生研学活动的主要承担者，在研学旅行中担任着重要角色，兼具几种职业的道德要求。一是教师，要明确《中小学教师职业道德规范》，正确认识自己的角色、责任和使命，以树人为核心，以立德为根本，因材施教，爱护学生，严慈相济。更重要的是，要坚守道德规范，做社会主义核心价值观的坚定信仰者、积极传播者、模范践行者，爱国守法，做学生的榜样，引领帮助学生把握好人生方向，"扣好人生的第一颗扣子"。二是导游,要具有导游的职业道德,要有导游人员的带团、控团能力,以及以人为本、服务至诚的理念,爱岗敬业,传播优秀文化,关心爱护学生,同时要做好安全防范。

(二)强化行为规范

研学旅行指导师虽然是学生成长过程中的"临时教师",但是对于研学旅行指导师自身而言,这是一种职业,因此必须坚守教师的行为准则。教育部在2018年提出了《新时代中小学教师职业行为十项准则》,研学旅行指导师要准确把握该准则的内容,做到应知必知,必知必做,真正把教书育人和自我修养结合起来,自觉维护自身良好的职业形象。

四、树立职业理想

德国诗人海涅说:"思想走在行动前面,就像闪电出现在雷鸣之前一样。"思想信仰是行动的先导,会影响研学旅行指导师的行为。研学旅行指导师应该是富有理想、坚持信念、坚守信仰的人。

(一)培育教育信仰

研学旅行指导师应该明白自己的职责,摒弃功利主义思想,坚定自己的教育信仰,热爱自己的工作,理解尊重学生,关怀学生,引导学生全面发展,为学生的成长护航。只有这样,研学旅行指导师才能不断地提升自己的才能,唤起自己职业的幸福感,自觉地约束自己的行为,成为一名受欢迎的老师。

(二)坚守职业理想

信仰是人生的动力,也是灵魂的支撑。在一次次的研学旅行过程当中,研学旅行指导师会发现自己的人生价值,那就是带领学生行走在祖国的大好河山和社会大课堂中。研学旅行指导师也是激情澎湃的老师,是立德树人的主要承担者,为此必须相信自己的职业理想,相信自己的职业是一种特殊的"老师"也是一种特殊的"导游",激发自己强大的内在动力,成就灿烂的人生。

第二节 研学旅行指导师的知识素养

《研学旅行指导师(中小学)专业标准》(T/CATS 001—2019)将研学旅行指导师的专业知识分为研学旅行知识、教育教学知识、通识性知识。随着研学旅行的深入推进,研学旅行指导师需要不断学习,提高自己的知识素养,以适应新时代的研学旅行需要。

一、旅行服务知识

（一）研学基地（目的地）及地区概况知识

研学旅行是以旅行为载体的教育活动，每一次研学旅行一定有相应的研学基地或参观的目的地，如博物馆、科技馆等。研学旅行指导师必须熟悉相关内容，以应对学生的提问以及引导学生探究问题。通常情况下，研学旅行指导师的知识储备要高于导游，导游的工作以介绍为主，但是研学旅行指导师除了介绍，还要引导学生去探究、认识社会，其知识要有一定专业性和系统性。

（二）旅行活动的相关知识

研学旅行活动必然涉及旅行，研学旅行指导师必须掌握研学旅行的相关政策和法规，掌握研学旅行目的，以及研学基地（目的地）的相关条例，全过程安排学生团队的旅行生活，保证旅行过程中的交通、住宿、餐饮和学习体验等环节安全顺利。为此，研学旅行指导师必须熟悉相关规定，熟悉基本的安全防护知识和救灾知识，引导学生文明出行和绿色、安全出行。

（三）研学课程管控的相关知识

在研学旅行过程中，研学旅行指导师本质上是教育者，因此需要主持相应的研学课程。每一次研学活动都有相应的研学课程，研学旅行指导师需从课程的设计之初就参与进来，同时在学生学习体验的过程中全程参与。研学旅行指导师是研学课程的参与者和主导者之一，因此必须掌握课程管理和引导方面的知识。

二、安全防护知识

（一）安全防护与管理知识

《关于推进中小学生研学旅行的意见》中明确指出，安全性原则是研学旅行的四大基本原则之一。研学旅行要坚持安全第一，建立安全保障机制，明确安全保障责任，落实安全保障措施，确保学生安全。这里的安全既包括学生的人身安全，也包括财产安全。研学旅行指导师在研学旅行过程当中，一定要认真贯彻安全第一、预防为主的方针，全面落实研学旅行活动的安全保障责任，加强过程监控，始终把安全保障放在工作的首位。

1. 交通方面

组织方要租用符合要求的车辆，不得租用存在手续不全、无资质、未参保等问题的车辆，必须签订旅游团队汽车运输合同。驾驶员要符合相关要求，研学过程中连续驾车不得超过2小时,停车休息时间不得少于20分钟,且应具有应急救护的基本常识和基本技能。出行过程中,每人一座,研学旅行指导师要时刻注意观察司机驾驶状态和路面情况,保证万无一失;涉及远途和境外研学旅行时,选择安全性能高、成本低的高速列车、旅游专列或航空线,提醒学生保管好自己的财物;加强交通服务环节的安全防范,向学生宣讲交通安全知识和紧急疏散要求,组织学生安全有序乘坐交通工具;在承运全程随机开展安全巡查工作,并在学生上、下交通工具时清点人数,防范出现滞留或走失情形;在遭遇恶劣天气时,认真研判安全风险,及时调整研学旅行行程和交通方式。

2. 住宿方面

住宿场所要具备特种行业许可证和营业执照,要便于集中管理,要有安全逃生通道。研学旅行指导师应详细告知学生入住注意事项,宣讲住宿安全知识,带领学生熟悉逃生通道;应制定住宿安全管理制度,开展巡查、夜查工作;户外露营时,应将帐篷区选在高地,以防止暴雨、洪水、泥石流等自然灾害造成破坏,同时应采取驱蚊驱虫等措施,安排夜班人员加强值班、巡查和夜查工作。

3. 餐饮卫生方面

研学旅行指导师应选择有资质的餐厅或餐饮服务提供方,督促餐饮服务提供方按照有关规定,做好食品留样工作;提前制定就餐座次表,组织学生有序进餐;在学生用餐时做好巡查工作,确保餐饮服务质量。研学旅行指导师和教师要提醒师生不在小摊贩上购买食物。团队就餐前应检查食物有无异味、变质的情况,若出现这些情况,应及时更换食品。

4. 治安方面

在研学旅行活动中,歹徒行凶、诈骗、偷窃、抢劫等,导致学生身心及财物受到损害的,统称治安事故。研学旅行指导师要随时提醒学生保管好自己随身携带的财物,贵重物品不要随身携带,离开游览车时不要将证件或贵重物品遗留在车内,要始终与老师、同学在一起;注意观察周围环境,经常清点学生人数。游览车行驶途中不得随意停车,若有不明身份者拦车,研学旅行指导师应提醒司机不要停车。

5. 医疗及救助方面

组织方应提前调研和掌握研学目的地周边的医疗及救助资源状况;若有学生生病或受伤,应将其及时送往医院或急救中心治疗,妥善保管就诊医疗记录,返程后应将就诊医疗记录复印并转交家长或带队教师;宜聘请具有职业资格的医护人员随团提供医疗及救助服务。

(二)旅行急救知识

1. 中暑

如遇中暑,迅速将学生抬到通风、阴凉、干爽的地方,使其仰卧并解开衣扣,松开或脱去衣服,如衣服被汗水湿透最好能更换干衣服,同时可用扇子轻扇,帮助散热;面部发红的患者可将其头部稍垫高,面部发白者头部略放低,使其周身血液流通;最好在患者头部捂上一块冷毛巾,可用浓度50%的酒精、冰水、冷水进行全身擦拭,使末梢血管扩张,促进血液循环,然后用扇子或电扇吹风,促进散热;若已失去知觉,可让其嗅一些有刺激气味的东西或掐其人中,刺激其苏醒,醒后可喂一些清凉饮料或淡盐水。面对轻度中暑患者,实施上述处理,待其体温降到38℃后,观察其体征平稳后,可将其送回营地休息;面对重度中暑患者,应实施上述处理并迅速与医院联系。

2. 晕车

如学生有晕车反应,研学旅行指导师应立即关心其身体状况;可将风油精涂抹于学生的太阳穴或风池穴;提醒其将腰带束紧,减少腹腔内脏的震荡,缓解不适;准备好食品袋和纸,尽快清除呕吐物。

3. 骨折

如遇骨折,要及时拨打120;不要随便移动伤者,在原地等待救援,错误地搬动可能使尖锐的碎骨压迫或切断附近血管或神经,甚至刺伤其他器官,造成更严重的伤害;若骨折处有大量出血,应先止血再固定;若是轻度损伤无伤口,可以使用冰块冷敷骨折处,缓解疼痛和肿胀;如果附近没有医生,需要将伤者抬去治疗,运送的过程一定要特别小心,尽量固定伤肢,若无法固定,要用担架抬伤者,注意轻抬轻走轻放,最后送往医院进行救治。

4. 晕厥

发现有晕厥患者千万不可随意搬动,应首先观察其心跳和呼吸是否有异常。如果心跳、呼吸正常,可轻拍患者并大声呼唤使其惊醒;若无反应则说明情况比较复杂,应使患者头部偏向一侧并稍放低,取后仰姿势,然后采取人工呼吸和心脏按压的方法进行急救。

5. 食物中毒

如遇食物中毒,要让大家停止进食引起中毒的可疑食物,症状严重者要立即拨打120或迅速将其送往医院;可引导大家面部朝下,把手指伸入口中进行催吐,尽可能地将胃内残留的食物尽快排出;催吐后喝大量淡盐水,以稀释进入血液的毒素;如果吃下引起中毒的可疑食物时间较长,且精神状态良好,可以服用泻药,促使有毒食物排出体外;收集可疑的食物和呕吐物,送往医院进一步检测。

6. 火灾

发现火灾时,应立刻拨打119电话请求救援。报警时要说明失火地址、周围的标志性建筑物、火势大小、是否有人被困等情况。不同的火灾有着不同的灭火方法:①电器引发的火灾,要先切断电源,再使用二氧化碳、干粉灭火器或干沙土进行灭火;②实验室药品起火,根据起火的原因,采取针对性的灭火措施,使用灭火器或干沙土灭火;③油锅起火,要用锅盖或能遮住油锅的大块湿布盖在起火的油锅上;④燃料、油漆起火,要用干粉或泡沫灭火器、干沙土灭火。火灾发生时不要乘坐电梯逃生,不要跳楼,不要盲目躲藏;火灾逃生要沿着有"安全出口"标志的通道走,不要随便走动;火灾发生时,用湿衣服或毛巾捂住口鼻,匍匐前进,不要大声说话,避免吸入浓烟;逃生时每过一扇门窗,要随手关闭,这样可以减缓烟火蔓延,获得更长的逃生时间;若身上着火,应迅速脱下衣服,或就地翻滚把火扑灭,千万不要带着火迎风跑动;若被烟火围困,应尽量待在阳台、窗口等容易被人发现且躲避烟火的地方,晃动鲜艳的衣物吸引行人注意,以发出求救信号;若失去自救能力,要努力滚到墙边或门边,以便消防员寻找和营救,同时防止房屋倒塌砸伤自己。

7. 蛇咬伤

在研学旅行途中如果不幸有学生被蛇咬伤,研学旅行指导师应该马上进行紧急处理,处理得越快,效果就越好。研学旅行指导师要让伤者冷静下来,千万不要走动。被蛇咬伤后,如果跑动或有其他剧烈动作,则会加快血液循环,使毒液扩散吸收速度加快。研学旅行指导师应该马上用绳、布带或其他植物纤维在伤口上方超过一个关节处结扎。动作必须快捷,不能扎得过紧,阻断静脉回流即可,而且每隔15分钟要放松一次,以免组织坏死。进行初步处理后,应及时送伤者去医院治疗。

8. 蜘蛛咬伤

一旦发现被蜘蛛咬伤要立即用大量清水冲洗,因为如果是毒蜘蛛的话,一部分毒液还会残留在表皮上,另外蜘蛛分泌出来的是酸性毒液,一定用碱性肥皂清理伤口,之后冰敷伤口并去医院就诊。此外,即便确认是被无毒蜘蛛咬伤也不能掉以轻心,因为蜘蛛是破伤风梭菌的主要携带物种之一,也需要到医院进一步治疗排查。

9. 蜇伤

(1) 蝎子蜇伤。

蝎子伤人会引起伤者局部或者全身的中毒反应,如恶心、呕吐、烦躁、腹痛、发热、气喘,重者可能出现胃出血,甚至昏迷不醒或中毒死亡。蝎子伤人的急救方法与毒蛇咬伤的处理方法大致相同;不同之处是由于蝎子的毒液呈酸性,冲洗伤口时应该用碱性液体进行清洗,这样可以中和毒液,然后把红汞涂在伤口上。如果情节严重,应该立即将其送去医院抢救。

(2) 蜈蚣刺伤。

学生在野外、山地旅游或露天扎营过夜时,有可能被蜈蚣刺伤,刺伤后一般有红肿热痛现象,可发生淋巴管炎和淋巴结炎,严重中毒时会出现发热、恶心、呕吐、眩晕、昏迷。蜈蚣毒液同蝎子毒液一样是酸性的,可用肥皂水或石灰水冲洗中和。

(3) 蜂蜇伤。

被黄蜂蜇伤后,研学旅行指导师应该帮助伤者轻轻挑出蜂刺,注意千万不能挤压伤口,以免毒液扩散。黄蜂的毒液呈碱性,可以用醋清洗伤口。如被蜜蜂等蜇伤后,要帮助学生先将伤口内的刺挑出来,再涂肥皂水等碱性液体来缓解疼痛。

三、教育教学知识

（一）教育学相关知识

研学旅行是教育活动，要根据社会的发展需求，遵循学生身心发展规律，有组织、有计划、有目的地对中小学生身心施加影响，把他们培养成为社会主义现代化建设所需要的人才。研学旅行指导师要了解中小学教育教学理论，熟悉学生的认知规律和教育心理学的基本原则和方法，知晓本地中小学教育的概况，以便在研学过程中开展针对性的服务，同时更好地与学校教育同向而行。

（二）研学课程相关知识

根据《关于推进中小学生研学旅行的意见》，研学旅行被定位为活动课程。研学旅行以活动来代替教材，以真实的情感来取代课堂，是一门由国家倡导和规约、地方统筹和管理、学校开发和实施的跨学科实践类活动课程，既有活动课程的一般属性，又具有其自身的特性。研学旅行指导师在实施这类活动类课程时，必须了解课程方面的相关知识：了解新课程改革方向和相关理论，掌握新课程中的教学观和学生观，了解中小学课程结构、课程类型、课程标准，熟悉中小学综合实践活动课程内容，熟悉课程资源开发、管理与利用的方法，掌握研学旅行课程教学知识。

四、青少年心理学知识

（一）身心发展知识

中小学学生处于身心发展的不同阶段，具有不同的身心发展特点。如小学的高年级（四到六年级）学生在各个方面处于成熟的前期，思维方面也在不断地成熟，这个阶段是引导学生学习知识的关键时机；初一、初二阶段是青春期的发展飞跃期，学生的自我意识要求非常强，情绪表现出矛盾性，因此研学旅行指导师需要尊重学生的想法，尊重他们极力想表现出的成人作风和气魄，更有效地引导他们去研学。不同年级学生的身心发展特点不同，即使是同一个年级的学生也有不同的身心发展表现，男生与女生也有显著的差异。研学旅行指导师要根据教育心理学的原理，掌握不同阶段学生的身心特点，设计有针对性的活动程序，优化研学活动效率，提高研学服务质量。

（二）心理服务知识

研学旅行指导师面临的工作纷繁复杂，流动性强，工作要求高，要随时了解学生的心理活动，有针对性地进行引导，加强团队管理，让同学们学有所获，在精神上得到满足。学生小组在研学过程中遇到问题或合作不顺利的时候，研学旅行指导师要及时出面给予协调和引导，提供针对性的服务，帮助学生消除负面、消极心理，让各类学生拥有积极的情绪，战胜心理障碍，让"研"有所获。

五、法律法规及政策标准知识

（一）与研学旅行目的地相关联的法规及政策标准知识

每一次的研学都有不同的主题，研学旅行指导师会带领学生到不同的地方。以自然类主题的研学为例，学生会到户外，对相关的植物、动物以及地质、地貌等情况进行探究等。在这一类的研学当中，研学旅行指导师必须提前了解环境保护方面的法律法规知识，了解珍稀物种以及相应资源的保护情况，了解中国环境保护以及生态文明建设方面的法规和要求，并且在旅行活动中践行这些知识。在人文类主题研学活动中，研学旅行指导师要了解相应的参观要求和规定以及文物保护等方面的知识。

（二）旅行方面的法规及政策标准知识

研学旅行一定会涉及旅行，因此，研学旅行指导师要掌握旅行方面相应的法律法规，如交通方面的知识、旅行保险知识、货币兑换知识等，最大限度保证研学活动的顺利进行。

（三）其他方面的法规及政策标准知识

研学旅行活动涉及面广，牵涉的机构和主体较多。研学旅行指导师还需要掌握教育、教学方面的法律法规，与研学主题相关的其他领域的规定，以及作为公民必须掌握的法律法规知识。

第三节 研学旅行指导师的能力素养

一、活动策划能力

（一）活动策划

研学旅行实践表明，研学旅行指导师是研学旅行实践活动的策划者，研学旅行指导师的活动设计对确保研学旅行教育实践活动的成效和质量至关重要。如果把每一次研学看作一次大的活动，那么研学旅行指导师就是本次活动的重要策划者之一。研学活动的策划是一个整体工程，包括诸多小的设计，如主题的选取、线路的策划、课程内容的策划、应急预案的策划、研学手册的策划等。以学生的研学手册为例，研学手册是研学课程的主要载体，是帮助老师、学生了解课程目标和重点内容的重要资料。研学手册的策划和设计需要花费较大精力，通常情况下可以根据研学活动分为行前、行中、行后三个阶段的内容,当然也需要根据具体的课程目标、内容、形式进行编排,还需要征求学校、老师等相关人员的意见。研学旅行指导师必须掌握丰富的知识和经验,熟悉国情、省情、县情、乡情,熟悉学校的需求和学生群体的身心发展特点,掌握当地旅游景点和研学基地的最新情况,才能完成高质量的研学活动策划。

(二)创新能力

正如世界上没有完全相同的两片树叶一样,世界上也没有完全相同的两个研学团队。对研学旅行指导师而言,即便是同样的研学主题,但面对的学生群体是复杂、多变的,研学旅行指导师需要具有较强的创新探索能力,而这一能力的形成离不开研学旅行指导师持续不断地学习以及研学旅行教育实践。研学旅行指导师要立足于研学旅行活动实践,吸收新理念、运用新方法,反复研究研学旅行目标和资源,从中寻求与挖掘出研学旅行活动的创新点和创新方向。对于研学旅行中出现的各种状况和问题,研学旅行指导师也要用质疑、探索和发展的眼光来看待,以引领学生探索未知,激发学生创新热情。研学结束以后,研学旅行指导师要复盘总结,找出其中的不足,为下一次研学积累经验。

二、旅行服务能力

(一)研学旅行服务能力

研学旅行服务能力是研学旅行指导师非常重要的一种能力。在研学旅行出发之前,研学旅行指导师要做好服务准备工作,包括研学方案的设计和线路的踩点,旅行中携带的东西、研学目的地相关知识的准备,研学旅行活动中问题的准备等。在研学过程当中,研学旅行指导师担任着研学活动主持人的角色,需要从相关讲解、食宿、成本控制、安全监控等方面做好旅行服务。在研学旅行结束后,研学旅行指导师还要做好相关的善后工作,为下一次研学旅行服务做好准备。

(二)旅行引导能力

不同于普通旅游团的导游,研学旅行指导师除了要做好旅游服务,还要具备研学实践活动的教育引导能力。首先,研学旅行指导师要充满激情,学会控场,用生动有趣的故事激发学生的探索兴趣,引导学生调动自身的感官来充分体验社会和生活中的点点滴滴,鼓励学生动手探究未知,并将所学与同学分享。其次,研学旅行指导师要以身作则,通过言传身教规范学生的行为,端正学生的认知,强化学生的体验,锻炼学生的意志力;对于研学过程中学生出现的违反纪律的问题,要及时了解原因,与学生沟通,恰当地处理学生的违纪行为,让学生能够主动地回归正常的研学活动,促进研学的顺利实施。最后,研学旅行指导师要当好评判者。在学生探索的过程当中,研学旅行指导师要引导学生寻找有价值的问题,对学生研学成果要能够有效地评判,用发展的眼光看待学生的研学成果。

(三)旅行风险控制能力

众所周知,风险控制是指在问题和事故的预防与处理过程中,采取积极有效的措施和方法,尽量减少或者消灭风险发生的可能性,或尽量减少风险发生时可能造成的损失。在研学旅行活动中,组织方要组织制定研学旅行安全方案,落实具体措施要求,对学生进行全方位的安全教育,制定在研学活动过程中每个重点安全环节的纪律要求,同时要签署相关安全责任书,制定安全应急预案,把安全责任落实到人。

研学旅行过程中可能会出现一些意外事件和问题,研学旅行指导师必须有很强的风险控制能力。如面对学生的晕车、晕船、中暑、食物中毒或者其他突发状况,研学旅行指导师要及时采取各种办法,减少危害的产生,同时要能够在现场进行救助;面对自然灾害,如地震、火灾、泥石流等,要能够带领学生正确地逃生;如果发生学生走失等事件,要及时采取各种办法联系寻找走失的学生,找到学生时要对学生进行相应的安抚,对工作进行及时的复盘。研学旅行指导师是一个综合性、全能性的职业,要求研学旅行指导师必须具备较强的应变能力、控场能力以及良好的授课能力等,还要做好各种突发事件的预防工作。

三、学习沟通能力

(一)学习能力

首先,当今社会知识更新日新月异,新技术层出不穷,国家的发展也日新月异,要做好研学旅行指导师的工作,必须主动去了解这些知识。其次,研学旅行指导师的服务对象是求知欲旺盛、好奇心强的中小学生,他们在研学过程中会提出各式各样的问题。面对这些问题,研学旅行指导师需要引导和回答,没有广博的知识就无法做好研学旅行指导师的工作。最后,研学本身就是一门跨学科的、综合性的课程,课程的开展需要运用历史、地理、科学、劳动等方面的知识,这就要求研学旅行指导师不断地学习,掌握相关的教育理论,能够在研学过程当中引导学生开展探究式的学习,促进学生的全面发展和成长。对研学旅行指导师而言,参与研学旅行也是自身学习成长的过程,要善于反思和总结,针对自身在研学中存在的不足及时进行自我评价和改进,不断成长,提升职业的获得感和幸福感。

(二)沟通能力

首先,研学旅行课程教学的环境从校园搬到了社会大课堂,面临的情况更加复杂,涉及的教学资源和主体众多,需要研学旅行指导师进行多方面协调。其次,在研学过程当中,研学旅行指导师属于团队作战,研学工作人员涉及校方的教师、研学基地的工作人员以及其他服务机构的相应人员等,研学旅行指导师要有较强的沟通协调能力,尊重各方权限,遇到问题要及时沟通,如果协调不到位,很多活动就难以开展,工作较为被动。最后，研学旅行活动过程当中研学旅行指导师与学生的沟通和互动也至关重要。针对学生小组遇到的问题或者小组在合作过程当中出现的矛盾，研学旅行指导师要及时协调，并给予帮助、指点，促进学生在研学中的合作交流、沟通反馈，使研学旅行产生较好效果。

四、组织保障能力

研学旅行是一个开放式的社会课堂，涉及学科多、知识广泛。研学旅行指导师要能够始终坚守立德树人的主线，根据课程的目标和要求，与各方人员友好合作，精心设计和利用各项资源，保证研学的顺利进行，给学生最大限度的研学体验。首先，研学旅行指导师要严格执行活动计划，合理安排研学活动，遇到问题要及时分析，并且要有各项预案。在研学活动过程当中，研学旅行指导师要处理好不同的人际关系，同时还要激发这些合作人员的正能量，以使他们发挥对学生的引导和教育作用。其次，要建立起各方管理人员的职责体系，发挥各方主体和学生的特长，保证研学活动的组织有序。研学旅行指导师既要关注一线现场又要关注食宿、交通等后勤保障问题。最后，在研学旅行活动过程当中，研学旅行指导师还要有一定的宣传能力和组织能力，使学生研有目标，学有所得，活动具有愉悦感和体验性，不断提升学生的研学质量。

五、心理辅导能力

中小学的年龄跨度比较大，不同学段学生的身心特点不同，研学旅行指导师要充分了解学生的身心特点，掌握心理学相关知识，更好地引导学生参与研学活动，对于一些性格内向或自卑的学生，要多关注他们；对于一些性格外向活泼的学生，要充分发挥他们的长处。总之，在研学活动过程当中，研学旅行指导师要以生为本，掌握更多的心理学知识，让研学旅行发挥最大价值。

青少年正处于身心发展的不同阶段，以中学生为例，他们正处于青春期，思想和认知方面会有一些偏差或者叛逆，研学旅行指导师在带中学生研学旅行团时，要有一定的思想和心理指导能力。另外，对于性格不利于融入团体活动的学生，也要及时了解他们的情况，使他们能够更好地参与研学活动，在研学活动中有更多的获得感。更为重要的是，在研学活动过程当中，研学旅行指导师要充分发挥红色旅游资源以及中国传统文化的魅力，使学生形成正确的价值取向，培养学生的担当精神。

六、教育教学能力

（一）研学课程的教学实施能力

研学旅行指导师不仅仅承担着研学旅行的安全防控工作，更为重要的是还承担着课程的技术指导和管理控制以及评估等工作，因此研学旅行指导师要具有较强的教学实施能力。在研学过程中，研学旅行指导师要紧紧抓住课程的目标、课程的内容，给予学生相关指导,对于一些偏离课程目标的学习行为要进行引导,帮助学生找到自身的不足,培养学生的创新能力。在研学课程的实施过程中,研学旅行指导师要对学生的学习方法进行相应的引导和指导,让研学旅行组织得更周密,让课程更富有启发性及趣味性,实现研学旅行的最大价值。

(二)学生隐性素质的引导和培养能力

不同于校内课堂教学,研学旅行作为一种户外课堂教学方式,在时间和空间上都是开放的,学生要面对跨学科的知识,学生在研学过程中使用的方法也多种多样,且整个研学活动期间有研学旅行指导师、教师等多位相关人员参与,因此研学旅行是一种学科之间的联动,有助于学生综合素质的提升和培养。小组研学合作可以培养学生团结合作、自律、创新的精神等,这种隐性素质的培养在校内课堂上往往以说教为主,但在研学旅行过程中,是以学生的感悟、践行为主。此外,学生在研学过程中会学习中国的传统文化,了解自己家乡的情况,了解国情,游览壮丽的山河。这不仅开阔了学生的视野,更重要的是有助于培养学生的家国情怀以及担当精神。

七、课程研发能力

(一)明确研学课程目标

教育部2017年发布的《中小学综合实践活动课程指导纲要》指出课程的总目标是学生能从个体生活、社会生活及与大自然的接触中获得丰富的实践经验,形成并逐步提升对自然、社会和自我之内在联系的整体认识,具有价值体认、责任担当、问题解决、创意物化等方面的意识和能力;同时从价值体认、责任担当、问题解决、创意物化4个方面提出了不同学段的目标。研学旅行指导师应在具体的研学过程当中,对课程目标进行有效的统筹和分解。在总目标的统领下,根据不同学段学生的身心特点、认知水平等,有效分解目标,同时统筹考虑,帮助学生在活动中培养自主学习、创新实践和逻辑思维等能力,形成良好的习惯,健全人格品质,增进他们的社会责任感和家国情怀。

(二)合理设计研学旅行课程

研学旅行是一门特殊的、跨学科的综合实践活动课程,研学旅行指导师要能够从立德树人和培育学生核心素养的高度出发,对研学旅行课程及相关资源进行再设计与再开发,并根据学生的愿望和身心特点,及时调整、优化、细化课程方案。研学旅行课程的设计,包括分析课程主题资源、确定目标内容、组织课程评价和编制研学手册等要素。开发和设计研学旅行课程要遵循课程的教育性、整体性和实操性原则。

(三)组织实施能力

在研学旅行课程的实施过程当中,研学旅行指导师不可或缺。研学旅行中,师生从学校出发,到达研学基地,经过一番探究后返回学校,需要研学旅行指导师的协调、引导、管控,只有这样才能保证研学的效果和质量。

(四)课程评价能力

研学旅行指导师需具备课程评价能力,借助课程评价的基本理论对学生在研学中的表现与作业进行点评,借助灵活多样的评价方式,得出公平的、自主与自我生成的研学成绩,肯定学生研学所得,激发学生的上进心。

第四节 研学旅行指导师的行为素养

一、语言表达

(一)讲解语言

首先,研学旅行指导师的讲解语言跟导游语言类似,同时又兼具教师语言的特征,要遵循正确、清楚、生动、灵活的原则,更重要的是要兼顾对象的实际情况,对知识和表达方式进行有意识的选择,使之浅显易懂。其次,在讲解中要注意情感化。白居易说过:"感人心者,莫先乎情。"研学旅行指导师在讲解过程中只有融入自己的情感,才能感染学生,因此不仅要做到以声传意,还要以声传情,每一句话在表意的同时,语调的高低、语速的快慢、语音的轻重、音量的大小都是一种情感的表露。最后,研学旅行指导师的语言要有激发性和引导性。语言传播的目的不仅是信息交流,更重要的是引起互动,而引起互动的关键是语言拥有较强的激发性。采用提问、讲故事的方式等都是激发兴致的语言手段,能引导学生参与活动,激发学生的好奇心和求知欲,使其更好地完成研学旅行活动。

(二)交流语言

在研学过程当中,研学旅行指导师还需要跟学生以及相关机构的人员进行沟通,因此沟通语言非常重要。初次见面的自我介绍以及在旅途当中出现各种问题时进行协调都需要用到一定的语言技巧,对一些缺乏自律的学生进行教育和提醒更需要语言技巧。在交流和引导的过程当中,研学旅行指导师也要善于运用自己的态势语言来交流引导,常见的态势语言有表情语、目光语以及手势语等,这些态势语言也可以传达相关信息。

二、形象塑造

影响研学旅行指导师良好形象的因素除了仪容仪表,还有其引导学生安全顺利地实施研学旅行课程的能力,以及学生的信赖等。

(一)开头:重视第一印象

心理学上有一个著名的首因效应,就是说在人际交往过程当中第一印象是至关重要的。研学旅行指导师在研学旅行活动过程当中的第一印象,包括给学校的第一印象,也包括给中小学生群体的第一印象。给中小学生留下良好的第一印象可以拉近与学生之间的距离,促使研学工作顺利进行。研学旅行指导师要认真准备自己第一次亮相的欢迎词,做好前期的准备工作,记住相关人员的姓名、特征等,力求有针对性地做好研学工作。

(二)中间:维护良好形象

众所周知,维护形象甚至比树立形象更重要,与学生接触久了,研学旅行指导师可能就会放松对自己的要求,比如不注意个人形象、说话不注意等,这些都会使其在学生心目中的威信逐渐降低。对研学旅行指导师而言,良好的第一印象并不能一劳永逸,需要在服务过程当中注意维护和保持。形象的塑造是持续、动态的过程,贯穿于研学旅行的全过程。研学旅行指导师要用自信、乐观的态度,高超的服务技能,渊博的知识等来巩固自己的良好形象。

(三)结尾:留下美好的最终印象

在研学旅行结束时,学生可能已经疲惫,但是研学旅行指导师依然要精神饱满并且热情不减,同时要针对中小学生课题的完成情况提供周到的服务,不厌其烦地帮助他们,给他们提供相应的信息,还要征求学校以及营地等相关单位对自己服务的建议等。成功的研学会成为学生终生难忘的记忆,在这段记忆当中,有研学旅行指导师的功劳。

三、交往礼仪

(一)仪容仪表礼仪

仪容是人的容貌,仪表则是人的外表。在研学旅行过程当中,研学旅行指导师的仪容仪表会受到研学对象的关注,好的仪容仪表会使人感到愉悦,形成良好的印象。在仪容方面,要做到干净、整洁。在仪表方面,可以适当修饰,如对自身容貌上的美化和修饰,包括对头发、面部等的美化和修饰。发型的修饰要得体,除了要与个人的性别、年龄、发质、脸型、身材、服装等相匹配，还要与研学旅行指导师的身份、工作环境相吻合。面部化妆要与自身条件相协调，不能过分修饰，浓妆艳抹。

（二）言谈举止礼仪

语言展现的是一个人的教养，研学旅行指导师要经常与中小学生交往，所以更应该借助语言进行有效的沟通和交流，保证工作的顺利进行。研学旅行指导师在与人交谈时，态度要坦率、真诚、认真倾听，同时给学生说话的机会，尊重学生的意见；不要心不在焉，避免打哈欠、伸懒腰及其他小动作；注意话题禁忌，学生不愿回答的问题不要追问；音量要适中，要使用礼貌用语、文明用语，给学生做好示范。

研学旅行指导师的举止仪态是指在研学旅行过程当中站、坐、走的姿势、风度、手势和表情，举止能反映出一个人内心的世界。在研学旅行过程当中，无论是站姿、走姿还是坐姿都要落落大方、举止优雅、端庄稳重。讲解过程当中，研学旅行指导师也经常会运用手势语言，恰当的手势语言能够展示一个人的涵养和气质，起到良好的沟通作用。研学旅行指导师在运用手势语言时应注意手势与所要表达的内容要一致，不能让人费解和产生误解，同时要注意手势的使用频率和幅度。研学旅行指导师也要善用表情来表达内心的思想感情，如眼神、微笑等，给学生一种安全感、亲切感、愉快感。

（三）人际交往礼仪

研学旅行指导师在日常的工作当中，要遵守以下礼仪要求。一是遵守时间约定，守时是日常工作中最重要的礼节，研学旅行指导师要以身作则，将活动时间安排清晰地告诉学生，并且按照规定时间到达出发地点，如有特殊情况必须向学生解释并获得原谅。二是尊重学生，对学生要多加照顾，有事多商量，主动听取意见。三是要注意细节，在清点人数时要仔细，致欢迎词时音量要适中、举止大方，引导学生参与到活动当中时也要注意细节，关注每一位学生，用心用情服务。

四、身心健康

（一）身体健康

研学旅行指导师从事的工作是户外的课堂研学，课程内容量大面广，地点流动性强，体力消耗大，因此，研学旅行指导师首先必须是一个身体健康的人，否则很难胜任工作。在研学旅行的过程当中，研学旅行指导师必须全程跟随学生，即便是晚上在学生休息以后，研学旅行指导师还要准备第二天的相关活动。如果是到异地研学，根据不断变化的天气、不同的水土饮食安排学生的教学和生活，对于研学旅行指导师而言也是一个严峻的考验。

（二）心理健康

首先，研学旅行指导师头脑要冷静。在研学过程当中研学旅行指导师不管遇到什么事都要沉着冷静，有条不紊，保持清醒的头脑，合情合理合法地处理，在学生面前表现出良好的精神状态，不能把不愉快的情绪带到工作中去，更不能将不悦的情绪发泄到学生身上。其次，研学旅行指导师要有良好的自控能力和平和的心态。针对中小学生群体心智发展不成熟，在旅行过程中喜欢打闹，容易冲动，甚至遇到事情时任性固执等现象，研学旅行指导师要放平心态，及时观察学生的语言和行为，了解其喜好，适当适时给予引导、帮助和提醒；同时对事故和突发事件要有预见性，将可能发生的伤害事故遏制在萌芽状态，防患于未然。最后，研学旅行指导师的思想必须健康，能够辨识社会当中的诱惑和不良的思想和言论，能够引导学生形成正确的价值观，引导学生德智体美全面发展，履行自身立德树人的职责。

思考与练习

简答题
1. 研学旅行指导师应具备哪些知识？
2. 研学旅行指导师需具备哪些能力？应如何培养和提升这些能力？
3. 研学旅行指导师如何维护自己的身心健康？

案例分析

研学旅行指导师的腾冲研学之行

在线答题

第四章
研学旅行指导师职业教育、培训与鉴定

本章概要

研学旅行指导师作为贯穿整个研学旅行活动的重要角色,在开阔学生的视野、启发学生的思考、调动学生的学习热情等方面发挥积极的推动作用。研学旅行指导师作为一个有着独特含义的职业,需要具备相应的基本素质和技能,本章系统地论述了研学旅行指导师职业教育与培训、研学旅行指导师的职业等级划分标准及职业等级评定等内容。

学习目标

知识目标

1. 掌握研学旅行指导师教育与培训方式。
2. 熟悉研学旅行指导师的职业标准。

能力目标

熟悉研学旅行指导师的等级评审条件和职业等级划分标准,能够进行自我评定和自我目标设定,为今后工作打下良好基础。

素养目标

明确研学旅行指导师职业界定与评定,培养道德规范,激发学习的积极性。

章节重点

1. 研学旅行指导师教育与培训方式。
2. 研学旅行指导师的职业标准。

第四章 研学旅行指导师职业教育、培训与鉴定

知识导图

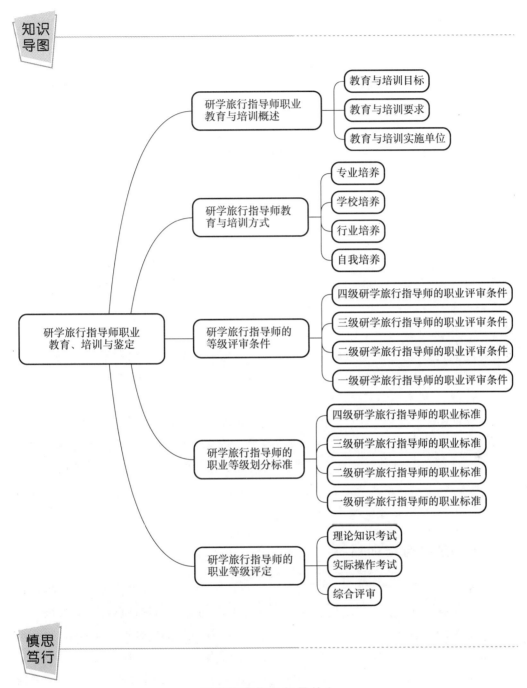

慎思笃行

研学旅行指导师是什么

2019年，中国旅行社协会面向全国优秀旅游类或师范类高等教育院校开展了首批全国研学旅行指导师培训基地遴选工作，开启了在全国范围进行研学旅行指导师培训的序幕。经严格遴选，浙江旅游职业学院、桂林旅游学院、上海旅游高等专科学校、湖北师范大学成为首批授权培训基地。全国各大旅游院校、一些中小学校以及旅游企业等，纷纷派人选择心仪的高校前往培训

心领神会

学习，由此诞生了可以说是国内第一批拥有研学旅行指导师证书的队伍。与此同时，关于研学旅行指导师这个职业后续该如何提升、等级如何划分等问题，也引起了热烈的讨论。

（资料来源：搜狐网。）

第一节　研学旅行指导师职业教育与培训概述

2016年11月，教育部等11部门印发《关于推进中小学生研学旅行的意见》，首次将研学旅行纳入国家教育政策，要求各中小学要结合当地实际，把研学旅行纳入学校教育教学计划，并与综合实践活动课程统筹考虑，实现研学旅行和学校课程有机融合，提高学生综合素质和实践能力。随后各省（市、区）纷纷出台了研学旅行政策建议，旨在提高研学旅行的安全性和质量，以确保学生的安全和健康。越来越多的学校和家长认识到，研学旅行能够让孩子们在实践中学习知识、积累经验、提升团队合作能力和领导力等素质，这也使得研学旅行市场不断扩大。同时，各地的旅游资源和文化遗产也越来越受到重视，为研学旅行提供了更好的条件和机会。未来，研学旅行市场还将继续迎来高速发展，成为更多人选择的旅游方式和教育方式。

贯彻落实《关于推进中小学生研学旅行的意见》，应坚持立德树人、育人为本，保障安全，注重课程开发，注重能力培养，注重统筹协调，注重资源整合，注重学生年龄、课程内容等多方面，因地制宜，制定科学合理的研学课程内容和实施方案，采用实地参观、实验操作、互动讨论等方式，使学生能够亲身感受、探索并发现新的知识，从而提高他们的学习积极性、兴趣以及学习的成就感。

一、教育与培训目标

中小学研学实践课程包括研学旅行课程和其他综合实践活动。研学旅行指导师是青少年实践教育行业一线的从业者，研学旅行指导师教育与培训目标以研学旅行指导师所必备的知识技能为核心，使其能够独立开展有关青少年实践教育活动，并且全面了解行业知识。研学实践课程实战带队及后勤支撑等知识与技能培训，旨在帮助学员快速入门，掌握研学实践活动基本知识及执行方法，最后通过考核的形式检验培训成果，通过考核的学员会获得研学旅行指导师资质证书。

二、教育与培训要求

研学旅行对研学旅行指导师的教学技能和综合素质水平有较高要求。研学旅行指导师应能够设计开发旅行线路，结合实地考察情况制定研学旅行的教学方案，并在指导教师、辅导员等相关工作人员的协助下，进行研学旅行的组织、讲解和互动。这对研学旅行指导师提出了更高的素质要求。

（一）要充分了解学生

研学旅行指导师应充分了解研学旅行的受教育对象，深入了解学生情况，根据学生的年龄阶段因材施教，掌握学生的心理特点，注重引导和启发，培养他们的动手能力和好奇心（兴趣），注重学生自身能力和认知水平的提高以及学生学习兴趣的提升。

（二）要严肃认真

研学旅行指导师应严肃认真地对待研学旅行中每个环节教学工作的设计和实施，注意以身作则，注重正能量的传播，注重学生综合素质和独立技能的培养。

（三）要具备专业的自然和人文知识

研学旅行指导师要具备专业的自然和人文知识，根据学生的年龄阶段，深入浅出地讲解和执行每个研学课程，让学生准确地了解和掌握正确、专业的知识。

（四）要具备深厚的教学情怀和专业的教学技能

研学旅行是一门教学课程，研学旅行指导师要怀着美好而崇高的教学情怀，了解每一个学生，怀着热爱每一位学生的态度，关爱学生、了解学生，发掘学生的闪光点。研学旅行指导师不仅要具有与学校教师一样的教育教学能力，同时也要能够持续地创新和试验新的教学方式，并在各个阶段寻找更加合适的指导方式。

三、教育与培训实施单位

作为研学课程的设计者和实施者之一，研学旅行指导师直接影响研学课程的教育教学质量。研学旅行指导师教育与培训的实施单位主要有以下几类。

（一）学校

行业要组织力量在有能力开展研学旅行指导师教育与培训、不断为行业输送研学旅行骨干人才的学校定期开展培训，各地中小学要指定适当的领导、教师担任研学旅行课程的负责人，负责指导当地、本校的研学旅行课程教学工作。学校要建立一支有系统的研学旅行指导团队，指导团队成员要开展选题、组织管理、后勤保障、安全管理以及紧急情况处理等方面的专门训练。同时，这些训练应列入当地中小学教师的持续教育训练系统，由学校教师组织的研学旅行将包含在其教育和教学任务中。校内外人员应共同展开中小学研学旅行课程标准研究工作，开发一批与国家教育改革需求相适应的中小学研学旅行课程，推动中小学研学旅行向科学化、专业化、有效化方向发展。

(二)教培机构

在"双减"(减轻义务教育阶段学生作业负担和校外培训负担)政策下,义务教育阶段的文化类课外辅导被叫停和严格管制。在此背景下,研学实践被归入了提升学生综合素质的范围之内,是国家支持和鼓励的方向。业界应采取专题讲座、实地观摩实践、分组研讨、成果分享等多种形式,全面提升研学旅行指导师综合素质,打造一批专业的研学旅行指导师队伍。研学旅行指导师培训项目可设置梯度培训体系,包括高级证书班、高级研修班、目的地定制班等,采用有组织的合作培养方式,将研学旅行培养上、中、下各条产业链连接起来。

(三)研学教育实践基地

研学教育实践基地可以策划、开发与建设培训班,邀请行业专家和技能老师担任研学教育与培训讲师。研学教育实践基地针对自身的课程内容,定制培训课程教案,围绕研学活动策划和技能培训等进行集中授课,对研学旅行指导师应具备的知识储备、专业能力、教具使用和职业素养展开一系列专门培训,结合现场教学、分组研讨等形式提升培训效果。

(四)旅行社及旅游协会

旅行社及旅游协会可以依托自身原有培训项目和行业资源开发研学旅行指导师培训项目,积极推动行业人才培养和建设,积极拓展研学旅行教育与培训工作。例如,指导研旅相关研究机构、会员单位举办研学旅行指导师线下和线上培训,为行业输送研学专业人才。为建立有效合理的资源共享方式,要充分利用每一个会员单位的力量,做到思想共享、资源共享、成果共享、优势互补、相互促进、共同提高。

第二节 研学旅行指导师教育与培训方式

一、专业培养

研学旅行指导师的专业培养,包括职业道德、礼仪、语言表达等方面的综合知识培训,使研学旅行指导师具有良好职业道德和人文素养。关于旅行服务能力的培训,具体内容有导游带领团队的相关知识、政策法规的相关知识和旅游应急安全的相关知识,目的是提高学员的组织管理能力、导游讲解及服务能力、基本急救能力、风险判断能力。研学旅行指导师要掌握研学旅行相关的政策、法律和标准,熟知研学旅行相关的教育政策、教学大纲、教学计划等,具有较强的业务管理能力,能够在研学旅行项目的开发运营、规划咨询、线路设计、课程开发等方面具有较强的专业技能。此外,研学旅行指导师需要具有较高的教育素质和旅游素养,具有较高的教学技能水平,对旅游行业的知识有足够的认识,能够制定研学旅行教学方案,综合管理学生参与各类体验性活动,能根据不同学生特点对学生做出正确引导。

二、学校培养

在文旅融合的趋势下,对传统的研学游来说,新的研学旅行是一种空前的压力和挑战,研学旅行行业蓬勃发展,急需大量专业复合型人才。学校肩负着培养"旅游＋教育＋专业技能"的复合型人才的任务,所培养的人才不仅要具有一定的专业技能,还要具有一定的基础理论,具有较强的开发潜力和创造力。学校研学相关专业要培养的是具有课程研发、带队管理和后勤保障等综合能力的人才。例如,浙江旅游职业学院以自主探究式数字学习场域和平台——MOOC与SPOC课程、国家级教学资源库、双高专业群资源库等数字化教学资源为基底,将"1+X"研学旅行课程设计与实施职业技能等级标准,以及全国大学生乡村振兴创意大赛等赛事全面融入,实现岗课赛证实训课程一体化教学,培养与行业接轨的技术技能型人才。学校教学注重教育心理学知识、教学设计实施、研学课程开发等相关理论的教学,目的是让学生能够精确地掌握消费者的心理特征,并将教育理念应用到实际中。此外,学校可与研学企业建立校企合作实习基地,开展师徒制学习模式,强化实践教学,打破专业壁垒,实现融通。

区域经济的结构和发展的不平衡性,使得研学旅行专业的培养呈现出一定的地域性,而由于各区域的经济基础和生产力水平的差异,各区域对人才能力结构的需求也不相同。因此,任何一所院校在制定其人才培养目标时,都要对其所在地区的经济进行全面的考量,因地、因校确定培养目标。

三、行业培养

目前,业界对于研学旅行指导师的要求已经不只是单纯地能为游客提供一个简单的向导和解说,更需要能在研学旅行项目开发运营、规划咨询和课程设计等方面进行管理和服务的综合型人才,需要研学旅行指导师能够侧重于从事研学课程设计、研学实践指导、研学服务机构和基(营)地的经营与运作等工作。与此同时,研学旅行指导师的就业范围也从原本的单纯的旅行社扩大到旅游景区、研学教培机构、研学实践教育基(营)地、文博场馆以及中小学校。行业对研学旅行指导师的培养包括研学旅行基(营)地的运营和管理、研学产品的营销推广等知识,旨在培养其运营管理能力、营销和创新能力。相应的课程体系不能仅仅是原本的旅游和教育专业课程的简单拼凑,而应当构建出一个包含了研学专业内部人才培养逻辑结构,并且能够体现学校和地区特点的课程计划。

四、自我培养

研学旅行指导师要注重自我培养和自我提升,要会使用疑问法、叙述法、突出重点法、触景生情法、悬念法、类比法、画龙点睛法等方法来引导学生理解研学过程中的知识点,研学旅行指导师要注重以下几个方面的自我培养。其一,注重知识链接能力的培养,即研学旅行指导师必须对旅游地的风土人情、地域文化有深刻认识。在学生探究过程中,研学旅行指导师要像一本百科全书一样,为学生解答疑惑。其二,自觉地提高自己的管理水平。研学旅行作为一种教育行为,不可避免地会涉及教育的管理问题,研学旅行指导师在过程管理、安全管理等方面所担负的管理职责比较重。研学旅行指导师应积极参与研学活动方案的制定;在研学活动过程中遇到紧急情况,特别是治安问题时,要临危不乱地对学生进行指挥;同时,也要掌握好研学活动的节奏。研学旅行指导师应具有管理者的威信,做好表率,以良好的修养、严谨的工作态度及良好的美学观念参与研学活动。其三,注重交流能力的培养。在研学旅行活动中,研学旅行指导师要和学校领导、学校的安保人员、学生、旅行社、酒店和车队、研究基地等各方面进行交流,必须能够面对不同的角色,应对不同的突发事件,解决不同的矛盾和冲突,做不同的情境解释,以保证研学旅行活动顺利、有序和有效地开展。其四,注重观察力的培养。研学旅行指导师必须具备一定的洞察力,不仅要注意到学生的群体性行为活动,还要注意到学生的个人特点,从而更好地指导学生的个人活动,特别是在预防和控制安全问题方面。这就要求研学旅行指导师拥有一双如同鹰一般敏锐的眼睛,可以预测各种不利的结果,并在第一时间阻止学生的不正当行为,将潜在的危险消除掉。

第三节　研学旅行指导师的等级评审条件

《中华人民共和国劳动法》第八章第六十九条规定:"国家确定职业分类,对规定的职业制定职业技能标准,实行职业资格证书制度,由经备案的考核鉴定机构负责对劳动者实施职业技能考核鉴定。"文化和旅游部人才中心组织有关专家制定了《研学旅行指导师职业能力等级评价标准》。该标准将研学旅行指导师这一职业分为四个等级,由低到高分别为四级研学旅行指导师、三级研学旅行指导师、二级研学旅行指导师、一级研学旅行指导师。该标准以职业活动为导向、以职业能力为核心,努力满足人力资源管理、职业教育培训、职业能力评估和人才技能鉴定评价等方面的需求,既强调了职业所需要的技能要求,又兼顾了各个地区或者各个产业之间可能存在的差异,并且在将来的发展中,强化工匠精神、奉献精神和敬业精神。

一、四级研学旅行指导师的职业评审条件

具备以下条件之一者,可申报四级:
(1) 取得大学专科毕业证书及以上学历(含尚未取得毕业证书的应届毕业生);
(2) 取得中华人民共和国导游资格证书;

(3) 取得中华人民共和国教师资格证书。

经审核符合申报条件者,需经过对应级别的知识和技能考核,成绩合格者,获得四级研学旅行指导师证书。

二、三级研学旅行指导师的职业评审条件

具备以下条件之一者,可申报三级:
(1) 取得大学本科学校毕业证书及以上学历;
(2) 取得四级研学旅行指导师证书,并连续从事本职业工作两年及以上;
(3) 连续从事本职业工作五年及以上;
(4) 取得中华人民共和国中级导游证书,并从事本职业工作两年及以上;
(5) 取得教师系列初级专业技术职务任职资格,并从事本职业工作两年及以上;
(6) 在全国导游大赛中获得铜奖荣誉者。

经审核符合申报条件者,需经过对应级别的知识和技能考核,成绩合格者,获得三级研学旅行指导师证书。

三、二级研学旅行指导师的职业评审条件

具备以下条件之一者,可申报二级:
(1) 取得硕士研究生及以上学历;
(2) 取得三级研学旅行指导师证书,并连续从事本职业工作四年及以上;
(3) 取得中华人民共和国高级导游证书,并从事本职业工作两年及以上;
(4) 取得教师系列中级专业技术职务任职资格,并从事本职业工作两年及以上;
(5) 在全国导游大赛中获得银奖荣誉者。

经审核符合申报条件者,需经过对应级别的知识和技能考核,成绩合格者,获得二级研学旅行指导师证书。

四、一级研学旅行指导师的职业评审条件

具备以下条件之一者,可申报一级:
(1) 取得二级研学旅行指导师证书,并连续从事本职业工作五年及以上;
(2) 取得中华人民共和国特级导游证书,并从事本职业工作两年及以上;
(3) 取得教师系列高级专业技术职务任职资格,并从事本职业工作两年及以上;
(4) 在全国导游大赛中获得金奖荣誉者。

经审核符合申报条件者,需经过对应级别的知识和技能考核,成绩合格者,获得一级研学旅行指导师证书。

第四节 研学旅行指导师的职业等级划分标准

文化和旅游部人才中心设计完成的《研学旅行指导师职业能力等级评价标准》,分别从职业功能、工作内容、技能要求和相关知识要求这四个角度,依据掌握程度深浅的不同,划分出四级研学旅行指导师、三级研学旅行指导师、二级研学旅行指导师和一级研学旅行指导师四个研学旅行指导师等级。

一、四级研学旅行指导师的职业标准

四级研学旅行指导师需要掌握的是从事本职业必须掌握的一些基础性知识和技能。其重点是在研学旅行课程方案的实施中,研学旅行指导师应能充分理解和把握研学旅行课程方案的内容,能理解研学旅行课程的主题和教学目标,能组织指导学生完成研学旅行实践活动,如表4-1所示。换句话说,四级研学旅行指导师关键是要能脚踏实地、不折不扣地将研学旅行课程实施落地,将课程设计转化为细节上的实际操作,完成预定的教学任务。

表4-1 四级研学旅行指导师职业标准

职业功能	工作内容	技能要求	相关知识要求
1.研学教育	1.1 研学旅行课程准备	1.1.1 能根据研学旅行课程方案,讲述研学目标、研学主题和研学任务 1.1.2 能做好课程方案相关知识及行程准备工作 1.1.3 能理解研学旅行手册内容,掌握其使用方法 1.1.4 能与研学旅行主办方和供应方做好课程衔接和沟通 1.1.5 能做好课程所需的物料准备、自身的仪容仪表等准备工作	(1)研学旅行课程方案的概念、内涵和内容 (2)研学旅行课程相关知识 (3)研学旅行手册内容和使用方法 (4)研学旅行服务规范中主办方和供应方概念,以及沟通方法 (5)仪容仪表和物料准备知识

续表

职业功能	工作内容	技能要求	相关知识要求
1.研学教育	1.2 研学旅行课程实施	1.2.1 能根据研学旅行出征仪式和结束仪式程序做好执行工作 1.2.2 在旅行途中能按照课程计划执行好研学任务 1.2.3 在目的地能根据课程计划执行研学任务 1.2.4 能指导学生完成研学成果展示和交流	（1）研学旅行活动流程 （2）旅行途中的研学内容组织及教学方法 （3）目的地的课堂概念、内涵、组织及教学方法 （4）研学旅行分享课程组织和方法
	1.3 研学旅行课程反馈	1.3.1 能掌握2种及以上的学习评价方法，能对学生进行客观评价 1.3.2 能对研学目标契合性、行程合理性和课程资源利用有效性等情况进行反馈	（1）研学旅行学生学习评价方法和知识 （2）研学旅行课程评价方法和知识
2.旅行保障	2.1 交通服务	2.1.1 能对学生乘坐的交通工具、安全注意事项及文明出行进行说明 2.1.2 能引导好学生有序集合，按规定出入交通工具 2.1.3 能引导学生遵守交通规则，保护自己的人身和财物安全 2.1.4 能处理学生在交通工具上的常见问题	（1）交通工具及其乘坐相关知识 （2）集体出入交通工具的组织方法 （3）交通安全及预防相关知识 （4）学生在交通工具上常见问题的处理方法
	2.2 住宿服务	2.2.1 能对学生住宿的场所、文明入住及安全注意事项进行说明 2.2.2 能合理分配房间，办理好入住手续，做好查房工作 2.2.3 能带领学生熟悉逃生通道，讲解消防和逃生器材的使用方法 2.2.4 能及时提醒学生遵守住宿纪律，保护自己的人身和财物安全 2.2.5 能处理学生在住宿期间的常见问题	（1）营地、饭店安全住宿相关知识 （2）办理集体入住的方法 （3）消防和逃生器材的相关知识及使用方法 （4）集体住宿管理知识 （5）住宿期间常见问题的处理方法
	2.3 用餐服务	2.3.1 能对用餐场所、用餐规定和用餐安全注意事项进行说明 2.3.2 能及时提醒学生遵守用餐规定，保护自己的人身和财物安全 2.3.3 能处理学生在用餐期间的常见问题	（1）用餐规定和用餐流程 （2）集体用餐管理的相关知识和方法 （3）用餐期间常见问题的处理方法

续表

职业功能	工作内容	技能要求	相关知识要求
2.旅行保障	2.4 生活照料	2.4.1 能发现并照顾身体不适的学生 2.4.2 能根据学生病情采取相应措施 2.4.3 能照顾好有特殊情况的学生	(1) 生活照料的相关知识 (2) 一般疾病处理的流程和方法 (3) 特殊情况处理方法
3.安全防控	3.1 安全事故预防	3.1.1 能分析研学旅行安全事故发生的原因，并能针对性地讲述安全预防内容 3.1.2 能编制研学旅行安全书面告知书，并予以解释说明 3.1.3 能熟知研学旅行安全应急预案，并按照课程设置和研学线路进行模拟安全应急演练	(1) 研学旅行安全事故发生的类型及其原因 (2) 旅游安全相关政策及法律法规 (3) 旅游安全应急预案相关知识
	3.2 安全事故处置	3.2.1 能按照应急预案流程处置旅游安全事故 3.2.2 能采取相应措施现场处理学生摔伤、割伤、撞伤、烫伤、互伤、走失等多发性事故 3.2.3 能在安全事故发生后固定和保存证据，协助伤者向保险公司索赔	(1) 旅游安全事故应急处理流程 (2) 研学旅行相关安全事故处置和急救处理知识 (3) 保险相关法律知识

二、三级研学旅行指导师的职业标准

相比四级研学旅行指导师，三级研学旅行指导师在实施研学旅行课程方案上有了进一步的深化，主要体现在需要掌握的相关知识点有所增加，在技能操作上有了更高的要求，如表4-2所示。四级研学旅行指导师仅需按照研学规划和团队的指令执行好课程方案，而三级研学旅行指导师不仅需要执行好课程方案，解决"是什么"的问题，而且要能理解研学课程方案为何如此设计和执行，解决"为什么"的问题，因此在具体行为上要表现出善于处理各种类型的突发问题。

表4-2　三级研学旅行指导师职业标准

职业功能	工作内容	技能要求	相关知识要求
1.研学教育	1.1 研学旅行课程准备	1.1.1 能参与研学旅行课程方案和旅行手册等内容的策划设计，并能提出合理化建议 1.1.2 能准确讲述研学目标、研学主题和研学任务，能熟练指导学生正确使用研学手册 1.1.3 能分析研学主办方和供应方的诉求，并能做好有效沟通 1.1.4 能根据主办方的要求进行行前课程讲授	(1) 研学旅行课程方案、研学手册的概念、内涵和设计方法 (2) 研学旅行课程教育教学知识和方法 (3) 研学旅行服务规范中主办方和供应方概念，以及沟通方法 (4) 研学旅行行前课程概念和包含内容

续表

职业功能	工作内容	技能要求	相关知识要求
1.研学教育	1.2 研学旅行课程实施	1.2.1 能组织研学旅行出征仪式和结束仪式，并能对仪式程序提出合理化建议 1.2.2 在旅行途中，能分析把握课程实施的关键点，提出合理化建议，并能组织完成研学任务 1.2.3 在目的地，能根据课程方案分析把握课程实施的关键点，提出合理化建议，并能组织完成研学任务 1.2.4 能及时解答学生提出的相关问题，能指导学生完成研学成果展示和交流	（1）研学旅行活动流程 （2）旅行途中的研学内容组织及教学方法 （3）目的地的课堂概念、内涵、组织及教学方法 （4）研学旅行分享课程知识和组织方法
	1.3 研学旅行课程反馈	1.3.1 能掌握3种及以上的研学旅行评价方法，能对学生进行客观评价 1.3.2 能对研学目标契合性、教学行为和课程资源利用的有效性进行评价，并能提出合理化建议	（1）研学旅行学习评价方法和知识 （2）研学旅行课程评价方法和知识
2.旅行保障	2.1 交通服务	2.1.1 能对学生在乘坐交通工具时发生的常见安全事故和不文明行为进行案例讲述 2.1.2 能统一组织好学生有序集合，按规定乘车和下车（船、飞机） 2.1.3 能引导学生遵守交通规则，能及时保护学生的人身和财物安全 2.1.4 能按照应急预案处理学生在交通工具上的突发事件	（1）交通工具及其乘坐相关知识 （2）交通安全及预防相关知识和文明旅游相关知识 （3）集体入出交通工具知识和组织方法 （4）交通应急预案及常见交通突发事件处理知识和方法
	2.2 住宿服务	2.2.1 能对学生在住宿时发生的安全事故和不文明行为进行案例讲述 2.2.2 能带领学生熟悉逃生通道，讲解消防和逃生器材的使用 2.2.3 能引导学生遵守住宿纪律，能及时保护学生的人身和财物安全 2.2.4 能按照应急预案处理学生在住宿期间的突发事件	（1）营地、饭店及其文明入住知识 （2）消防和逃生器材的相关知识 （3）集体住宿管理知识 （4）住宿应急预案及住宿突发事件处理知识

续表

职业功能	工作内容	技能要求	相关知识要求
2.旅行保障	2.3 用餐服务	2.3.1 能对学生在用餐时发生的常见安全事故和不文明行为进行案例讲述 2.3.2 能照顾好有特殊饮食的学生 2.3.3 能在用餐场所预防和保护学生的人身和财物安全 2.3.4 能按照应急预案处理学生在用餐时的突发事故	（1）餐厅及其文明用餐、安全用餐相关知识 （2）用餐特殊情况处理知识 （3）用餐事故预防和保护知识和方法 （4）用餐应急预案及用餐突发事故处理知识和方法
	2.4 生活照料	2.4.1 能提前发现并照顾身体不适的学生 2.4.2 能及时处理好生病的学生 2.4.3 能照顾好有特殊情况的学生	（1）生活照料的相关知识 （2）一般疾病处理的流程和方法 （3）心理疏导与情感交流的方法
3.安全防控	3.1 安全事故预防	3.1.1 能分析研学旅行安全事故发生的原因，并能针对性地讲述安全预防内容 3.1.2 能编制研学旅行安全书面告知书，并予以解释说明 3.1.3 能编制研学旅行安全应急预案，并按照课程设置和研学线路进行模拟安全应急演练	（1）研学旅行安全事故发生的类型及其原因 （2）旅游安全相关政策及法律法规 （3）旅游安全应急预案相关知识
	3.2 安全事故处置	3.2.1 能按照应急预案流程处置旅游安全事故 3.2.2 能采取相应措施现场处理学生摔伤、割伤、撞伤、烫伤、互伤、走失等多发性事故 3.2.3 能在安全事故发生后固定和保存证据，协助伤者向保险公司索赔	（1）旅游安全事故应急处理流程 （2）研学旅行相关安全事故处置和急救处理知识 （3）保险相关法律知识

三、二级研学旅行指导师的职业标准

如果说四级和三级研学旅行指导师的职业标准是以"操作技能"为重点，那么业界对二级研学旅行指导师则在"专业理论素养"的掌握程度上进一步提出了更高要求，因此，在职业功能上，特别增加了"课程研发"和"培训指导"这两块内容，如表4-3所示。二级研学旅行指导师不仅要能设计出两种及以上的研学课程，还要能指导四级和三级研学旅行指导师理解研学课程，顺利完成研学任务。

表 4-3　二级研学旅行指导师职业标准

职业功能	工作内容	技能要求	相关知识要求
1.研学教育	1.1 研学旅行课程准备	1.1.1 能准确解释研学旅行课程方案,能指导四级、三级研学旅行指导师理解研学目标、研学主题和研学任务 1.1.2 能准确解释研学旅行手册,能指导四级、三级研学旅行指导师正确运用手册 1.1.3 能设计研学旅行行前课程,能演示和讲授行前课程	(1) 研学旅行课程方案知识和业务指导知识 (2) 研学旅行手册内容和使用方法 (3) 研学旅行行前课程知识和授课方法
	1.2 研学旅行课程实施	1.2.1 能策划组织和主持研学旅行出征仪式和结束仪式 1.2.2 能分析研学课程实施的关键点,能进行现场操作指导 1.2.3 能设计研学成果展示形式,能组织好分享课程	(1) 研学旅行活动流程及主持方法 (2) 研学旅行实践活动的教学知识、组织及监控方法 (3) 研学成果设计知识及组织分享课程方法
	1.3 研学旅行课程反馈	1.3.1 能对研学旅行整体效果进行综合评价 1.3.2 能修订和完善研学旅行课程方案	(1) 研学旅行评价知识 (2) 研学旅行课程方案编制知识
2.旅行保障	2.1 交通服务	2.1.1 能制定学生交通突发事件的应急预案 2.1.2 能正确处理学生交通途中发生的突发事件	(1) 交通安全知识和应急预案编写方法 (2) 交通途中学生突发事故处理知识和方法
	2.2 住宿服务	2.2.1 能制定住宿期间学生突发事故的应急预案 2.2.2 能正确处理学生住宿期间的突发事件	(1) 住宿安全知识和应急预案编写方法 (2) 住宿期间学生突发事件处理知识和方法
	2.3 用餐服务	2.3.1 能制定用餐期间学生突发事件的应急预案 2.3.2 能正确处理学生用餐期间的突发事件	(1) 用餐安全知识和应急预案编写方法 (2) 用餐期间学生突发事件处理知识和方法
	2.4 生活照料	2.4.1 能及时发现、照顾和处理有特殊情况的学生 2.4.2 能对学生进行心理辅导	(1) 生活照料和特殊情况处理的相关知识 (2) 心理辅导知识和方法

续表

职业功能	工作内容	技能要求	相关知识要求
3.安全防控	3.1 安全事故预防	3.1.1 能分析研学旅行安全事故发生的原因,并能在课程设置中设计针对性的安全预防内容 3.1.2 能编制研学旅行安全书面告知书,并予以解释说明 3.1.3 能编制研学旅行安全应急预案,并按照课程设置和研学线路进行模拟安全应急演练	(1) 研学旅行安全事故发生的类型及其原因 (2) 旅游安全相关政策及法律法规 (3) 旅游安全应急预案相关知识
	3.2 安全事故处置	3.2.1 能按照应急预案流程处置旅游安全事故 3.2.2 能采取相应措施现场处理学生摔伤、割伤、撞伤、烫伤、互伤、走失等多发性事故 3.2.3 能在安全事故发生后固定和保存证据,协助伤者向保险公司索赔	(1) 旅游安全事故应急处理流程 (2) 研学旅行相关安全事故处置和急救处理知识 (3) 保险相关法律知识
4.课程研发	4.1 课程设计	4.1.1 能选择适宜的研学主题 4.1.2 能对课程资源进行评估 4.1.3 能制定准确的课程目标 4.1.4 能对行程线路进行设计 4.1.5 能对交通工具进行评估 4.1.6 能对目的地课程进行评估 4.1.7 能设计两种及以上的不同类型的研学课程	研学旅行课程设计知识和方法
	4.2 课程方案编制	4.2.1 能编制2种及以上不同类型的课程方案 4.2.2 能对课程方案进行评估,并修改完善	研学旅行课程方案编制知识和方法
	4.3 研学手册编写	4.3.1 能编写研学旅行手册 4.3.2 能对研学旅行手册进行评估,并修改完善	研学旅行手册编写知识和方法
5.培训指导	5.1 业务培训	5.1.1 能对四级、三级研学旅行指导师进行培训 5.1.2 能编制业务培训方案	(1) 业务培训知识和培训方法 (2) 业务培训方案编制知识和方法
	5.2 操作指导	5.2.1 能对研学旅行指导师操作中的主要疑难问题进行示范、指导 5.2.2 能制定研学旅行操作手册	(1) 业务操作知识和操作方法 (2) 业务操作编写知识和方法

四、一级研学旅行指导师的职业标准

在二级研学旅行指导师的职业技能之上,一级研学旅行指导师又增加了"管理研究"这一板块,如表4-4所示。也就是说,一级研学旅行指导师不仅应具备二级研学旅行指导师的各种能力,能对研学旅行实行质量管控,又能在研学旅行课程实施的各个环节做深入研究,提炼并撰写成相关的指导论文或教材,实现一级研学旅行指导师在经验总结、培训研学人才、创新研学旅行理论、指导研学旅行行业实践发展等方面的贡献。

表4-4 一级研学旅行指导师职业标准

职业功能	工作内容	技能要求	相关知识要求
1.研学教育	1.1 研学旅行课程准备	1.1.1 能对行前课程内容和流程进行设计,能对行前课程进行修改和完善,能指导研学旅行指导师执行 1.1.2 能对研学旅行手册进行设计、修改完善,能指导研学旅行指导师正确运用手册	(1) 研学旅行课程设计、培训知识和方法 (2) 研学旅行手册设计知识和培训方法
	1.2 研学旅行课程实施	1.2.1 能拟定研学课程实施关键点的控制计划 1.2.2 能进行研学现场组织、协调和指导	(1) 研学旅行课程实施监控知识和方法 (2) 研学旅行实践活动的教学知识、组织及指导方法
	1.3 研学旅行课程反馈	1.3.1 能撰写研学旅行课程评价报告 1.3.2 能撰写研学旅行案例分析报告	(1) 研学旅行课程评价知识和撰写方法 (2) 研学旅行案例分析报告编写知识和方法
2.旅行保障	2.1 交通服务	2.1.1 能现场组织、协调、指导交通突发事件的处理 2.1.2 能撰写研学旅行交通案例分析报告	(1) 交通安全知识和突发事故处理方法 (2) 研学旅行交通案例分析报告编写知识和方法
	2.2 住宿服务	2.2.1 能现场组织、协调、指导住宿突发事件的处理 2.2.2 能撰写研学旅行住宿案例分析报告	(1) 住宿安全知识和突发事故处理方法 (2) 研学旅行住宿案例分析报告编写知识和方法
	2.3 用餐服务	2.3.1 能现场组织、协调、指导用餐突发事件的处理 2.3.2 能撰写研学旅行用餐案例分析报告	(1) 用餐安全知识和突发事故处理方法 (2) 研学旅行用餐案例分析报告编写知识和方法

续表

职业功能	工作内容	技能要求	相关知识要求
2.旅行保障	2.4 心理服务	2.4.1 能对学生进行心理辅导 2.4.2 能撰写研学旅行学生心理案例分析报告	(1) 心理辅导知识和方法 (2) 研学旅行学生心理案例分析报告编写知识和方法
3.安全防控	3.1 安全事故预防	3.1.1 能分析研学旅行安全事故发生的原因,并能在课程设置中设计针对性的安全预防内容 3.1.2 能编制研学旅行安全书面告知书,并予以解释说明 3.1.3 能编制研学旅行安全应急预案,并按照课程设置和研学线路进行模拟安全应急演练	(1) 研学旅行安全事故发生的类型及其原因 (2) 旅游安全相关政策及法律法规 (3) 旅游安全应急预案相关知识
	3.2 安全事故处置	3.2.1 能按照应急预案流程处置旅游安全事故 3.2.2 能采取相应措施现场处理学生摔伤、割伤、撞伤、烫伤、互伤、走失等多发性事故 3.2.3 能在安全事故发生后固定和保存证据,协助伤者向保险公司索赔	(1) 旅游安全事故应急处理流程 (2) 研学旅行相关安全事故处置和急救处理知识 (3) 保险相关法律知识
4.课程研发	4.1 课程设计及评估指导	4.1.1 能设计3种及以上不同类型的研学课程 4.1.2 能指导3种及以上不同类型的研学课程研发 4.1.3 能对不同类型的研学课程进行评估	(1) 研学旅行课程设计知识和方法 (2) 研学旅行课程指导教学知识和方法 (3) 研学旅行课程评估知识和方法
	4.2 课程方案编制及评估指导	4.2.1 能对不同类型的课程方案进行评估 4.2.2 能指导不同类型的课程方案编写	研学旅行课程方案编制知识和指导方法
	4.3 研学手册编写及评估指导	4.3.1 能对不同类型的研学手册进行评估 4.3.2 能指导不同类型的研学手册编写	研学旅行手册编写知识和方法
5.培训指导	5.1 业务培训	5.1.1 能制定培训大纲、编制培训教材、编写培训教案 5.1.2 能制定系统的培训方案,细分课程并能组织实施 5.1.3 能按标准培训各级研学旅行指导师,能讲解研学旅行的新理念、新知识、新技能	(1) 教学法和教案大纲编制方法 (2) 培训方案、课程设置知识和方法 (3) 培训及标准知识,以及研学旅行最新知识和技能

续表

职业功能	工作内容	技能要求	相关知识要求
5.培训指导	5.2 操作指导	5.2.1 能对各级研学旅行指导师的操作进行示范、指导 5.2.2 能制定完善的操作手册	（1）业务操作知识和操作方法 （2）业务操作编写知识和方法
6.管理研究	6.1 质量管理	6.1.1 能制定研学旅行指导师岗位职责和工作程序 6.1.2 能制定研学旅行质量控制方案并能组织实施	（1）研学旅行指导师岗位职责和工作程序制定知识和方法 （2）制定研学旅行质量控制方案知识和组织实施方法
	6.2 总结研究	6.2.1 能撰写研学旅行经验总结、案例分析等报告 6.2.2 能撰写研学旅行相关论文和教材	（1）撰写研学旅行分析等报告知识和方法 （2）撰写研学旅行相关论文和教材的知识和方法

第五节　研学旅行指导师的职业等级评定

为加强研学旅行指导师队伍的建设，提高我国研学旅行指导师的综合素质和实践教学水平，也为客观公正地评价和选拔人才，调动研学旅行指导师不断钻研业务和投身研学旅行工作的积极性，为未来的研学旅行市场储备足够优质的人才，有必要建立规范可行的研学旅行指导师职业等级评定方法。

根据文化和旅游部人才中心要求，研学旅行指导师的职业等级评定分为理论知识考试、实际操作考试和综合评审三种方式。

一、理论知识考试

理论知识考试采用闭卷笔试，主要考核从业人员从事本职业应掌握的基本要求和相关知识要求。理论知识考试时间不少于90分钟。理论知识考试在标准教室或电脑网络教室进行，各地根据具体情况而定。

二、实际操作考试

实际操作考试主要采用现场操作或模拟操作方式进行，主要考核从业人员从事本职业应具备的技能水平。实际操作考试根据级别的不同，时间掌握在8～20分钟。实际操作考试在符合相应技能鉴定评价要求的场地进行。

三、综合评审

综合评审主要针对一级研学旅行指导师,以突出对该等级理论素养的考查,通常采取审阅申报材料、答辩等方式进行全面评议和审查。

以上三种方式均实行百分制,成绩均达到60分(含)者为合格,考核范围可参考《研学旅行指导师职业能力等级评价标准》。

思考与练习

简答题
1. 研学旅行指导师的培训机构有哪几类?
2. 研学旅行指导师的培训方式有哪些?
3. 研学旅行指导师职业等级有哪几级?其评定方式有哪些?

第五章
研学旅行课程设计与实施

本章概要

本章系统介绍了研学旅行课程设计与实施的原则和流程,对研学课程设计中需要考虑的因素、课程设计流程以及课程实施的过程与方法进行了说明与阐述。

学习目标

知识目标

1. 了解研学旅行课程设计的基本原则和流程,以及与行程安排、活动策划、教学方法等相关知识。

2. 了解研学旅行指导师在课程设计中需要考虑的因素,如学校需求、学生特点、教学环境等。

3. 了解如何根据研学旅行的特点和目的,选择合适的课程内容和教学方法,以提高学生的学习兴趣和效果。

能力目标

1. 能够根据学校需求和学生特点,制定符合实际情况的研学旅行课程设计方案。

2. 能够进行详细的行程安排和活动策划,确保研学旅行的顺利开展。

3. 能够灵活运用多种教学方法和工具,提高课程的实效性和趣味性。

素养目标

1. 培养胜任研学旅行指导师岗位的责任心和使命感,注重学生的安全和体验。

2. 培养胜任研学旅行指导师岗位的服务意识,注重学生的需求和满意度。

3. 培养胜任研学旅行指导师岗位的创新精神和团队合作精神,注重不断提升课程的质量和效益。

章节重点

1. 研学旅行课程设计的原则。
2. 研学旅行课程设计的流程。
3. 研学旅行指导师的教学评估和反思。

知识导图

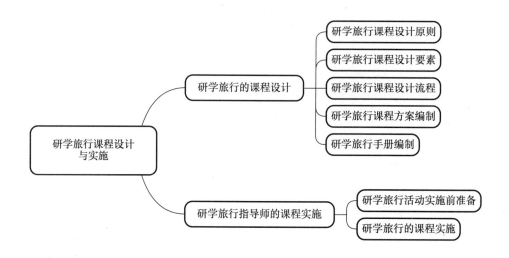

慎思笃行

世界自然遗产三清山研学课程设计

研学课程的设计不能只包括研学的内容与方向,同时也需要确立研学的实施步骤与教学进程。我们通过简化ADDIE模型,提炼出以导学(guidance)、行学(practice)和展学(evaluation)三者为核心的GPE研学课程模式,并借此以项目式学习(project-based learning)的方式,设计与开展"三清山"研学。"导学-行学-展学"(GPE)三者既独立又互补,行学是中心环节,导学是基础,展学是内化与升华,三者缺一不可。导学是学生发现探究目标、查询资料、选择探究主题和确定探究方法的重要阶段;行学是学生实地探究并获得及时反馈的过程;展学则是学生回顾、反思研学过程以及展示探究成果的阶段,在这个时期,教师的评价与指导对学生各方面的提升都有十分重要的意义。在"导学-行学-展学"时间安排上,要重视导学与展学,甚至行学时间可以少于另外二者,但也需要保证三者之间的比重合理,以使学生对探究内容做好充分准备,在探究中收获更多,在探究后成效更好。

一、行前准备：导学

导学是研学前期准备，以讲座与学生自主学习为主。行前准备的主要目的不仅仅是让学生了解此次研学的具体情况、线路以及调查内容，也要培养学生的探究性思维以及跨学科的知识运用能力。导学阶段也是学生确立课题方向的好时机，是模拟真实场景，发现问题、提出问题的重要环节。我们并不要求学生在行前就确定明确的课题，而是认为每个小组需要在导学期间通过组内讨论，合作选定一个适合小组成员能力的课题。小组成员之间的合作至关重要，且这种合作关系需要在导学阶段便开始。随着社会分工愈加精细化，交流合作是学生进入社会所必须拥有的能力。学生之间的合作不仅能促进学生之间的角色认同和鼓励学生形成有效的表达，也有利于学生形成良性的反思能力与批判思维。教师在导学阶段仅进行点拨。

导学的第一环节是"主题性头脑风暴"，此种做法旨在发挥学生的想象力，激发学生审辨申论，培养学生收集、整理资料的能力，进而在原有知识的基础上迁移和建构新知，同时提出问题，逐步形成自己的研究课题。三清山研学课题的第一个主题式头脑风暴是"山岳"，全组同学围绕"山岳"展开风暴式提问与讨论："山岳是怎么形成的？""山岳在地形地貌格局中的地位是什么？""为什么三清山会成为世界自然遗产？"等。我们提供的建议性的拓展主题除了"山岳"还有其他，如"地质时期""地质年代表""地壳运动""风化"等，此外我们更鼓励学生自己提出新的主题。提炼主题的过程中，学生需要发挥想象力，查阅资料，并进行各种形式的讨论与拓展。每个小组要选择其中一个主题或主题的一个方面来回答，可采用某种喜爱的方式完成，并要进行展示。在这一过程中，教师仅做指引，而非领导。

行前准备的充分程度和研学效果呈正相关。通过充分的前期准备，此次三清山研学课程的选题丰富多彩，令我们赞叹，包括山体不同高度的土壤分析、老年与养生旅游、山体不同高度植物多样性分析、山体栈道研究、三清山基础设施建设研究、三清山道教文化之发展历程研究等。参与三清山研学实践的20余个小组中没有重复的课题。我们认为，这是导学叠加于世界自然遗产迸发的效果。世界自然遗产的复杂性、独特性与充分的导学指导，让不同小组的学生找到了符合各自小组兴趣和能力的探究课题。

二、研学途中：行学

研学实践的另一重要组成部分是研学途中的探究与现场教学，也叫"行学"。行学最显著的特征是让学生通过某些行为，如模拟、仿真、访谈等，有效达到"做中学、学中做"，故行学也称为行动研学。要做到这一点，行学途中的各项保障工作便成了重中之重。最需要保证的是学生的安全，三清山具有专门的管委会进行管理。同时，除了带队教师的全程参与，三清山还有专门的公安局、消防设施及救护站，以保障学生与游客的安全。这也是将世界自然遗产作为研学基地的一大优势。

除了安全性,行学的教学以及学生的参与性也是研学课程设计要着重考量的。这两方面在三清山研学课程中皆有体现。三清山具有独特的花岗岩地貌、独有的生态环境、深厚的道教文化、得天独厚的旅游优势。这些特征都可以与中学教育甚至大学教育有机结合,体现出研学独有的优势:让学生在真实的环境中体验知识的运用,加深对知识的理解。此次三清山研学实践中便有几个小组从不同的角度以单一学科或跨学科的方式对三清山的生物多样性进行探讨。例如,以航拍的模式对不同区域植被的分布情况进行探讨;通过分析不同地区和不同海拔的土壤成分,探讨适宜生长的植物;根据海拔的不同探讨三清山的植物分布情况等。

此外,行学发生于真实的环境中,因此也会有许多计划之外的情况。学生实地探究过程中往往需要对行前准备中所设计的实践方法进行切合实际的改良,因而学生的随机应变能力和处理突发事件的能力便得到了锻炼。这对学生的实践力和领导力的提高有着非常重要的意义。

三、研学后期:展学

三清山研学课程的最后一部分是展学。这一部分的主要作用是通过一系列的培训与指导,帮助学生掌握研学途中的所学所感,同时反思研学过程并进行成果展示。如果说"知行合一"中的"知"指的是课堂与行前准备中的所学,"行"指的是研学途中的行程与探究,那么"知行合一"的最终体现便是研学后期活动中的成果展示与反思。

我们基于SOLO分类理论,将展学阶段分为两大部分:评估与展示会。在给予学生更好的锻炼和提高的机会的同时,我们认为展学还是判断学生在研学中所展现出的理解水平的重要途径,并借此根据学生的思维特点提出由"基础"到"深层"的提升思路。评估涵盖三个方面:参与度、观点的表达、对概念和内容的认识与理解。

相比于作业与学习的评估,展示会则更能锻炼学生的表达能力、组织能力以及协作能力。三清山研学实践展示会只提出在"行前准备""行中记录""行后总结"等方面的总结而并未具体规定展示方式以及要求。因为我们认为,只有让学生自行思考,他们才能选择出适合小组选题以及成员偏好的展示方式。虽然没有规定展示方式,但展示方式必须要对所展示内容的提出、发展、延伸有所帮助。由于三清山研学实践时间有限,学生仅有半天时间来准备成果展示。但即便时间如此紧迫,不同探究方向的小组选择了不同的展示方式,且表现了较高的专业水平,内容也十分丰富。

(资料来源:叶晓燕,过泽远.以导学、行学、展学为核心的研学课程设计研究——基于世界自然遗产三清山的研学活动案例[J].天津师范大学学报(基础教育版),2020,21(2):71-75.)

心领神会

第一节 研学旅行的课程设计

一、研学旅行课程设计原则

2016年,教育部等11部门印发了《关于推进中小学生研学旅行的意见》(以下简称《意见》),要求各地将研学旅行放在更加重要的位置,推动研学旅行健康快速发展。《意见》提出,要将研学旅行纳入学校教育教学计划,与综合实践活动课程统筹考虑,促进研学旅行和学校课程有机融合。《意见》对研学旅行工作提出了四项工作原则。①教育性原则。研学旅行要结合学生身心特点、接受能力和实际需要,注重系统性、知识性、科学性和趣味性,为学生全面发展提供良好成长空间。②实践性原则。研学旅行要因地制宜,呈现地域特色,引导学生走出校园,在与日常生活不同的环境中拓宽视野、丰富知识、了解社会、亲近自然、参与体验。③安全性原则。研学旅行要坚持安全第一,建立安全保障机制,明确安全保障责任,落实安全保障措施,确保学生安全。④公益性原则。研学旅行不得开展以营利为目的的经营性创收,对贫困家庭学生要减免费用。

依据以上研学旅行工作的基本原则,结合课程与教学的基本原理,研学旅行课程的设计应遵循以下基本原则。

(一)教育性原则

教育性原则是研学旅行的首要原则。研学旅行重在学,强调的是教育意义,整个旅行过程中的课程安排都应以学为主,以游为辅,因此研学旅行课程的设计应突出课程的教育性,加强课程中德育的全面渗透并注重形式的创新。

研学旅行指导师要树立良好的榜样,用自身的一言一行潜移默化地影响学生,为学生提供良好德育的表率,同时要注重德育模式的创新,避免单一地机械性知识讲解,要积极探索灵活多样的内涵丰富的教学形式,从而更好地激发学生自主学习、快乐学习。比如研学旅行指导师可以围绕教学的难点或重点内容,选取合适的题材及相关的内容资料,吸引学生的注意力,以此引发学生的深度思考。研学旅行课程设计应注重教育价值,帮助学生形成积极和有意义的德育情感体验、价值态度,帮助强化学生的责任担当和自主创新意识,以及培养学生发现问题、解决问题的能力。同时,研学课程的实施过程中研学旅行指导师要给予学生学习引导,研学课程的教学目标应由关注书本知识转为教授学习方法,教学内容由教材内容转为学生自主挖掘主题,教学设计由关注教师行为转为设计教学过程,教学方法由讲演转为"讲演+自主学习+研讨+实践",具体结合研学旅行的有关资源科学地确定。

（二）安全性原则

研学旅行是一项主要在校外开展的活动，往往会到不同的场所参观游览和开展社会实践。安全问题始终是活动开展过程中最大的隐患。因此，课程设计要充分考虑安全性。学生的身心发展特点决定了他们在研学过程中对新鲜事物充满好奇心，尽管研学旅行指导师会再三叮嘱学生要自己注意安全问题，但过程中难免会出现突发状况，危及学生人身安全。因此，研学课程设计要始终把学生人身安全放在第一位，在研学旅行手册中列出注意事项，在课程正式开展前开展安全主题教育，制定安全防护措施和应急预案，明确各方主体的安全保障职责，配备随行医疗救助人员，将各项安全保障措施落实到位，确保学生旅行中的安全。

（三）实践性原则

研学旅行在一定程度上也是一种社会实践活动，研学旅行课程以研究性学习为支点，通过各种探索活动让学生获得良好的学习效果。研学旅行指导师在课程实施过程中需要对学生进行适当的引导，鼓励他们到不同的环境中去主动了解不同地区各色各样的文化。学生作为研学旅行活动的实践主体，需要积极主动地参与到课程中，在实践中获取知识。因此，研学课程设计要因地制宜，结合当地实际情况开发资源，充分展现地域特色，课程形式上要走出校园，在旅行中研学，注重学生实践性的学习；课程内容上要让学生拓宽视野、丰富知识、了解社会、亲近自然、参与体验，通过在真实环境中亲身参与，获得真实有效的过程体验。

（四）开放性原则

研学课程的设计要面向学生，要基于学生已有经验和兴趣特长，给学生提供自主活动的机会。研学课程应具有开放性。首先，研学课程的活动内容要有选择性，让学生有自主空间，能够自主选择自己感兴趣的内容；其次，活动过程应是师生开放的、动态的、生成式的体验过程，课程实施要根据实际情况动态调整、随机应变地处理，以确保活动顺利开展；最后，关于活动的评价也应具有开放性，采取不同的方法从多个角度评价课程活动。

（五）综合性原则

研学旅行课程没有明确的学科划分，但囊括了历史、人文、地理、科学技术等各领域的知识。课程设计的综合性原则体现在要结合学生的年龄特点和个性特征，以促进学生的综合素质发展为核心，均衡考虑学生与自然的关系、学生与他人和社会的关系、学生与自我的关系这三个方面的内容。课程活动主题的设计，要体现个人、社会、自然的内在联系，让学生能对以往所学的各科知识加以综合运用，使课程目标综合呈现、课程内容综合组织、课程结果能发展学生综合素养，站在综合育人的角度，进行多学科整合。

（六）主题性原则

研学旅行课程不是传统意义上的学科课程，其囊括的领域非常广泛。研学旅行的课程都是基于一定的主题设计的，先明确研学课程主题，再依据主题设计具体的课程内容。课程内容要突出主题的内涵，课程前后要彼此衔接，从多个方面来完整地表达课程的教育主题。在设计课程时，可以根据资源细分打造适合不同研学主题的内容，满足不同人群的需求。

（七）主体性原则

研学旅行要将学生作为活动的主体，在设计课程时要调动学生的主动性，调动学生"视、听、说、写"等感官，让学生能投入其中。研学旅行指导师应起辅助作用，适当地给学生提供帮助和指导，要给学生足够的空间和机会来提出自己的想法。

（八）因地制宜原则

研学旅行的一大特征就是以真实的社会、自然环境为课堂，因此，研学课程需要结合开发单位当地的资源进行设计，要能够体现地方特色。在确定研学旅行课程主题时，应因地制宜考虑当地的自然和人文旅游资源，充分利用当地丰富的资源，为研学旅行的开发提供支持。

二、研学旅行课程设计要素

（一）课程目标

课程目标即通过课程期望学生能够学到什么，课程目标的制定是整个课程顺利实施至关重要的前提，科学地制定课程目标能在课程实施中起到良好的导向作用。制定课程目标要综合考虑学生、社会和学科三方的发展需求。研学旅行课程的目标至少应分为三个层次：一是研学旅行教育目标；二是某一研学旅行课程的课程目标；三是某一研学旅行课程中各研学主题单元的具体目标。明确研学旅行课程目标，才能最终实现理想的课程效果。

（二）课程内容

课程内容需要基于目标选择与课程资源来确定，课程内容是达成课程目标的基础和载体，课程内容的选择和组织是整个课程开发过程中的主要环节。研学旅行课程是有教育属性的课程，课程内容的设计要具备研究性价值和调动学生的积极性两大要素。由于研学课程的特殊性，课程设计中还要加入安全教育内容，在确认安全操作的前提下，让学生共同参与课程，主动探索和学习，以达到加深和巩固知识的目的。

(三)课程实施

课程实施是目标导向的教与学,主要研究课程方案的落实程度。课程实施要充分考虑时间和空间二者是否协调。设计研学旅行课程实施方案,应对课程适宜的时间和所需空间做周密的考虑和妥善的安排。不同主题的研学旅行课程实施流程是有差别的,不同地域、不同学校、不同年级应根据各自不同特点来开展研学旅行活动。当下,研学课程的实施已不再是教师讲、学生听的被动式接收学习,更多推崇以小组为单位的探究式学习。研学课程的顺利实施需要依赖以下三种资源:① 环境资源,主要指研学旅行的目的地,如一些具有良好示范带动作用的研学旅行基(营)地和一些已经比较成熟的具有影响力的研学旅行精品线路;② 物质资源,即一些可供研学团队使用的设施设备,如研学旅行基(营)地内的基础设施;③ 人力资源。研学课程开发需要大量人力参与其中,如研学旅行指导师、博物馆讲解员、手工艺人等。

(四)课程评价

课程评价是对研学课程的总结与反思,研学课程需要通过评价来检验其教学质量和教学效果。可以基于不同的维度,采取不同的评价方式对课程进行评价。评价按分析方法,可以分为质性评价和量化评价;按功能和开展的时间,可以分为诊断性评价、形成性评价和终结性评价;按主体,可以分为教师评价、学生评价、同伴评价、家长评价等。评价反馈可以促进研学旅行课程完善,促进研学旅行不断进步与发展。

三、研学旅行课程设计流程

《意见》指出,中小学生研学旅行是由教育部门和学校有计划地组织安排,通过集体旅行、集中食宿方式开展的研究性学习和旅行体验相结合的校外教育活动,是学校教育和校外教育衔接的创新形式,是教育教学的重要内容,是综合实践育人的有效途径。

开展研学旅行,有利于促进学生培育和践行社会主义核心价值观,深化对中华文化的认识,激发学生爱党、爱国、爱人民、爱家乡的情感;有利于推动全面实施素质教育,创新人才培养模式,引导学生主动适应社会,促进书本知识和生活经验的深度融合;有利于满足学生日益增长的旅游需求,从小培养学生文明旅游意识,养成文明旅游行为习惯。合理的研学课程设计有利于增强实践活动与学科课程的结合程度,提高活动效率。

研学旅行课程设计的基本流程如图5-1所示。

图 5-1 研学旅行课程设计流程

（一）明晰课程目标

1. 研学旅行课程目标的价值取向

（1）行为目标取向。行为取向的课程目标强调将课程行为的结果作为课程规范与指导的参考指南,通过帮助学生养成某种行为来达到理想的学习效果,它关注的是学习活动的结果。行为目标具体、明确,便于操作、评价,可以保障教学的基础水平,达到较好效果。

（2）生成性目标取向。生成性目标不是外部或事先规定的目标,而是在教学过程中随着教学的展开而自然生成的目标,它关注的是学习活动的过程,是一个非固定的、非预设性的课程目标。它更关注学生个人的成长,考虑学生的兴趣、能力差异,强调目标的适应性、生成性。

（3）表现性目标取向。表现性目标取向旨在关注学生参与某种活动得到的结果,尤其是学生在活动中表现出来的某种程度上首创性的反应,鼓励学生在教学情境中有自己的独创性思考与个性化反应。它为学生提供活动的主题和领域,关注学生的创造精神、批判思维,让学生有机会去探索自己感兴趣的问题,适用于以学生活动为主的课程安排。

以上三种课程目标取向是当今社会上比较认同的目标取向,每一种课程目标都有其优点和缺点。选择哪一种目标取向取决于这门课程的开发目的与课程安排。因此,从研学课程的多元性考虑,一门好的研学课程不应以单一的课程目标为取向,而应结合课程的具体安排与特点,交叉配合使用多种课程目标。

2. 研学旅行课程目标的设计依据

关于课程目标设计的依据,众多学者有过探索和研究,比较认同的主要包括三种。

（1）学生身心发展的特点。学生是学习活动的主体,是不断发展中的人。在研学旅行课程的开发和设计中,要时时关注学生身心发展的各种需求,尊重学生的个性,体现其意志,满足其需求,使学生得到全面发展。

（2）社会发展的实际需要。学习者素质不断发展的同时也促进社会的发展,这是一个个体社会化的过程。研学课程要反映社会政治、经济、科技和文化发展的需要,以实现教育的文化功能、政治功能和经济功能。

（3）学科发展的客观要求。研学旅行课程是一门多元化的课程,囊括了多个学科的知识,根据不同主题所确定的课程目标必须考虑学科的发展,将所学的学科知识运用到研学旅行中,要能够达到增长学生见识的目的。

3. 研学旅行课程目标的陈述与表达

三维目标陈述是新课程改革以来在基础教育领域推行的教学目标陈述方法,在学科教学领域已经得到普遍应用。三维目标包括知识与技能目标、过程与方法目标、情感态度与价值观目标。

"知识与技能"是学生在研学课程中应该掌握的知识和应该培养的能力。

"过程与方法"是学生获得新知识的载体。

"情感态度与价值观"是学生对外界刺激肯定或否定的内心体验和心理反应以及对事物积极作用的评价和取舍的观念。

例如,四川省地质地貌主题地理研学旅行课程的目标具体如下。

知识与技能目标:学生能用课堂所学地理知识解释九寨沟和黄龙景区自然现象、地质地貌的成因。

过程与方法目标:通过小组合作、实地考察和教师指导,解释研学目的地的地理现象,解决地理问题。

情感态度与价值观目标:在日常生活中养成善于观察的习惯,形成问题意识,提高学习地理的兴趣。

(二)精选课程内容

精选课程内容是课程设计的关键一环,也是最复杂的一环。研学旅行的一大显性特征是将学生组织到真实的环境中,以大自然、社会为课堂,把一切有价值的资源都转化为研学课程的内容素材。先确定好课程主题,然后根据课程主题确定相应的课程内容和选配具有代表性的研学旅行地点,根据目的地可供利用的资源划分课程单元、设计活动内容和开展方式,将任务具体化,确定旅行线路和时间安排。研学旅行课程没有统一的、通用的、普适的教材,主要通过开展主题单元活动将课程内容整合起来,确保研学活动顺利开展。

1. 研学旅行课程主题的确定原则

研学旅行课程的主题应能激发学生兴趣,能满足学生的求知需求,一个好的课程主题应具有科学性、趣味性和可行性。

(1)科学性原则。科学性原则指研学旅行指导师应对课程主题有相关知识储备,能教授给学生专业性知识,给予学生专业性价值判断。

(2)趣味性原则。趣味性原则指学生对该课程主题富有好奇心和求知欲,能够结合自身经验和所学知识对自己感兴趣的主题进行深入探究。

(3)可行性原则。可行性原则指研学课程实施需要依赖人力、物质和环境资源,要保障课程能够顺利进行,需要统筹协调各资源,让教学实践能够顺利开展。

2. 研学旅行课程内容的编制

研学旅行课程内容的编制需要结合确切的课程目标和课程主题。研学旅行课程的内容应与课程目标相对应,结合课程主题进行编制。课程内容要满足学生的需要,要与学生的能力基础相匹配,能为学生提供多元化的课程选择。

一般来说,一条研学线路就对应一个研学主题。在线路的选择上,除了一些比较有代表性的核心景区,还要寻找符合研学主题的可供研学旅行课程利用的其他资源,合理配置,将其融入课程。

当然,研学旅行课程的内容在选择上也会受到一定的限制:首先表现为时间限制,不同学段的学生在研学时间安排上略有差异,学段越低,往往安排的时间越短;其次表现为空间限制,目的地之间的距离不应过远且交通要便利,避免舟车劳顿造成课程体验不佳;最后表现为课程主题的限制,不同主题的课程其内容应不尽相同,选择课程资源需要结合课程主题,要能够体现课程特色。

研学旅行课程是一门综合实践活动课程。研学旅行指导师面对丰富、多样的课程资源,在编排课程内容时要充分考虑学生已有的生活经验与课堂教学实践之间的关系,适当给学生提供指导,培养学生发现和提出问题、探究和解决问题、获得和应用知识的能力,鼓励学生发现、探索周围环境的奥秘,一切以学生的真实发展需要为教学出发点,使教学内容能与真实情境发生联结,给学生提供直观的、显而易见的、富有收获的课程。好的教学内容应该能刺激学生的认知,让学生学会自主思考,从而激发学生的学习兴趣,满足学生的成长需要。因此,编制课程内容要统筹设计,从学生的角度出发,能够由简到繁、由浅入深、循序渐进地引导学生。

3. 研学旅行课程内容的结构

《意见》指出,学校要根据教育教学计划灵活安排研学旅行时间,一般安排在小学四到六年级、初中一到二年级、高中一到二年级,并根据学段特点和地域特色,逐步建立小学阶段以乡土乡情为主、初中阶段以县情市情为主、高中阶段以省情国情为主的研学旅行活动课程体系。小学阶段的研学旅行课程应以游览、观光、体验为主,重视游戏性、艺术性内容,减少讲授,以满足这一年龄段学生好玩、喜动的天性。初中阶段的研学旅行课程应设计更多理解性内容,适当增加竞赛、参与、探索性内容,以满足这一阶段学生强烈的求知欲、好奇心。高中阶段的研学旅行课程要以知识的拓展、理论的应用、综合性体验、研究性学习为主,辅以观光、考察、游历等活动。《意见》提出,研学旅行课程可分为自然类、历史类、地理类、科技类、人文类、体验类等类别。每次研学旅行活动可以以某一类别的课程内容为主,鼓励多种类别课程内容的融合。

根据《意见》所述,结合所查阅资料,研学旅行课程的结构设计如表5-1所示。

表5-1 研学旅行课程的结构设计

学段	年级	研学旅行课程设计	研学旅行课程内容
小学	四到六年级	乡土乡情基础上的拓展	自然类、历史类、地理类、科技类、人文类、体验类
初中	初一、初二	县情市情基础上的拓展	
高中	高一、高二	省情国情基础上的拓展	

研学旅行课程要从学生的真实生活和发展需要出发,从生活情境中发现问题,将其转化为活动主题,通过探究、服务、制作、体验等方式,成为培养学生核心素养的跨学科课程。

（三）课程实施

课程实施是把事先规划好的课程内容落到实处的过程，是达到预期课程目标的基本途径。研学旅行课程的组织实施主要包括研学前的准备工作、研学中的具体实施以及研学后的评价反馈等环节。这几个环节看起来很简单，但在实际实施过程中总会面临多种不可预料的挑战，需要多方力量通力合作、统筹规划研学课程才能顺利进行。

1. 研学前的准备工作

要想研学旅行课程得以顺利进行，学校、旅行社等各方要在行前做好充分的准备工作：① 研学实践前，学校组织召开动员大会，开展研学旅行安全教育和文明教育，讲解相关注意事项；② 告知学生和家长本次研学活动的相关事宜，并签订安全责任书；③ 为保障师生安全，要确认师生是否已购买意外险，并为学校办理责任险；④ 研学旅行指导师提前到达研学地点进行实地考察，确保研学路线的可行性和安全性；⑤ 提前准备好小药箱等，做好应急措施；⑥ 学校教师对学生进行提前分组，提前布置研学任务，以小组合作的形式开展研学活动。

学生要做好如下准备工作：① 带好研学工具，如研学旅行手册、笔、研学旅行记录本等，以及一些个人物品；② 事先阅读研学旅行手册，提前查阅有关资料，做好知识储备；③ 做好吃苦耐劳的准备。

2. 研学中的具体实施

研学旅行是一种特殊的教育活动，是有关部门合作举办的有计划、有组织、有目的的集中且短期的校外教育活动。研学旅行在具体实施时需要借助外部资源，强调研究性学习与旅行体验相结合，实行"游中学""学中游"，是一门以校外研学基（营）地为场所、以学生为主体、以研究性学习为目的、以体验性旅行为手段的活动课程。研学旅行课程需要依据不同地域、不同学校、不同年级的不同特征来开展，根据具体情况灵活动态调整。课程顺利实施需要注意以下三个方面。

（1）专业研学旅行指导师带队。

研学旅行要寓学于游，关键是"学"的部分，因此，对研学旅行指导师具有较高的要求，不仅要求研学旅行指导师有较高的专业素养，而且需要研学旅行指导师具有较强的组织协调能力。《研学旅行服务规范》规定，至少为每个团队配置一名研学旅行指导师，主要负责研学旅行教育工作。研学旅行需要专业的研学旅行指导师为学生提供指导，这类教师事先经过系统的培训、拥有相关专业背景并顺利通过了各类考核取得就业资质。在课程实施过程中，一名专业的研学旅行指导师会全程伴随学生身边，组织带领学生参加研学旅行活动全过程，时刻提醒学生注意安全；巡视观察学生任务完成情况，必要的时候适当为学生提供指导；积极落实立德树人根本任务，注重学生核心素养的培养。研学旅行指导师综合运用个人丰富的多学科知识和行业经验为学生讲解传授知识,引导学生在真实的实践情境中发现问题、提出问题、解决问题。课程的实施可以采取研学旅行指导师讲解、师生互动问答、小组合作、自主思考等方式,让学生加深学习印象、学有所成。

(2)学生积极参与课程。

学生是学习的主体,课程设计要综合考虑学生的需求。学生要提前预习,事先结合研学主题收集、查阅相关资料,准备好一些学习用具和个人出行必备物品,同时要做好外出吃苦耐劳的思想准备。在具体实施时,学生要积极服从组织安排,遵守研学旅行纪律,主动参与研学任务,认真观察、调研,学习运用自己的所知所学发现问题、提出问题,主动谦虚地向他人请教;小组团队成员之间要互帮互助、共同协作,从实践活动中找到各自想要知道的答案。

(3)实施时的保障工作。

研学旅行背后需要多方面人力、物力综合协调,需要明确的组织机构及职责分工。首先,在研学旅行经费预算方面,各景区应积极响应相关政策。《关于促进旅游业改革发展的若干意见》中提出"鼓励对研学旅行给予价格优惠"。其次,应选择专业的有良好口碑的旅行单位委托承担学生旅行安全责任,做好学生的安全保障工作;在研学前开展安全教育以及购买研学安全保险,事先告知家长,与家长签订安全责任书。最后,上级相关部门及领导需要对研学工作统筹协调,研学旅行指导师及有关工作人员要组织指挥学生,还需要有随行的专业摄影人员对整个研学旅行过程进行记录留档,有医护人员在发生突发事件时提供紧急医疗救助。

3. 研学后的评价反馈

研学后的评价反馈既包括学生对自己参与各项研学任务的表现的评价反馈,也包括研学旅行指导师对自己在教学实施过程中的表现的评价反馈。

(1)学生的评价反馈。

评价的角度多种多样,可以从学习态度、参与情况、自主探究、合作交流等维度进行评价。此外,还可以对学生进行采访交流,询问他们对本次研学的建议,反思下一次研学需要注意和改进的地方,如表5-2所示。

表5-2 研学旅行活动反馈单

姓名:	班级:
1.你对本次活动最感兴趣的部分是什么?说明理由。	
2.你对自己本次活动的表现满意吗?	
3.在参与研学任务时,你觉得最难的地方是什么?	
4.面对遇到的困难,你是如何应对的?	
5.在本次活动中,你有什么收获?	
6.你觉得本次活动有哪些需要改进的地方?	

(2)研学旅行指导师的评价反馈。

首先,研学旅行指导师进行自我反思性评价,每个环节的研学课程教学完成后,认真反思总结;其次,依据研学旅行手册上的活动安排有计划地进行评价;最后,研学旅行指导师教学要达到规定的课时与教学目标,及时保存一些学生的作品、活动资料,为后续评价提供素材。

(四)设定课程评价

课程设计完成之后需要对课程整体进行评价,课程评价是一把检验课程质量与效果的量尺,教学质量与效果的检查离不开课程评价,客观评价是研学旅行课程不断优化的动力。

1.课程评价的类型

课程评价有多种类型。按评价的功能和评价开展的时间,课程评价可分为诊断性评价、形成性评价和终结性评价。课程开始前进行诊断性评价,事先对研学旅行课程需要准备的各类资源进行评估,判断课程是否具有可操作性;课程实施时采用形成性评价,通过学生在活动中的综合表现对其进行考察,发现学生的成长变化;课程结束后采取终结性评价,对课程整体实施情况、出现的偶发事件进行反思总结,寻求改进意见。

按评价主体,课程评价可分为教师评价、学生评价、家长评价等。学生可以就自己在此次课程中各活动任务的参与度、知识收获情况对课程进行评价;教师可以对活动任务与任务之间的前后逻辑关系、研学目的地之间距离与时间安排等方面提出意见;家长可以就这次研学课程活动对孩子成长的利弊提出自己的看法。

2.课程评价的原则

(1)科学性原则。注重考察课程是否有助于提高学生各方面的素质,是否有助于培养学生的创新意识和创新能力。

(2)参与性原则。注重将学生研学课程和任务的参与情况作为学分考核的依据。

(3)全面性原则。对教师的评价既要考虑教师课程目标的实施情况、学生能力水平的提高情况,又要考虑研学旅行教材的编写质量。

3.课程评价的设计

课程评价要注意以下几点:一是研学课程必须具有价值,对学生的成长发展起推动作用;二是课程内容必须具有正确性、实用性和适用性,课程结构具有逻辑性和突出性;三是活动安排适应学生的身心发展特点,教学行之有效。

表5-3所示是一份评价项目较为全面的研学旅行课程评价表。

表5-3　研学旅行课程评价表

评价指标	评价内容	评价等级量表				评价建议
		A	B	C	D	
目标内容	培养目标明确,引入多门学科知识					
	课程目标明确、内容丰富					
活动过程	研究方法得当,自主性强					
	课程行程安排合理、时间紧凑					
	活动形式多样					
	活动环节有机结合					
活动效果	真实体验					
	知识面拓展,能力提升					
	陶冶情操,愉悦身心					
	多元化评价贯穿全程					
活动服务	研学旅行指导师知识严谨、运用灵活,气氛活跃					
	食宿安全,学生满意					
	线路设计合理					
	价格费用合理					

（五）编制研学旅行手册

研学旅行手册是整个课程的学习与行动指南,主要作用是指导课程教学团队开展教学和学生学习,是研学旅行过程中重要的参考工具。研学旅行手册的编制依附于行程,要考虑研学旅行线路、资源的特色,内容要紧扣课程主题,做到图文并茂、形式新颖,保证科学性,具有直观性和实用性,为研学旅行的顺利开展提供支撑。研学旅行手册编制完成即表明本次研学旅行课程的开发设计初步完成。

四、研学旅行课程方案编制

（一）研学旅行教材的建设

1.研学旅行教材建设原则

结合研学旅行课程建设相关理论和研学旅行课程的特点,研学旅行教材建设应该遵循以下原则。

（1）目标定位突出研学特征,引导学生关注身体和情感双重体验。结合教育部发布的有关文件、学校教育的目标以及学生身心发展的特点,开展研究性学习和旅行体验相结合的校外教育活动,使学生在研学过程中关注身体和情感双重体验。

(2)内容选择突出本土区域特征。研学旅行教材是地方开展研学旅行课程的指导性教材,在内容的选择上要突出本土区域特色,多对本土可供利用的资源进行调研考察,不断丰富课程内容;案例也要选择当地典型事例,使其具有说服性和普适性,适应本土不同地区需要。

(3)教材要给师生留下足够的自我发挥空间。教材主要起引导作用,因此教材的编写要留有余地,给学生和教师发挥创造性的条件。

(4)主题活动突出探究性。研学旅行课程是基础教育改革的必然选择,在编制教材时主题活动的设计要突出其探究性,引导学生学会发现问题和解决问题。

2. 研学旅行教材建设方案

"一核双线四步骤"的教材建设思路对研学旅行教材建设有指导意义。"一核双线四步骤"指的是教材建设依托一个核心目标,推进两条主线,遵循四个步骤。在研学旅行教材的建设中,两条主线是指"研学主题活动"和"研学旅行案例",四个步骤指的是"整合本土资源→研学目标引领→组织结构设计→呈现方式多元化"的基本步骤,如图5-2所示。

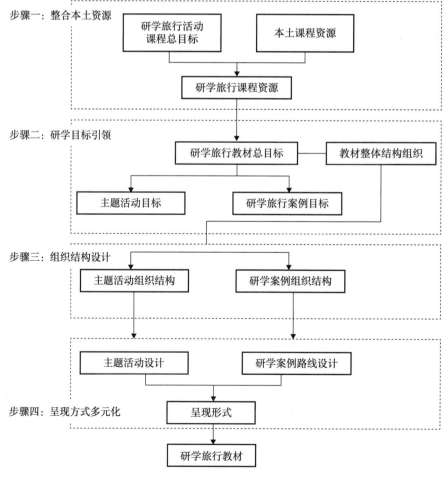

图5-2 研学旅行教材建设方案

(1)整合本土资源。课程资源是课程内容的基础和来源,研学旅行教材的编制需要充分利用本土资源,挖掘可供利用的本地课程资源,为后续课程内容的设计提供更加多样化的选择。

(2)研学目标引领。研学目标是编制研学旅行教材的向导,有助于课程资源的选择,同时也为课程设计提供了思路,便于制定"主题活动目标"和"研学旅行案例目标"。

(3)组织结构设计。研学旅行教材的编制要适应学生的身心发展规律,由简到难、由浅入深、循序渐进地强化学生科学思维。

(4)呈现方式多元化。研学旅行教材的编制应图文并茂,文字和图片穿插设计,使教材看起来直观且丰富,以此调动学生的学习积极性。

(二)研学路线方案的编制

1. 研学路线选点原则

(1)安全性原则。学生的安全问题是选择研学路线时需要首要考虑的问题,因此研学旅行节点的首要选择一定是发展较为成熟且交通便利的区域。

(2)主题性原则。研学路线节点要符合所确定的研学主题,应选择具有代表性的景点或基(营)地开展研学课程。

(3)合理性原则。研学路线各节点搭配要合理,各目的地之间的交通距离要适当,避免由于长时间坐车引起疲惫而导致研学积极性不高的情况。

(4)可行性原则。研学路线各节点要具有实施研学课程的基础设施,能为研学课程的开展提供支持,确保课程的可操作性。

2. 研学路线设计思路

(1)资源的收集与整理。路线的开发首先需要收集可供开展研学活动的资源,资源收集之后需要进行初步考察,根据考察结果按照不同主题对资源进行归类,以待进一步规划。

(2)将主题资源按交通距离串联。点与点之间交通距离的远近在一定程度上会影响师生在研学课程中的体验,因此规划路线时交通距离是需要考虑的重要因素之一。

(3)重新考察研学路线。结合先前的考察情况和路线规划,按设定的路线重走一遍,此次考察需要考虑交通距离、经费预算以及停留时间的长短,确保研学旅行课程能在规定时间内完成。

(4)根据考察情况适当修改路线。综合考虑多种因素,对路线被忽略或不充分的部分进行修正,保证线路的完整性。

(三)课程活动方案的编制

研学旅行课程中,活动方案的设计要从活动背景、活动主题、活动目的、活动时间和活动方式等方面综合考虑,活动的设计要符合研学旅行课程的主题和总目标,其框架见表5-4。

表 5-4　研学旅行课程活动方案框架

维度	具体内容
1.活动背景	
2.活动主题	
3.活动目的	
4.活动时间	
5.活动方式	
6.活动负责人	
7.活动内容	
8.活动流程	
9.经费预算	
10.应急预案	
11.注意事项	

研学旅行课程中,活动主要以小组的形式开展,小组活动方案的编制要考虑小组成员及分工、需要研究的问题以及研后成果的汇报形式等方面,其框架如表 5-5 所示。

表 5-5　小组活动方案框架

维度	内容	方案提示
小组成员及分工	组长：_____ 组员(分工)： 　资料收集：_____ 　资料整理：_____ 　活动发言：_____ 　基地摄像：_____ 　基地记录：_____ 　成果展示制作：_____ 　其他：_____	1.组长职责：全面负责课题研究,协调小组的研究活动。 2.小组成员的工作可以兼职
需要研究的问题	根据小组分工,在何时何地谁去完成什么任务,采用什么方法完成任务？ 　1._____ 　2._____ 　3._____ 　4._____ 　5._____	可以从以下几个方面来进行设计安排： 1.将研究的问题分配给个人； 2.可通过网络查找、到图书馆查阅资料、实地考察、拍摄资料、采访等方式获取资料

续表

维　度	内　容	方案提示
研后成果汇报形式	1. 小论文 2. 手抄报 3. 故事集 4. 采访实录 5. 幻灯片 6. 摄影展示 7. 实物展示 8. 书法展 9. 朗诵展示 10. 虚拟现实(VR)技术 11. 情景剧 12. 其他方式	成果汇报形式可以是多种形式的结合

资料来源：借鉴山东省第一批研学示范课程"英雄本色 印象故里"。

（四）课程实施方案的编制

研学旅行课程实施方案是根据研学课程目标制定的用于指导研学活动顺利开展的文本材料。研学旅行课程实施方案应包括研学背景、研学课程设计、研学课程目标、研学旅行安排与实施（行前准备、行中研学、行后评价）、研学安全保障和组织机构及职责分工，如表5-6所示。

表5-6　研学旅行课程实施方案框架

一、研学背景
　（一）目的地简介
　（二）研学旅行的性质与说明
　（三）研学旅行中可能遇到的问题及其对策
二、研学课程设计
　（一）课程主题
　（二）线路设计（时间、地点、交通安排）
　（三）适用学段、方式及手段
　（四）活动预算
三、研学课程目标
　（一）研学目标（知识、能力、情感价值目标）
　（二）研学难点、重点
四、研学旅行安排与实施
　（一）行前准备
　　1. 师生明确研学主题
　　2. 开展安全教育和文明教育
　　3. 制作研学任务单

续表

(二)行中研学

通过听讲解、实地观察、小组合作的方式开展主题活动。
(三)行后评价
  首先从多个角度对本次研学课程进行评价;其次评选学生研学成果,如摄影作品、手抄报、主题征文等;最后开展班会,分享研学心得,表彰优秀。
五、研学安全保障
  (一)制定安全应急预案
  (二)教育主管部门报批备案文书
  (三)研学旅行安全要求告知书
  (四)学生旅行所需携带物品、衣物温馨提示
六、组织机构及职责分工
  (一)统筹协调组
  (二)组织指挥组
  (三)安全纪检组
  (四)宣传摄影组
  (五)后勤医护组

(五)课程评价方案的编制

课程评价改革是基础教育课程改革的重要特征之一,而评价主体的多元化、互动化是课程评价的具体表现。评价的根本目的在于促进学生的全面发展和教师的全面提高。评价内容的设置应关注学生、研学旅行指导师、学校和课程在发展过程中的需要,应能激发学生和研学旅行指导师的内在发展动力,使其不断进步,实现自我价值,从而促进各项目标的实现。研学旅行课程主要通过两个主体进行评价。

(1)学生——形成自我、小组、教师共同参与的评价主体,促进全体学生的全面发展(见表5-7)。

表5-7　学生学习评价表

评价要素	评价标准	自我评价				小组评价				教师评价			
		A	B	C	D	A	B	C	D	A	B	C	D
学习态度	积极主动学习,有进取心; 学习目标明确,按时完成学习任务; 学习兴趣浓厚,求知欲强												

续表

评价要素	评价标准	自我评价				小组评价				教师评价			
		A	B	C	D	A	B	C	D	A	B	C	D
应变能力	敢于提出问题,发表个人意见,提高口头表达能力; 主动发挥创造想象,具有创新能力												
合作意识	能与小组成员共同学习,共享学习资源,互相促进,共同进步; 积极参与讨论与探究,在小组活动中主动承担任务												
探究意识	积极思考问题,提出解决问题的方法,有创新意识; 勤于积累,善于探索,思维活跃,反应灵敏												
情感态度	努力发展自己潜能,能认识自我的优缺点; 遵守国家信息使用安全规范,明辨善恶												
成果展示	手工作品、手抄报、主题汇报完成情况												
综合评价	自我评价等级:					小组评价等级:							
教师评价及建议													

注:A、B、C、D 依次对应优秀、良好、合格、一般。

(2)研学旅行指导师——形成以自评为主,同事、学生等共同参与的评价主体,不断提高研学旅行指导师的教学水平(见表5-8)。

表5-8 研学旅行指导师教学评价表

评价指标	具体内容	满分	得分
团队协作	工作认真负责,作风严谨,具有全局意识,能以集体利益为重,站在集体利益上考虑问题	10	
	在工作中具有较强的服务意识,协作意识强,善于与他人合作,工作充满热情并积极达成目标	10	
教学方法	采用启发式教学,讲解深入浅出,突出重点、难点,给学生正确引导	10	

续表

评价指标	具体内容	满分	得分
教学方法	师生积极互动,气氛活跃,善于引发学生的好奇心和求知欲,注重学生想象力的发挥	10	
	善于利用教学资源,采取直观教学给学生真实体验	10	
教学能力	课程组织能力强,工作安排有条不紊,能调动学生积极性	10	
	课前准备充分,示范准确,动作熟练,知识储备丰富,心理素质良好	10	
	及时帮助学生解决遇到的难题,给予学生适当的引导,主动给出合理建议	10	
	注重培养学生独立思考、分析问题的能力,以及创新意识和创新思维能力	10	
教学效果	学生收获颇丰,反应良好	10	

五、研学旅行手册编制

研学旅行手册是研学旅行课程的"说明书"和活动指南,是指导师生进行研学旅行的重要文本材料。对学生来说,研学旅行手册相当于一本自学用书,是学生在旅行开始前了解课程内容的主要材料。学生通过阅读研学旅行手册可以知道自己在这门课程中要"学什么""怎么学"以及"如何考核学习结果",从而能更好地参与到研学中。对研学旅行指导师来说,手册上清晰明了的内容可以帮助他们给学生提供必要的指导和帮助,在课程中通过激发学生的学习兴趣,给学生更高效的、有针对性的点拨,让学生在课程中学有所成。

1. 研学旅行手册的设计原则

研学旅行手册的设计要做到内容全面。手册内容应包括课程简介、课程目标、课程内容、课程实施、课程评价以及实施保障等。

研学旅行手册的设计应图文并茂,形式新颖。在用文字介绍有关研学项目的同时插入典型代表图片,使学生阅读手册时可以更直观地了解其中的内容。

研学旅行手册中的任务单应能够引导学生深入学习。研学任务单要根据主题内容结合具体研学目的地设定,难度由简到易,知识点由浅入深,便于引导学生学习。

研学旅行手册的设计要方便实用。手册排版要合理,给学生留有足够的空间进行信息记录并完成作业,也要留有空间供教师对学生的学习成果进行评价,撰写评语。

研学旅行手册的设计要体现教育性。研学旅行的一个重要特征就是教育性,手册的设计也要体现其教育意义。

2. 研学旅行手册的基本要素

(1)研学旅行的基本信息。

研学旅行是一个复杂的"工程项目",研学旅行手册就是这个"工程项目"的指导用书。这本指导用书里面要包括研学旅行的主题、意图、行程介绍、学生分组表、安全事项、纪律规定、学习要求、装备清单、通讯录等内容,既可以帮助学生了解整个研学旅行过程的基本情况,也能够明确纪律要求和研学前应做的准备。

(2)研学旅行的学习记录。

研学旅行手册的关键任务在于指导项目式学习活动的有效开展,所以学习任务的设计是极为重要的,其主要包括两方面内容。第一,研学项目任务的提出,包括项目名称、项目任务与要求等对学生具有指导意义的任务布置,也包括开展研学旅行活动必需的资料。第二,留白。一是给学生留有书写、记录的空间,方便学生记录自己研究的阶段性成果;二是留有足够的编辑空间,以便及时增加新的内容或加以修正,从而弥补研学旅行手册中的不足。

(3)研学旅行的总结评价。

在研学旅行手册的后面部分,可以设计"研学大事记""撰写随笔""书写感悟"等模块,也可以设计研学评价表,对学生的研学成果进行评价。

3.研学旅行手册的设计思路

研学旅行手册必须能服务于研学旅行课程的全过程,研学旅行手册可按如下思路进行设计。

(1)课程简介:点明研学主题,并对本次研学旅行的线路、任务展开介绍。

(2)研学须知:重点明确安全须知等事项;提醒学生做好研学前的各项准备工作(如准备学习工具、下载手机APP等)。

(3)行前课程:设计为行前课程服务,引导学生预习和收集整理资料(在行前需开设相应课程,对研学中所涉及的知识进行铺垫,对一些具有难度的探究问题要在研学前布置学生收集相关资料)。

(4)研学任务(活动指导):研学旅行手册的主体部分,可按照知识结构或研学考察点位分章节进行编写。

(5)附件:按照研学课程需求,提供一些可供学生学习参考的补充资料,如有关政府部门发布的一些数据、文件等。

(6)学习评价:研学课程的学生自评、互评以及其他多样化的评价方式。

研学旅行手册的编制过程中,可以视具体课程的特点进行结构的适当删减。

研学旅行手册具体可以细分为学生版研学旅行手册和教师版研学旅行手册,二者相比,侧重点有所不同,同时教师版会更加详细。

4.学生版研学旅行手册的编制

学生通过阅读研学旅行手册,可以提前了解活动安排和行程安排,对整个课程将要探究的问题、需要完成的任务事先有所准备,为课程的顺利开展做好必要的铺垫。学生版研学旅行手册应包含以下内容。

(1)研学基本信息:点明研学主题,并对本次研学旅行的线路、任务等展开介绍。

(2)致家长的一封信:告知家长本次研学开展的目的与意义。

(3)家长反馈单:征求家长意见,并请家长就知晓孩子参加活动的事签字确认。

(4)研学注意事项:重点强调安全教育,提醒学生做好预防工作。

(5) 研学课程安排:将研学过程中各时间段要参加的课程活动清楚地罗列出来,让学生对所要学习的内容一目了然。

(6) 研学目的地简介:对本次所要去往的目的地进行简要介绍。

(7) 研学任务单:针对目的设计任务单,让学生在研学途中寻找答案。

(8) 研学过程记录:学生对自己的所见所闻进行记录。

(9) 研学课程评价:学生从自身角度对本次研学课程进行评价反馈。

(10) 研学总结心得:学生对自己在本次活动中的表现进行总结,谈谈自己的收获。

(11) 附件:活动安全预案等。

5. 教师版研学旅行手册的编制

在研学旅行探究性学习过程中,教师是指导者、引导者。研学旅行手册作为活动指南,对研学旅行指导师开展工作具有重大意义。教师版研学旅行手册的设计以培养学生核心素养为主线,是活动全过程的行动指南。教师版研学旅行手册的框架如表5-9所示。

表5-9 教师版研学旅行手册框架

目录
课程简介
课程目标
目标水平1
目标水平2
目标水平3
第一章　课程规划篇
学生分组
组织安排与分工
设计研学方案
安全注意事项
第二章　行程规划篇
搜索研学地点资源
路线规划及交通安排
必需物品
第三章　课程实施篇
第一站
第二站
第三站
第四站
第五站
第四章　总结篇
课程评价
学习成果
附件

(1) 课程简介：点明研学主题，介绍课程各单元学习资源的主要信息，说明本课程学习的意义。简介之后列出研学须知，主要是安全须知，提醒学生做好准备工作。

(2) 课程目标：课程目标即本门课程试图达到怎样的教育效果，主要从学生需求、学科需求、社会需求三方面体现。

(3) 课程规划：课程规划是指课程共规划设置了几个学习单元或模块。可以按照行程先后列出单元目录，单元名称要符合相关规定，最好能体现各单元的特征和主题。事先让学生预习和收集有关资料。

(4) 行程规划：行程规划中应详细列出各学习单元、行程途中的时间节点，每一景点参观学习时长、集合地点，各段行程的交通工具类别，所乘车船、飞机的车次或航班号（由于研学旅行手册是行前制作的，车次或航班号可以做成空格，待确定之后，再人工填写上）。

(5) 课程实施：课程实施分学习单元陈述，每个学习单元的课程内容应包括单元标题、课程实施的具体地点、课程时长、本单元课程内容的相关学科、本单元的具体课程目标、课程资源详细叙述、过程性课程任务、课后作业、文明行为的即时性指导与评价、本单元学习游览时的注意事项。

(6) 课程评价：课程评价的部分要提供过程性评价和成果性评价的评价量表。

(7) 学习成果：学生要根据本次研学旅行所学内容进行整理回顾，填写手册上预设问题的答案，或者通过制作摄影图册、写旅行心得等方式进一步巩固所学知识。

(8) 组织安排与分工：明确各研学旅行指导师的职责任务，确保活动有条不紊地进行。

(9) 附件：主要指为研学旅行课程的顺利实施提供保障的内容，主要包括行前物品备忘检查表、安全注意事项及安全应急预案、紧急联系电话等相关信息。

第二节　研学旅行指导师的课程实施

研学旅行课程是促进学生全面发展、落实学生发展核心素养的一门综合实践活动课程。综合实践活动讲究从学生真实生活和个体发展需求出发，把课堂搬到户外，在真实的生活情境中将问题转化为教育主题，学生通过合作、实践、探究、体验等过程，培养综合能力。因此，研学旅行课程具有极强的实践性，课程实施又是研学旅行活动得以有效开展的重要环节，这对研学旅行指导师的教学能力提出了更高的要求，研学旅行指导师授课的效果将直接影响学生在研学过程中所接受知识水平的高低。

一、研学旅行活动实施前准备

（一）课程实施方案沟通

1. 学校研学旅行指导师的沟通

作为主办方，学校研学旅行指导师不仅要有专业的教学技能，还要有良好的沟通能力，能与多方进行沟通协调。学校研学旅行指导师平时和学生最亲近，和家长最熟悉，应承担起与学校负责人、学校研学旅行指导师团队、旅行社研学旅行指导师、家长等多方沟通的责任。

（1）与学校研学旅行指导师团队都的沟通。

一般学校研学出行每制定一条线路，就要组建一个学校研学旅行指导师团队，通常由学校中层及以上领导担任领队。如果某一条线路人数较多，需要分批出行，则应再配备一名或多名副领队，分批次带领学生出行。

每10~25名学生组建一个研学小组，配备一名学校研学旅行指导师，领队和副领队可以兼任学校研学旅行指导师。一般每辆车要配备两名或以上学校研学旅行指导师，并与旅行社研学旅行指导师一同组成一个研学旅行指导师小组，全程随车随队组织教学、进行管理。

（2）与旅行社研学旅行指导师的沟通。

在确定研学出行，以及确定学校研学旅行指导师与旅行社研学旅行指导师成员后，指导师就应在研学旅行出发前召开会议，建立团队工作机制，分工合作，建立管理架构。

（3）与基（营）地研学旅行指导师的沟通。

由于跨地域等原因，基（营）地研学旅行指导师可以不参加行前联席会议，但如果是学校直接联系研学基（营）地开展研学实践活动的，还需要在行前进行沟通。

（4）与家长的沟通。

建立家校合作机制。在研学旅行活动中，家校合作机制的建立基于如下：一是家校之间有共同的教育愿景；二是学校和家长资源优势互补，家长资源的开发可以丰富研学课程的内涵。

发放家长通知书。家长通知书里要明确研学旅行的意义、研学旅行的时间、学生注意事项、对家长的要求和收费情况等。

建立网络通信群。出行班级的学校研学旅行指导师借助各种网络平台建立网上社群，利用已有的班级网络社群进行家校联络沟通，也可以加入旅行社研学旅行指导师或基（营）地研学旅行指导师新建立的社群以保证及时沟通。

2. 旅行社研学旅行指导师的沟通

作为承办方的旅行社，应该严格按照研学服务合同要求，派出专业的旅行社研学旅行指导师。旅行社研学旅行指导师在后续的服务中代表承办方，应履行好沟通的职责,及时高效地与作为主办方的学校和学校研学旅行指导师沟通,与研学基(营)地及时沟通处理问题,成为沟通的纽带,保障旅行社各环节服务质量。

(1)与主办方的沟通。

旅行社研学旅行指导师在与主办方(学校)沟通前,应对主办方的信息了然于心,能准确说出学校的名称、出行的班级、本次研学旅行活动校方负责人的姓名、学校校训、办学宗旨与特色等。

旅行社研学旅行指导师应与学校研学旅行指导师沟通研学课程教学方法,提前了解参加研学学生的具体情况,如了解学生分车、分房、分餐表。一般情况下,一个班级分配一辆大巴车,2~8人安排一个房间,10人安排一个餐桌,根据实际情况合理调整。

旅行社研学旅行指导师应与学校研学旅行活动负责人沟通具体的活动方案与流程,落实现场实地环境布置与音响设备等细节。

旅行社研学旅行指导师还需准备家长通知书,并加入研学班级网络交流群,实时掌握群内家长和学生的动向,以便及时解决问题,提供更优质的服务。

(2)与研学基(营)地的沟通。

确认研学活动接待工作。在研学活动开始之前,承办研学旅行活动的旅行社应该与研学基(营)地多次沟通并签订合作协议,多次就活动时间、人数、内容、住宿、餐饮、交通等细节议定收费价格与支付方式,最后敲定落实下来。

协调基(营)地准备工作。旅行社研学旅行指导师应主动联系研学基(营)地,与基(营)地研学旅行指导师沟通协调该基(营)地的准确位置、设施设备状况、场地容纳情况,以及课程特点、课程时间等;对于要提前预约的场馆,要预约参观时间。

沟通研学活动方案。旅行社研学旅行指导师应议定学习项目,如定制各类活动,明确活动项目和活动内容;预约讲解员或场地教练,与确定的讲解员或教练沟通授课内容和要注意的问题;确定基(营)地的特殊要求,如安全注意事项、活动组织方式、禁止性规定等。

提前准备接待方案。旅行社需要提前核定基(营)地具体酒店星级标准,审核查验酒店卫生与安全管理,预订房间、确定入住时间与房间数;还要与餐厅就就餐安排、饮食特色、特殊人员就餐等提前沟通。

(3)与旅游、交通相关部门的沟通。

旅行社研学旅行指导师需要与旅游景区人员议定团购门票优惠价格、景区内单独收费景点的优惠、景区内部交通工具的使用等。对于有提前预约要求的景区,要预约参观时间、景区讲解员,与确定的讲解员沟通授课内容和要注意的问题,确定景区的特殊要求,如安全注意事项、活动组织方式、禁止性规定等。

旅行社研学旅行指导师需要向交通部门人员预订机票、汽车票、火车票,可以与航空公司、汽车客运公司、铁路公司协商包机、包车或预订车厢;与旅游服务公司签订旅游大巴车租用协议,按照招标标准提供符合要求的车辆,配备合格的司机。

(4)其他各项准备工作。

向保险公司人员咨询,为所有师生和服务出行人员投保旅行责任险、意外伤害险等险种。

提前咨询派出所和医院的信息,按照法律规定,研学旅行景区、基(营)地等场所所在地派出所和医院均为承担保障职责的研学旅行保障方。不需要与派出所和医院提前沟通行程时间和活动方案,但要提前做好相关信息的收集,比如距离景区最近的派出所和医院的位置及联系电话等。

3.基(营)地研学旅行指导师的沟通

基(营)地研学旅行指导师应该及时与旅行社研学旅行指导师和学校研学旅行指导师沟通研学基(营)地的场地情况、设施设备情况,积极响应团队其他指导师的要求与反馈。

(1)基(营)地研学旅行指导师与学校研学旅行活动负责人沟通具体的活动方案与流程,并与旅行社研学旅行指导师一同落实现场实地环境布置与音响设备等细节。

(2)基(营)地研学旅行指导师需准备家长通知书,并加入研学班级网络交流群,实时掌握群内家长和学生的动向,以便及时解决问题,提供更优质的服务。

(3)基(营)地研学旅行指导师需与旅行社研学旅行指导师确认研学活动接待工作、协调基(营)地准备工作、沟通研学活动方案、提前准备接待方案等。

(二)课程资源知识准备

1.学校研学旅行指导师的课程资源知识准备

(1)熟悉研学旅行课程主题和内容。

熟悉研学旅行课程的主题。研学旅行课程的主题多种多样,一般分为爱国主义教育、革命传统教育、中华优秀传统文化教育等,每次课程的主题也并非单一,可以是相互渗透的。研学旅行课程的主题决定了整个课程的内容,因此研学旅行课程必须有明确的主题。研学活动没有统一的课程标准和教材,整个过程是一个个体体验、社会生活和自然体验的融合过程,因此主题是包容和综合的。

熟悉研学旅行课程的内容。研学活动虽然没有统一的课程标准和教材,但也属于教学过程,因此要求学校研学旅行指导师要熟悉旅行中的每一项活动内容,能充分为学生进行讲解,掌握课程的三维目标,把握课程整体的走向,以更好地指导学生,更好地让学生清楚研学旅行课程的学习模式。

(2)掌握课程方案和研学旅行手册。

落实课程方案相关内容。课程方案中涉及哪些教具,自己需要使用哪些教学手段、需要提前准备什么资料,需要学生掌握哪些知识,学校研学旅行指导师都要一一落实。

查找课程方案相关资料。在熟悉研学旅行课程方案后,学校研学旅行指导师要提前查找课程项目相关资料,对于自己不太熟悉的研学目的地和研学课程的相关历史文化资料,要特别注意学习记忆。

预习研学旅行手册相关活动。学校研学旅行指导师要提前了解整个研学旅行过程的基本情况,以指导学生开展活动和监督学习质量,明确纪律要求和需要做的准备。

修订研学旅行手册相关细节。学校研学旅行指导师应在模拟研学旅行手册相关活动后,对研学旅行手册中模糊的地方进行细化,对课程方案或研学旅行手册予以二次修订。修订后的课程方案或研学旅行手册应提交学校审核,审核通过后才可印刷装订,以供后期研学活动使用。

2.旅行社研学旅行指导师的课程资源知识准备

(1)熟悉研学旅行手册相关知识。

旅行社研学旅行指导师首先要对研学旅行手册有所了解,对本次研学旅行目的地进行深入了解,对于涉及的旅游景点要做完善的知识储备,对本次课程目标要进行深入理解,以便在研学过程中对学生进行指导。旅行社研学旅行指导师还应该熟悉研学旅行的全部行程流程,并且预算好每个环节所需时间,保证整体活动节奏安排合理,并就不明确事宜与校方再次沟通确认。

(2)掌握研学课程教学内容。

旅行社研学旅行指导师应熟练掌握研学课程内容,出行前应联系基(营)地研学旅行指导师,了解学生在基(营)地的课程时间、课程方式及需要自己配合的讲解内容;做好抵达基(营)地前的讲解设计和相关知识准备,在前往基(营)地的沿途中完成研学地点的历史文化背景教学,向学生介绍在研学基(营)地需要注意的安全事项。

(3)设计研学课程教学方式。

旅行社研学旅行指导师负责的研学课程多数是旅行相关的研学课程,可以先通过简单的讲解让学生了解相关知识,课程地点常在交通工具上、住宿酒店中以及餐厅餐桌旁,简单讲解后通过实地演练、情景模拟等教学方式,并以小组形式进行课程教学。例如,分组搭乘交通工具时,旅行社研学旅行指导师简单讲解检票相关事宜,然后分组乘车,看哪个小组能最有秩序并快速落座。

3.基(营)地研学旅行指导师的课程资源知识准备

基(营)地可以依据学校的要求或课程实施的实际需要,为学校提供必要的行前课程资源,供学校在安排行前课程时选择使用。这些内容包括以下几个方面。

(1)提供课程资源详述。

基(营)地要把已确定的课程资源详述提供给学校,供学校了解研学活动项目、行程,从而为选课提供参考。

(2)提前进行课程现场环境勘察。

要顺利完成研学课程,首先要勘查课程现场的大小规模,勘察基(营)地是否具有顺利完成研学课程的硬件条件。其次,在进行课程现场勘查的同时,还需要考虑周边的便利条件,如考虑卫生情况、饮水设施是否完备、住宿设施安全问题等。最后,检查课程现场及周边是否有可能坠物的高处、斜坡陡坡等危险区域,并及时排除隐患或树立危险警示牌。

（3）开展与课程主题相关的专题报告。

为了更好地开展研学旅行课程，让学生充分了解课程资源的特点、价值和意义，激发学生的学习兴趣和选课动机，基（营）地可以根据学校要求或为提高服务质量主动提供必要的专题报告。专题报告可以是与研学课程相关的历史、地理、科技、文化等方面的讲座。

（4）举办与旅行知识相关的讲座。

为了更好地实施研学旅行课程，可以给学校提供旅行知识相关的专题讲座。讲座可以请相关领域的专家主讲，包括行前旅行准备、个人旅行行程规划、文明旅行知识、旅行自身安全知识、旅行相关的法律知识、旅行目的地的民俗知识等。

（三）物质物料准备

在研学旅行活动中，准备充足的旅行中所需使用的物质物料是研学旅行活动得以顺利开展的物质基础和前提。这些物质物料中，倾向于教学用途的一般称为教具，倾向于旅游行程所需物品的一般称为物料。

1. 统一物料

统一物料是用于对参加研学旅行人员做出统一标志的物品，其用途是保持研学团体的一致性，方便辨认，如方便整队、集合的物品，一般包括旗子、队服、帽子等。

2. 教具

研学旅行指导师需提前准备教学教具，教具包括学习教具和体验教具两种。学习教具包括研学旅行活动中学习知识、技能等相关的物品，如研学旅行手册、阅读材料、各种工具包、素材包等。体验教具一般运用在集体体验和个人体验等活动中，用来提高学生在研学旅行过程中的参与感，提高学生的动手能力。例如，针对特色手工艺，可提前购买原材料供学生加工制作。

（四）出行物品准备

首先，研学旅行指导师需要配备一些出行物品，或由研学相关单位准备提供。出行物品包括工作证件、扩音器等。另外，出行前还需要根据不同学校、基（营）地的要求进行相关学习，比如百度网盘的使用、拍照拍视频指南等。基（营）地研学旅行指导师所需物品多为学习教具中的各种工具包、素材包以及体验教具。旅行社研学旅行指导师和学校研学旅行指导师所需物品一般是统一物料和学习教具中的研学旅行手册等。

其次，为了研学旅行的顺利开展，学生也需准备相关物品。学生行前需携带的物品繁多，家长和学生准备好行前物品后，带队的研学旅行指导师和学生家长要再次核对物料。

行前需准备的物品如下：

1. 证件

(1) 随身携带并妥善保管好自己的身份证或户口簿原件,以备乘车或入住酒店时使用。

(2) 自行准备一张身份证正反面复印件和户口簿复印件并交给带队研学旅行指导师。

(3) 携带护照以便办理相关出入境手续。

(4) 学生携带学生证,以便提供乘车或景区门票优惠凭证。

2. 学习用品

(1) 提前准备铅笔、中性笔、笔记本等学习用品。

(2) 携带研学旅行手册。研学旅行手册是重要的学习资料,过程性的学习任务和作业都需要在研学旅行手册上完成,因此,学生务必携带研学旅行手册,或者带队研学旅行指导师可多携带几本以作备用。

3. 衣物

(1) 建议携带1~2套外穿换洗衣物和2~3套贴身换洗衣物,保持个人卫生。

(2) 建议携带防晒衣,便于紫外线强烈时进行防晒。

(3) 建议携带1~2个收纳袋。由于部分研学旅行课程时间线较长,收纳袋可帮助将干净和脏衣物区分开,保持个人清洁。

(4) 建议携带1双拖鞋和1双运动鞋。拖鞋用于洗澡或在沙滩上活动,由于课程量较大或在旅行活动中运动量较大,穿运动鞋较为舒适。

4. 日常用品

(1) 建议根据自己生活习惯携带个人洗漱用品。

(2) 建议携带雨衣或雨伞,以便阴雨天气时使用。

(3) 建议自行携带水杯,在研学课程中及时补充水分。

(4) 妥善保管自己携带的贵重物品,如手机、相机等。

5. 药物

(1) 有特殊病例的学生自行携带好长期服用的药品,根据自身的情况自备药品,并把自己的情况提前与研学旅行指导师沟通。

(2) 建议每车准备晕车药、感冒药、止泻药、胃药、跌打损伤药等常用药品。

6. 其他

(1) 建议家长让学生携带少量现金,尽管行程中食、住、行不需要收取额外费用,学生携带少量现金可方便自己使用。

(2) 建议学生每人携带一个双肩背包,方便存放证件、手机、相机、雨伞、研学旅行手册、文具、水杯等物品。

(3) 建议研学旅行指导师预留学生、家长、团队负责人、其他研学旅行指导师、司机、紧急联系人的联系方式。

表5-10所示是一份常见物品准备核对清单。表5-11至表5-14所示是必要的联系人信息。

表5-10 物品准备核对清单

物品名称	是否准备	物品名称	是否准备
身份证/户口簿		换洗衣物	
学生证		袜子	
背包		运动鞋/拖鞋	
手机		毛巾	
充电器		纸巾/湿巾	
充电宝		防晒衣/防晒霜	
药品		雨具	
文具		洗发水	
研学旅行手册		香皂	
笔记本		帽子	
水杯		花露水	

表5-11 小组成员及家长联系电话

学生姓名	联系电话	家长姓名	联系电话

表5-12 团队成员联系方式

职务	姓名	联系电话
带队教师		
研学旅行指导师1		
研学旅行指导师2		
辅导员		
司机		
紧急联系人		

表5-13 附近医院相关信息

医院名称	医院地址	联系电话

表5-14 附近派出所相关信息

派出所名称	派出所地址	联系电话

(五)行前课程准备

学校有效开设行前课程,对研学旅行课程的有效实施具有重要意义。有效开设行前课程,能够端正学生对研学旅行课程的学习态度,使其理解研学旅行课程的价值和意义,做好课程实施的思想准备;能够让学生提前了解所学习的课程资源,对相关知识和文化的内容和背景有一个初步的印象,做好课程实施的知识储备;让学生初步学会课题研究的基本规范与流程,了解科学研究的常用方法,熟悉研究报告的基本内容和规范结构,为开展研究性学习和科学探究做好课程实施的能力准备;让学生掌握各类户外活动和旅行安全知识,了解出行应该做好的准备工作,做好课程实施的准备。

1. 研学旅行的组织与动员

(1)对学生和家长的动员。

对学生和家长进行充分动员,能让学生和家长充分了解研学旅行课程相关的国家政策,理解研学旅行课程的价值和意义,端正学生对研学旅行课程的学习态度,做好课程实施的思想准备。让学生了解学校已经开展的相关工作和此后将要开展的工作,有助于学生积极参与各项行前课程,认真学习。让学生了解研学课程的特点和实施方式,有助于学生做好参加研学旅行的各种相关准备。

(2)课程线路选择与分组。

学校课程招标工作结束后,承办方应根据学校提出的意见和建议及时完成课程设计的优化修改,并提交研学旅行手册文本。学校向学生发布各条线路的相关信息,组织学生选课。选课结束后根据各条线路选课的人数把学生分成几个小组,指定小组组长,组长负责相关信息的传达和活动的人员组织。

(3)通信与沟通渠道的建立。

各方一起建立通信联络与信息沟通渠道,包括电话通讯录、QQ群和微信群,重要信息在群里及时发布。

2.面向学生的行前课程

(1)文明旅行行为规范专题讲座。

针对在不同场所的文明旅行行为规范,结合具体的案例举办专题讲座。例如,就餐的行为规范;乘坐火车、飞机的文明行为规范和相关法律规定;酒店住宿的行为规范;景区入口排队入场的秩序规范;博物馆、纪念馆等室内场馆参观行为规范;分组跟随研学旅行指导师参观游览的注意事项;人际交往的行为规范;等等。在讲座中尽可能地安排具体生动的正反案例,让学生能够深切体会到文明旅行的重要意义,提高研学旅行的课堂效率。

(2)安全知识专题讲座。

学生平时接触户外运动的机会比较少,即使跟随家人有过不少旅行,但由于家长的呵护、家庭出行人数较少以及家长的专业知识有限,学生可能并未获得充足全面的安全知识。因此,在研学旅行出行前,给学生系统地开设安全知识讲座非常必要。

安全知识讲座的内容应该包括饮食安全知识、住宿安全知识、交通安全知识、户外活动安全知识、自然灾害及突发事件的紧急应对措施、个人财物安全知识等。此外,安全知识还包括人际交往与沟通安全知识,例如与当地人交流的技巧和注意事项,不与陌生人过多谈论私人信息和出行行程,以及与少数民族风俗相关的注意事项等。

(3)课题研究专题讲座。

研学旅行是带着研究学习任务的旅行教育活动,学生在行前必须掌握关于科学研究的知识。不同学段的学生要求掌握的科学研究的能力程度可以有所不同,但是都必须在行前接受相关的指导培训。以高中学段的行前科研知识培训为例,课题研究专题讲座一般应该包括以下内容。

第一,课题研究的选题。学生可以详细研究学校提供的与研学课程内容相关的资料,收集相关课题资料,发现自己感兴趣并值得研究的问题,把这一问题选作自己的研究课题。课题名称通常以"关于×××的研究"的格式命名,课题名称不同于论文和作文,要准确、简练,尽量不要用带有主观色彩的修饰性语句。

第二,课题研究的常用方法。根据中学生的能力特点,可以重点讲解文献法、调查法、观察法、访谈法、案例法、行动研究法、经验总结法等常用研究方法。

第三,研究计划的制订。学生要学会统筹安排研究任务,会根据研究任务和时间合理制订研究计划,设计研究步骤。

第四,研究过程的规范性。研究过程要能够体现所选择的研究方法的具体应用情况,要学会分析与提炼文献资料,要能够准确规范地观察和记录信息与数据,要学会根据文献信息和观察记录的数据资料分析问题,得出结论。如果是研究小组合作研究,研究过程要能够体现小组成员的分工。

第五,研究报告的撰写。学生学会最基本的研究报告的撰写就可以了。学生要知道研究报告的一般结构,要能够在即将参加的研学旅行中按照相关要求开展研究,记录信息,分析并得出结论,研学旅行结束后一周内写出规范的研究报告。

应该适当降低初中和小学讲座的知识难度,参照研学旅行课程学段目标中关于问题解决的相关要求安排讲座的内容。

(4)研学旅行课程内容相关的专题讲座。

为了激发学生对研学旅行课程的学习兴趣,也为了让学生对所要学习的课程内容有初步了解,能够从相关信息中发现问题并进行课题的选择,有必要安排一些与研学旅行课程主题以及课程内容有关的专题讲座,帮助学生做好旅行攻略。这样学生可以知道课程实施时应该学习和观察的重点及关键内容,从而提高课程实施的效率,取得更好的课程实施效果。

3. 面向家长的培训课程

面向家长的培训课程内容和对学生进行动员的内容大致相同。要重点与家长讲清楚国家关于研学旅行课程的相关政策,以及开设研学旅行课程的相关背景,让家长理解研学旅行课程与一般的观光旅游的区别,理解研学旅行课程对于学生健康成长和未来生涯发展的重要意义,理解研学旅行课程的价值与意义。

向家长介绍学校根据相关政策所做的准备工作、研学旅行课程的特点以及课程实施方法,告知家长应该如何配合学校和承办方开展研学旅行工作。学校还应该向家长介绍说明研学旅行中可能出现的问题以及所采取的安全防范措施和各种应急预案,并解释有关安全责任的法律规定。

4. 面向研学旅行指导师的培训课程

(1)对学校带队教师的培训。

学校带队教师应该具备实施研学旅行课程的知识和能力。当前学校的教师大多不了解研学旅行课程的内涵和特征,把研学旅行看作和观光旅游、夏令营活动一样的旅行或教育活动,学校教师在活动实施过程中只能起到组织学生的作用,不能对学生进行教学和指导,使研学旅行课程的实施效果大打折扣。学校带队教师不了解研学旅行课程的特征和内涵,就不能有效履行作为研学旅行指导师所承担的监督承办方规范实施课程的责任,也不知道好的研学旅行课程的设计标准,从而较难选出合格的研学旅行课程,不能给承办方提出有价值的课程修改建议,这会进一步影响课程实施的效果。

因此,对学校带队教师进行研学旅行课程的知识培训非常重要。学校带队教师的培训内容主要包括:开展科学研究的一般方法和研究规范;研究报告的结构和范式;研学旅行课程目标的制定与陈述;研学旅行课程内容的选择与表达;研学旅行课程实施的组织与方式;学生管理的技巧与规范;研学旅行课程的成果与评价;研学旅行的安全与防范;等等。此外,学校带队教师还要具备相关法律知识和合同知识。

对学校带队教师进行研学旅行课程培训,主要目的不是让学校带队教师学会开发课程,而是让每一位带队教师都能够在研学旅行指导师的岗位上正确履行自己的职责,使课程实施达成应有的教育效果。

(2)对承办方研学旅行指导师的培训。

承办方(旅行社、研学基(营)地等)研学旅行指导师必须具备景点讲解和活动指导等方面的能力。对承办方研学旅行指导师培训主要是让其了解景点背景知识,具有景点讲解能力,特别是要理解研学旅行和观光旅游活动的区别,要对研学旅行的教育性有深刻的认知,能对学生的研学活动进行专业指导。同时,承办方研学旅行指导师必须及时掌握研学旅行的最新动态和技巧,以便能够带领学生更好地开展系统化、专业化的研学活动。

(3)安全责任培训课程。

研学旅行是学校和有关部门共同组织的学生集体外出活动,因此更要坚持师生安全第一的原则,在活动全过程中必须把师生的人身安全放在首位。研学旅行指导师是带队研学的主要负责人,对他们进行安全责任培训必不可少。无论是学校的带队教师还是承办方的研学旅行指导师,都必须接受安全责任培训。安全责任培训课程主要对研学旅行指导师进行安全防范知识和技能培训,使其详细了解安全防范的注意事项和保障措施,让每一位研学旅行指导师明确安全责任,防患于未然。

不同于学生的安全培训课程,研学旅行指导师的安全责任培训课程不仅要使研学旅行指导师掌握自身的安全防护知识,还要使其掌握研学活动组织方面的安全防范知识,掌握紧急情况下学生的疏散、转移与紧急救助知识,了解各种应急预案的具体内容,知道应急预案的响应条件;一旦发生应该启动应急预案的情况,能立即启动应急预案,并按照预案中的操作流程采取紧急行动。

二、研学旅行的课程实施

(一)研学课程实施原则

教育部等11部门印发的《关于推进中小学生研学旅行的意见》(以下简称《意见》)是中小学研学旅行课程的基础性文件。《意见》对研学旅行工作提出了四项基本原则。

1. 教育性原则

研学旅行的根本目的是教育,尤其是一种学会过集体生活的教育。它与成人旅游以及家长带孩子外出旅游是不同的,因此其首要的原则是教育性原则。《意见》提出,研学旅行要结合学生身心特点、接受能力和实际需要,注重系统性、知识性、科学性和趣味性,为学生全面发展提供良好成长空间。除了知识与能力层面的教育,让学生经历问题解决的过程与方法,在各种经历中形成良好的情感、态度与正确的价值观,则是研学旅行综合教育的育人价值。

2. 实践性原则

《意见》提出,研学旅行要因地制宜,呈现地域特色,引导学生走出校园,在与日常生活不同的环境中拓宽视野、丰富知识、了解社会、亲近自然、参与体验。研学旅行与校内课程最大的区别就是实践性,研学旅行是步入社会、走进大自然进行广泛的实践。一方面,学校要根据校情和所处地域资源的实际情况,因地制宜,引导学生走出校园,在与日常生活不同的环境中拓宽视野、丰富知识、了解社会、亲近自然、参与体验。另一方面,在组织研学旅行活动过程中,学校要多安排实践性活动,游览观光、参观考察和听讲解的时间可以适当控制,有意增加尝试体验、动手制作、团队合作、创意设计、角色扮演等学习方式,让学生运用触觉、视觉、嗅觉等多种感官去实践、体验。

3. 安全性原则

组织中小学生研学旅行,要始终把安全问题放在首位。《意见》提出,研学旅行要坚持安全第一,建立安全保障机制,明确安全保障责任,落实安全保障措施,确保学生安全。可以说,安全问题始终是压在学校和家长心头的"一块石头",只有师生平安归来,心中的"石头"才算"落地"。有的小学校长全程陪同,亲自组织小学生研学旅行,就是为了确保在旅行过程中做到万无一失。

4. 公益性原则

教育是公益事业,从事和参与教育事业的人需要有一颗公益心。《意见》提出,研学旅行不得开展以营利为目的的经营性创收,对贫困家庭学生要减免费用。对于研学旅行这种应该全员参与的公益性教育活动,要建立有效的经费筹措机制,保障贫困家庭的孩子也能出去研学。此外,公益性原则还体现在经营收益方面,研学旅行事业的运作方式不能与旅游市场运作方式一样,要实行"薄利"甚至"微利",抱着"大捞一笔"的心态,是做不好研学旅行的。相关部门应该采取具体措施,规范和约束研学旅行活动,使其充分体现出公益性原则。

《意见》所提出的关于研学旅行工作的四项基本原则是研学旅行工作的总的依据和原则。研学旅行活动的筹备、组织与实施,必须遵照这些原则。

(二)研学课程执业规范

1. 研学旅行指导师的专业性

研学旅行指导师一般都是由承办方的导游担任,在课程实施过程中要特别注意教学规范,具体包括以下内容。

(1)研学旅行的教学要体现教育性与娱乐性的结合,要突出课程的教育意义。研学旅行指导师要对教学资源的属性有深刻理解,着力挖掘教学资源的文化内涵和教育价值,教学语言宜风趣幽默,教学形式寓教于乐。

(2)强调教育价值,教学内容和教学语言严禁低俗媚俗。

(3)教学内容以及表达的观点不得违背社会道德规范和法律法规;研学旅行指导师不得传播误导性消息,应自觉弘扬社会正能量。

(4)研学旅行指导师可以采用讲授与互动学习相结合的教学形式,引导学生参与讨论、表达观点,学会主动学习。

2. 研学旅行学生的学习规范

在研学旅行课程教学中,指导学生掌握良好的学习规范也是教学的重要内容,具体包括以下内容。

（1）自觉遵守景区和场馆的禁止性规定。研学旅行一般都是在公共场所进行，所以必须遵守公共秩序，要做到举止文明、安静有序，切忌大声喧哗、旁若无人。

（2）带着任务和问题听讲。倾听与体验是研学旅行最重要的学习方式，倾听是深度学习的基本条件，是带着问题和思考的听讲。在研学旅行指导师和场馆讲解员授课时，学生要边听讲边思考。由于研学旅行的授课方式通常是集体学习，学生不能随意打断老师的讲解，有问题可以在老师讲解的间歇提出。

（3）发挥学生的主观能动性。研学旅行是一种体验式学习，学习是在真实的环境中进行的。不同于书本上的知识学习，旅行过程中知识的获取更需要靠自己的观察和体验。学习的主动性和观察体验的深刻性将决定学习者的收获水平。

（4）要勇于表达观点与见解。研学旅行的作业不同于学科练习，不需要闭卷完成，一般也不会提供标准答案，因而提倡以小组合作的形式完成作业。在合作完成作业的过程中，学生通过观点碰撞和思想交流，实现对问题更深刻的理解和更准确的表达。

（三）研学课程实施规范

《意见》提出，学校要在充分尊重个性差异、鼓励多元发展的前提下，对学生参加研学旅行的情况和成效进行科学评价，并将评价结果逐步纳入学生学分管理体系和学生综合素质评价体系。可见，研学旅行的评价是学生综合素质评价的重要部分。2014年8月，国务院发布《关于促进旅游业改革发展的若干意见》，提出"积极开展研学旅行"；为规范研学旅行服务流程，提升服务质量，引导和推动研学旅行健康发展，2016年12月，国家旅游局发布《研学旅行服务规范》（LB/T 054—2016）。

以下为节选自《研学旅行服务规范》中关于教育服务的部分。

1. 教育服务计划

承办方和主办方应围绕学校相关教育目标，共同制定研学旅行教育服务计划，明确教育活动目标和内容，针对不同学龄段学生提出相应学时要求，其中每天体验教育课程项目或活动时间应不少于45 min。

2. 教育服务项目

教育服务项目可分为：

a）健身项目：以培养学生生存能力和适应能力为主要目的的服务项目，如徒步、挑战、露营、拓展、生存与自救训练等；

b）健手项目：以培养学生自理能力和动手能力为主要目的的服务项目，如综合实践、生活体验训练、内务整理、手工制作等项目；

c）健脑项目：以培养学生观察能力和学习能力为主要目的的服务项目，如各类参观、游览、讲座、诵读、阅读等；

d）健心项目：以培养学生的情感能力和践行能力为主要目的的服务项目，如思想品德养成教育活动以及团队游戏、情感互动、才艺展示等。

3. 教育服务流程

教育服务流程宜包括：

a）在出行前，指导学生做好准备工作，如阅读相关书籍、查阅相关资料、制定学习计划等；

b）在旅行过程中，组织学生参与教育活动项目，指导学生撰写研学日记或调查报告；

c）旅行结束后，组织学生分享心得体会，如组织征文展示、分享交流会等。

4. 教育服务设施及教材

教育服务设施及教材要求如下：

a）应设计不同学龄段学生使用的研学旅行教材，如研学旅行知识读本；

b）应根据研学旅行教育服务计划，配备相应的辅助设施，如电脑、多媒体、各类体验教育设施或教具等。

5. 研学旅行教育服务应由研学导师主导实施，由导游员和带队教师等共同配合完成。

6. 应建立教育服务评价机制，对教育服务效果进行评价，持续改进教育服务。

案例分析

××学校研学活动安全工作方案及突发事故处置预案

 思考与练习

简答题

1. 研学旅行课程设计的原则是什么？
2. 研学旅行中如何做好学生学习规范的引导？
3. 研学旅行手册的基本要素包括哪些？

在线答题

第六章
研学旅行活动评价与反馈

本章概要

本章系统介绍了研学旅行评价的概念、功能和特点;对研学旅行评价体系设计进行了重点阐述;对研学旅行评价的实施过程,包括学生评价实施过程、研学旅行指导师评价实施过程和研学机构整体评价实施过程进行了详细说明;对研学旅行活动反馈进行了阐述。

学习目标

知识目标

1. 理解研学旅行评价的概念、功能和特点以及研学旅行评价体系的设计。

2. 理解研学旅行评价的实施过程,包括学生评价实施过程、研学旅行指导师评价实施过程和研学机构整体评价实施过程。

能力目标

1. 能设计研学旅行评价表,包括学生评价表、研学旅行指导师评价表和研学机构整体评价表。

2. 能设计研学成果的呈现方案,确定呈现形式,并进行分工合作。

3. 掌握研学活动总结和反思的方法,包括接受评价和反馈,进行总结反思。

素养目标

1. 理解研学旅行评价对个人成长和学习的重要性。

2. 培养积极的学习态度,学会接受评价和反馈,并进行自我反思和提升。

3. 尊重他人的评价和意见,展示团队合作和沟通的能力。

第六章 研学旅行活动评价与反馈

章节重点
1. 研学旅行评价的目的。
2. 研学旅行评价的体系。
3. 研学旅行评价的反馈。

知识导图

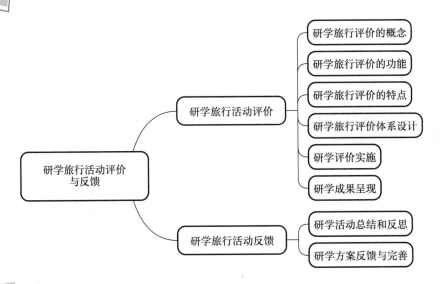

慎思笃行

研学游走俏,服务标准要跟上

"今天的研学路线是,从景山沿鼓楼大街到烟袋斜街,再从银锭桥路过前海到万宁桥,最后经过地安门、米粮库和恭俭胡同回到景山,登上'紫禁之巅'俯瞰中轴线。"近日,十几名小学生在家长陪同下,参加"北京中轴线的前世今生"研学旅行活动。每个学生手中都拿着纸笔,边听导游讲解边做笔记。

虽然旅游业受疫情影响明显,但研学类旅游产品异军突起。某旅行平台数据显示,今年暑期研学游人数同比增长超650%,亲子游订单中研学类产品订单占比近七成。

随着"双减"政策落地,中小学生课外时间得到进一步解放。研学旅行是一种集研究性学习与旅行体验于一体的校外活动,市场走俏迹象明显。与此同时,专业人士指出,国内研学旅行市场质量及服务标准还有待提高。

"参加这样的研学活动,既能让孩子出来散散心,也能边玩边学,多了解课堂外的知识。"带孩子参加北京中轴线研学游的徐女士说。

组织该活动的人民城市年票发行方责任人陈智勇告诉记者,今年暑期以来，几乎每场研学活动都"爆满"，上线几分钟，几十个名额就一抢而空。

专门从事研学旅行的张浩表示，虽然近两年受疫情影响，业务量有所下降，但暑期至今，他所在的无人机科普教育基地还是迎来了低谷期的小高峰。"前不久我们接待了北京市第一七一中学的1300多名学生，近期周末研学活动人数在100人左右。"张浩说。

工人日报记者了解到，目前国内的研学旅行有传统文化、革命传统教育、国情教育、国防科工、自然生态等几大板块，形式上涵盖实地参观、讲座、交流会等。2020年底，教育部相关负责人表示，国内已遴选了622个全国中小学生研学实践教育基地和营地，开发了6397门研学实践课程和7351条精品线路。

今年5月，文化和旅游部发布《"十四五"文化产业发展规划》，提出要大力发展研学旅行，开发集文化体验、科技创新、知识普及、娱乐休闲、亲子互动于一体的新型研学旅行产品。与此同时，行业也出现良莠不齐、高度分散等问题。近日，安徽省合肥市就对7家存在条件不达标等问题的研学旅行基地进行了相关处理。

中国研学旅行推广联盟宣传部部长张令伟认为，目前国内研学旅行存在的问题与服务标准不统一、课程缺乏教育理论、团队建设不完善等因素有关，"很多研学机构把课程做成旅游线路，团队人员并非旅游或教育行业专业人员，导致研学效果不尽如人意"。

（资料来源：工人日报，2021-09-26。）

心领神会

第一节　研学旅行活动评价

一、研学旅行评价的概念

研学旅行评价是一个全面、客观和科学的评估过程，旨在对研学旅行活动进行全方位的评价和分析，以更好地反思和总结活动的成果和不足，为今后的研学旅行活动提供参考和改进的依据。评价表是研学旅行评价的重要工具，它记录了研学旅行指导师和学生在活动中各个环节的表现和反馈，帮助活动组织者全面、准确地评估研学旅行活动的效果，发现问题并及时进行调整和改进。

二、研学旅行评价的功能

研学旅行评价作为对研学旅行活动进行客观、全面、科学评价的重要手段，具有评定、反馈、激励和导向等多重功能。

（一）研学旅行评价的评定功能

研学旅行评价的一个主要功能是对研学旅行活动进行客观、全面、科学的评定。通过对研学旅行活动的各项指标进行评价，可以全面、准确地了解研学旅行活动的实际效果，从而对活动进行综合评定。评定的结果可以为今后的研学旅行活动提供参考和改进的依据，也为组织者和学生了解活动效果提供了科学、客观的依据。

（二）研学旅行评价的反馈功能

研学旅行评价可以及时、准确地反馈研学旅行活动的情况和问题。通过对活动的各个环节进行评价和反馈，可以发现和解决活动中的问题和困难，及时纠正错误，使得研学旅行活动的实施更加科学、规范和有效。评价结果可以帮助组织者和学生了解研学旅行活动的成效和不足，帮助组织者及时调整研学旅行活动的内容、方式和方法，更好地实现教育目标。

（三）研学旅行评价的激励功能

研学旅行评价可以激发研学旅行活动参与者的积极性和创造性。通过对活动参与者的表现和成果进行评价和认可，可以激发他们的积极性和创造性，增强他们的自信心和自信心，促进他们在今后的学习和生活中不断进步和发展。根据评价结果，可以对表现优秀的教师和学生进行表彰，鼓励他们在今后的研学旅行活动中发扬优秀的品质和精神。同时，评价结果也可以为其他教师和学生提供学习的机会，让他们明确研学旅行活动中所需具备的素质和能力。

（四）研学旅行评价的导向功能

研学旅行评价可以对今后的研学旅行活动提供指导和引导。通过对已经实施的研学旅行活动进行评价和总结，对研学旅行活动中的不足之处进行反思，可以发现和总结活动的经验和教训，为今后的研学旅行活动提供指导和引导。同时，评价结果还可以为今后的研学旅行活动提供一些具有可操作性的建议，帮助教师和学生更好地实现研学旅行活动的教育目标，帮助活动组织者更好地开展活动，提高活动的质量和效果。

三、研学旅行评价的特点

相对于学科教学的课程来说，研学旅行评价具有多元性、复杂性、客观性、非一次性、灵活性和实用性等特点。这些特点都影响着评价的过程和结果，需要评价人员在评价过程中充分考虑，并采取相应的方法和策略来确保评价结果的准确性和可靠性。同时，评价结果的应用和反馈也是评价过程中至关重要的一环，能够帮助不断完善研学旅行活动。

（一）多元性

研学旅行是一种多元化的旅游形式，它不仅涵盖了旅游的基本元素，如游览、观光、娱乐等，还融入了学习、研究、探究等学术性的活动。因此，研学旅行具有多元性的特点。在评价研学旅行活动时，需要考虑多个方面的因素，如活动的教育性、文化性、环境性等；同时还需要考虑不同参与者的需求和意见，包括学生、家长、研学旅行指导师、旅行社等，以确保评价结果的全面性和客观性。

（二）复杂性

研学旅行活动具有较高的复杂性，这是研学旅行的活动内容、目的、参与者等因素的多样性所致。在研学旅行评价中，需要考虑这些复杂因素对评价结果的影响，如活动的实施效果、学生的参与程度、研学旅行指导师的指导能力、旅行社的服务质量等，评价过程中需要结合这些因素进行全面性评估，以更好地反映研学旅行活动的实际情况。

（三）客观性

研学旅行活动的评价必须具备客观性，评价结果必须能反映研学旅行活动的真实情况。评价时需要采用客观的标准和方法，如设计科学合理的评价指标和评价表，运用统计学方法进行数据分析等，以避免评价结果受个人主观因素的影响，从而保证评价结果的真实性和客观性。

（四）非一次性

研学旅行活动不是一次性的活动，它需要在一定的时间内完成多个环节的任务，包括前期策划、中期实施、后期总结等。因此，研学旅行评价需要综合考虑这些环节对活动实施的影响，全面反映研学旅行活动的整体情况。同时，评价结果也需要体现对不同环节的分析和评估，以便发现活动的问题和不足，并及时改进。

（五）灵活性

研学旅行活动具有灵活性，即活动在实施过程中可能会受到各种因素的影响，需要灵活地进行调整。这就要求研学旅行评价也要具有相应的灵活性，能够根据实际情况进行调整和改变。评价表的设计应该充分考虑不同情况下的灵活性，既要保持一定的标准和稳定性，又要能够适应实际情况的变化。

（六）实用性

研学旅行评价的最终目的是提高研学旅行活动的质量和效果，因此评价结果必须具有实际应用价值。评价表的设计和评价指标的选择应该尽可能地符合实际需求，能够真正反映学生和研学旅行指导师在研学旅行活动中的表现和收获。同时,评价结果应该能够提供有针对性的改进方案和建议,为今后的研学旅行活动提供有力的支持。

四、研学旅行评价体系设计

(一)研学旅行评价体系

研学旅行评价体系的设计应该针对研学旅行活动的具体特点,符合科学、全面、客观、可操作和可比较的要求。从评价的角度出发,研学旅行评价体系的设计要以获得真实评价效果为目标,以方便操作、理解和使用为基础,以贴近活动实际和满足评价需求为导向。因此,设计研学旅行评价体系时需要根据具体的研学旅行活动特点来确定评价主体和评价对象,同时需要有明确的多级指标来衡量研学旅行活动的成效和质量。

研学旅行评价体系可以有效地记录活动中的各个细节,并且能够很好地反映活动的实际情况,有利于活动组织者更好地把握活动的进程和质量。例如,针对研学旅行活动中的教育课程环节,可以设计针对课程主题、内容、教学方法和教师表现等方面的评价表,以便更好地了解学生对课程的学习效果和教师的教学能力;对于研学旅行活动中的社交环节,可以设计针对社交互动、沟通能力、合作精神和团队凝聚力等方面的评价表,以便更好地了解学生的社交能力和团队合作水平。通过研学旅行评价体系(见表6-1),活动组织者可以更好地了解研学旅行活动的各个方面,更好地了解学生的情况,更好地规划和设计研学旅行活动,提高研学旅行活动的质量和效果。

表6-1　研学旅行评价体系

	评价对象	一级指标	二级指标
研学旅行评价指标体系	学生评价	学习效果	学习目标达成情况
			知识掌握程度
		学习兴趣度	创新思考兴趣度
			教学方式兴趣度
			知识内容兴趣度
			活动体验兴趣度
		学习参与度	学习积极性
			实践参与积极性
			课堂反馈积极性
			课堂提问积极性
			课后学习积极性
		合作精神	团队合作精神
			集体协作精神

续表

评价对象	一级指标		二级指标
学生评价	合作精神		个人配合精神
研学旅行 评价指标 体系	研学旅行 指导师评 价	专业度	教学业务能力
			组织协调能力
			沟通能力
		提供服务的质量	服务态度
			服务效率
			个性化指导与关心
		指导师素质	专业知识水平
			沟通表达能力
			管理能力
		指导质量	活动指导质量
			个性化指导程度
			学生参与程度
			团队管理水平
		指导师的评价	对学生的管理评价
			对教育活动的管理评价
			对机构服务的评价
	研学机构 整体评价	服务质量	活动策划质量
			行程安排质量
			食宿安排质量
			特色活动安排质量
		组织能力	组织协调能力
			风险控制能力
		研学方案	研学方案设计合理性
			研学方案实施效果
			研学方案活动安排
		机构规模	研学机构规模
			研学机构知名度
			研学机构资质认证

（二）学生评价

研学旅行作为一种非传统的教育方式，通过在实践中探究，在开阔学生视野、激发学生学习热情、增强团队合作意识、培养创新思维、提高综合素质等方面发挥着重要作用。而研学成果的呈现能够直观地反映活动效果,让学生和其他参与者对活动有更直观的了解和感受。

在学生评价中,学习效果是一个关键指标。通过收集学生对研学旅行活动的知识掌握程度、知识掌握深度和知识掌握广度的反馈,可以判断活动对学生知识学习的影响。同时,学习兴趣度也是一个重要指标。学生对研学旅行活动的兴趣程度直接影响他们的学习积极性和参与度。如果学生对活动感到无聊或者不感兴趣,他们可能会表现出缺乏热情的状态,甚至可能会影响其他学生的参与。此外,学生的学习参与度和合作精神也是评价研学旅行活动的重要指标。在研学旅行活动中,学生需要积极参与到各种学习任务中,与队友协作完成各项任务。学生的学习参与度和合作精神的评价,可以反映出活动对学生团队意识和实践能力的影响。

因此,学生评价是评估研学旅行活动效果和提高活动质量的重要途径。在设计评价表时,应该重点关注学生的学习效果、学习兴趣度、学习参与度和合作精神等方面,从而为研学旅行活动效果和质量的提升提供有力的参考和支持。学生研学旅行评价表如表6-2所示。

表6-2 学生研学旅行评价表

评价项	评价内容	自评 (A/B/C)	互评 (A/B/C)	师评 (A/B/C)
学习态度	主动和同学配合			
	乐于帮助同学			
	认真倾听同学的观点和意见			
	对班级和小组的学习做出贡献			
学会学习	活动方案构思新颖、独特			
	活动方案细致周全、切实可行			
	会用多种方法收集、处理信息			
	实践方法、方式多样			
学会沟通	积极参与活动			
	会与他人交往			
	积极动脑、动口、动手参与活动			
学会做事	不怕困难和辛苦			
	自理能力提升			
	财务管理能力提升			
	完成研学课程相关内容			

注:A="优秀";B="良好";C="待提高"。

（三）研学旅行指导师评价

研学旅行指导师的评价同样非常重要，他们在活动中起着至关重要的作用。研学旅行指导师的专业度和业务能力能够影响学生的学习效果，研学旅行指导师必须具备较好的组织协调能力和沟通能力，能够顺利完成研学旅行活动。研学旅行指导师提供服务的质量也是至关重要的，他们的服务态度、服务效率和个性化指导与关心都会影响学生的参与度和满意度。研学旅行指导师的专业知识水平、沟通表达能力和管理能力也会影响学生对活动的评价。研学旅行指导师的指导质量也非常重要，他们的活动指导质量、个性化指导程度等都会影响学生的学习效果和满意度。此外，研学旅行指导师的评价也很重要。他们对学生的管理评价、对教育活动的管理评价以及对机构服务的评价都能够提供有价值的反馈信息，从而帮助机构提高研学旅行活动的质量和效果。研学旅行指导师评价表如表6-3所示。

表6-3 研学旅行指导师评价表

填表人：_____	指导师姓名：_____	日期：_____	
评价项	评价内容	评价等级（优秀/良好/待提高）	备注
专业度	1.是否掌握研学课程的专业知识和技能？		
	2.是否熟悉当地文化和历史？		
	3.是否具备开展教育活动的能力和经验？		
业务能力	1.是否能够制定合理的研学活动方案？		
	2.是否能够根据实际情况调整活动计划？		
	3.是否能够协调研学活动中各项事务？		
组织协调能力	1.是否能够组织活动顺利进行？		
	2.是否能够安排好学生的住宿和饮食？		
	3.是否能够及时解决各类问题和困难？		
沟通能力	1.是否善于和学生、家长和其他工作人员沟通？		
	2.是否能够听取学生的意见和建议？		
	3.是否能够用简单明了的语言向学生传授知识？		
服务态度	1.是否能够耐心、细致地为学生提供服务？		
	2.是否能够为学生着想，关注学生的身心健康？		
	3.是否能够以身作则，为学生树立良好的榜样？		

（四）研学机构整体评价

研学机构的整体评价对于提高研学旅行活动的质量和效果具有重要意义。

首先，整体评价能够反映出研学机构服务质量的优劣，包括服务态度、服务响应速度、服务满意度等方面。这有助于机构了解自身服务存在的问题,及时调整和改进服务方式,提高客户满意度。其次,整体评价还能够反映出研学机构研学方案的设计和实施质量,包括方案的合理性、活动安排的灵活性、行程安排的紧凑度等方面。通过对研学方案和活动实施效果的评价,机构能够了解活动的优势和不足,从而有针对性地进行改进。再次,整体评价还能够反映出研学机构指导师的素质和服务质量。机构通过对研学旅行指导师的评价,能及时发现问题,改进服务质量,提高学生满意度。最后,整体评价还能够反映出研学机构在组织能力、团队管理能力和风险控制能力等方面的表现,以及机构的规模和知名度等方面。这些方面的评价有助于机构了解自身的优势和不足,进行有针对性的改进和提升。

因此,研学机构的整体评价具有重要意义,能够帮助机构了解自身存在的问题和不足,及时进行改进和提升,提高研学旅行活动的质量和效果,同时也能够提高客户满意度和口碑效应,为机构的长期发展打下良好基础。研学机构整体评价表如表6-4所示。

表6-4 研学机构整体评价表

评价主体:家长 / 学生		日期:____	
评价项	评价内容	评价等级 (优秀/良好/待提高)	备注
服务质量	整体服务态度		
	服务响应速度		
	服务满意度		
活动策划质量	研学方案的合理性		
	研学方案的实施效果		
	研学方案活动设计的合理性		
行程安排质量	行程安排合理性		
	行程安排紧凑度		
	行程安排灵活性		
食宿安排质量	餐饮质量		
	住宿环境		
	安全卫生		
特色活动安排质量	特色活动创意性		
	特色活动实施效果		
	特色活动安排灵活性		
组织能力	组织协调能力		
	团队管理能力		
	风险控制能力		

续表

评价项	评价内容	评价等级（优秀/良好/待提高）	备注
机构规模	研学机构规模		
	研学机构知名度		

五、研学评价实施

（一）学生评价实施过程

研学旅行学生评价是评估研学旅行活动质量和改进方案的重要手段，其过程包括设计学生评价表、发放学生评价表、收集学生评价表、统计学生评价结果等步骤。学生评价表是改进研学旅行质量和提升学生体验的重要工具。通过不断收集和分析学生的反馈意见，可以及时发现问题、优化服务，不断提高研学旅行活动的质量和效果。以下是学生评价实施的基本过程。

1. 设计学生评价表

学生评价表应该包含可操作的评价项，这些评价项应该具有代表性，并且能够反映学生对研学旅行的主要关注点。

定义评价目标和指标：根据研学旅行的目的和服务内容，确定评价目标和指标，如服务质量、活动策划质量、行程安排质量、食宿安排质量、特色活动安排质量等。

制定评价内容和形式：设计评价表的内容和形式，确定采用的评分方式和题型，以确保评价内容完整、准确、具体、易于理解和回答。

2. 发放学生评价表

在活动期间适当的时间内，向参加研学旅行的学生发放学生评价表，让他们在适当的时间内填写。可以在活动期间分批发放，适当考虑不同行程中评价内容的差异。学生在活动过程中会对机构、研学旅行指导师、行程安排、食宿安排、特色活动、教育课程、团队氛围等方面有所感受和体验，因此评价表的设计应该细致到具体的方面。为了让学生能够填写真实的评价结果，评价表的填写应该是匿名的。

确定发放时间：根据研学旅行活动的特点和日程安排，确定发放评价表的时间和地点，确保所有学生都能够参与评价。

说明评价目的：在发放评价表时，向学生说明评价的目的和重要性，鼓励学生提出宝贵的建议和意见。

提供说明和帮助：如果评价表的内容或题型不太容易理解，可以向学生提供说明或示范，确保学生能够顺利地完成评价表。

3. 收集学生评价表

在规定时间内收集学生填写的评价表。机构应该保证评价表的收集、归档和保存等方面工作的规范和严谨,以免数据遗漏和丢失。为了更好地保障数据的准确性,机构还可以通过第三方机构来收集和整理数据,以确保数据的客观性和权威性。

收集评价表:在规定的时间内收集学生填写的评价表,确保所有评价表都能够回收。

确认填写情况:核对回收的评价表,确保每个学生都已经填写评价表。

处理填写错误:如果发现评价表填写错误或不完整,可以与学生联系或请他们重新填写,确保评价数据的准确性和完整性。

4. 统计学生评价结果

对学生填写的评价表中的数据进行整理和分析,计算出各评价项的得分和排名,并将结果用于后续研学旅行的改进和优化。对于得分较低的评价项,机构应该及时总结原因,进行针对性的改进和调整。对于得分较高的评价项,机构应该保持和加强现有工作的优势和亮点,以提升学生满意度和学习效果。

分析评价数据:对收集到的评价数据进行整理和分析,计算各评价项的得分和排名,以便更好地了解学生对研学旅行的评价情况。

生成评价报告:根据评价数据和分析结果,生成学生评价报告,对研学旅行的各项服务和管理情况进行总结和评价。

提供反馈和建议:根据评价报告提出的建议和反馈,对研学机构和研学旅行指导师的服务和管理进行改进和优化,提高研学旅行的质量和效果。

在实施学生评价过程中,机构还需要关注一些具体的问题,如评价表的设计、发放和收集的时间、评价数据的整理和分析、评价结果的反馈和改进等。这些问题的解决需要机构有足够的经验和能力,并保持高度的敏感性和细致性。

(二)研学旅行指导师评价实施过程

研学旅行指导师在研学旅行中的角色非常关键。他们不仅仅是陪同老师,更是学生们在旅途中的引导者和学习导师。因此,在评价研学旅行指导师时,首先需要考虑他们在整个研学过程中所扮演的角色和发挥的作用,以及他们在引导和帮助学生方面所做出的贡献。其次,研学旅行指导师的专业素质也是评价的一个重要方面。研学旅行指导师需要具备一定的专业知识和技能,在研学旅行中为学生提供科学、丰富的学习体验。因此,评价研学旅行指导师时需要考虑他们的专业素质是否达标,是否能够为学生提供优质的学习服务。再次,研学旅行指导师的服务态度和行为也是评价的一个重要方面。在研学旅行中,研学旅行指导师需要具备良好的服务态度,为学生提供周到的服务。同时,他们的言行举止也需要符合专业的标准和规范。最后,评价研学旅行指导师还需要考虑学生的反馈意见。学生的反馈意见是评价的一个重要参考,可以从学生的角度全面地了解研学旅行指导师的表现和作用。因此,在评价研学旅行指导师时,需要综合考虑多种因素,对研学旅行指导师进行全面、客观的评价。以下是研学旅行指导师评价实施的基本过程。

1. 设计研学旅行指导师评价表

设计研学旅行指导师评价表时,需要充分考虑学生对研学旅行指导师的期望和需要。评价表中可以设置研学旅行指导师的教学能力、关注程度、反馈能力、行为规范等方面的评价项;同时,还可以增加其他可能影响学生对研学旅行指导师评价的因素。评价表的设计需要简明扼要,同时要确保能涵盖学生最关注的方面。

2. 发放研学旅行指导师评价表

为了保证评价表的有效性和准确性,可以在活动结束前的最后一次会议上向学生发放研学旅行指导师评价表,并说明填写的目的和意义;也可以在活动过程中适当的时间向学生发放评价表,让学生及时提出意见和建议。需要注意的是,为了保证学生评价的诚实性和真实性,应要求学生匿名填写。

3. 收集研学旅行指导师评价表

在规定的时间内,收集学生填写的研学旅行指导师评价表,以便后续的整理和分析。在收集时,需要确保所有评价表都能收回,同时需要及时向学生说明如何回收。

4. 统计研学旅行指导师评价结果

对收集到的所有研学旅行指导师评价表进行整理和分析,计算出各评价项的得分和排名,并将结果用于后续研学旅行的改进和优化。在统计结果时,需要综合考虑各项评价因素,并以此为基础,制订相应的改进计划。

5. 反馈评价结果

根据统计出的研学旅行指导师评价结果,可以向研学旅行指导师提供相应的反馈,并指出需要改进的方面。此外,可以与研学旅行指导师进行面对面的交流,以更好地理解学生对研学旅行指导师的评价。通过这种方式可以进一步提高研学旅行指导师的教学质量,提高学生的满意度和学习效果。

6. 建立研学旅行指导师评价数据库

为了更好地追踪和分析研学旅行指导师的教学质量,可以建立一个研学旅行指导师评价数据库,用于记录所有研学旅行指导师的评价结果。数据库可以记录研学旅行指导师的基本信息、评价结果、反馈意见等方面的内容。这些信息可以帮助研学机构更好地管理和培养研学旅行指导师,提高教学质量。

(三)研学机构整体评价实施过程

研学机构整体评价是指对研学机构整体服务质量的评价,需要涵盖学生、家长和其他合作伙伴的意见和反馈。

1. 设计研学机构整体评价表

研学机构可以设计一份包含服务质量、活动策划质量、行程安排质量、食宿安排质量、特色活动安排质量等多个评价项的评价表,并在表中给出相应的评价标准。为了使评价结果更加真实可靠,可以邀请学生和家长参与评价表的设计,根据实际情况增加或删除相应的评价项。

2. 发放研学机构整体评价表

在研学活动结束后,研学机构可以向参与活动的学生和家长发放评价表,让他们填写评价表,并在填写过程中尽可能详细地描述他们的体验和反馈。为了保证评价结果的客观性和可信度,可以要求学生和家长在填写评价表时签署真实性声明。

3. 收集研学机构整体评价表

研学机构可以要求学生和家长在规定的时间内提交评价表,同时可以在收集过程中积极与学生和家长进行沟通,解决他们在填写评价表时遇到的问题,确保评价表填写的准确性和完整性。

4. 统计评价结果

将收集到的评价表数据进行整理和分析,计算出各评价项的得分和排名,并根据评价结果制定相应的改进措施。同时,对于学生和家长反映的问题和提出的建议,研学机构应该及时回应,并在下一次活动中加以改进和优化。

5. 提供反馈

研学机构应该及时向学生和家长提供评价结果,并向他们介绍相应的改进措施。同时,研学机构应该对评价结果进行反思和总结,不断提升自身服务质量,以满足学生和家长的需求和期望。

因此,研学机构整体评价的过程需要充分考虑学生和家长的反馈意见,同时需要制定科学、客观的评价标准,通过收集、整理和分析评价数据,为研学机构的持续发展提供有力的支持和指导。

六、研学成果呈现

研学旅行是一种特殊的融合实践和理论的学习方式,通过实地参观和探究,学生可以更直观地了解和掌握知识。呈现研学成果是对学生在研学旅行中所学知识的一种展示,可以让其他人更直观地了解到学生所学的内容和成果。通过呈现研学成果,学生可以回顾自己在研学旅行中的经历和所学内容,加深对所学知识的理解和印象。

呈现研学成果需要学生进行演讲、展示等活动,这些活动可以锻炼学生的表达能力和沟通能力。通过反复练习和演练,学生可以提高自己的口头表达能力和语言组织能力。学生可以以小组合作的形式呈现研学成果,每个小组需要分配任务,明确责任和任务,同时需要与其他小组进行协作和沟通。通过这个过程,可以培养学生的团队合作精神和协作能力。在呈现研学成果过程中,学生不仅可以得到观众的反馈和评价,还可以得到研学旅行指导师和研学机构的评价和反馈。这些反馈和评价可以帮助学生更好地了解自己的不足和问题,进一步提高自己的学习能力和表达能力。以下是呈现研学成果的具体过程。

（一）设计呈现方案

根据研学旅行的主题和内容，设计适合的呈现方案。在设计呈现方案时，需要根据研学旅行的主题和内容来考虑适合的呈现形式。如果研学主题是环保类，可以选择展览和宣传海报的形式，将学生对环保的理解和行动呈现出来；如果研学主题是历史文化类，可以选择演讲和汇报的形式，将学生对历史文化的理解和感悟呈现出来。

在设计呈现方案时，还需要考虑呈现的目标受众，是同学、老师、家长、社区居民还是研学机构。不同的受众需要不同的呈现形式和内容，因此在设计方案时需要考虑到这些方面。

此外，设计呈现方案还需要考虑呈现的时间和地点，是在学校呈现还是在社区、博物馆等公共场所呈现，这些都需要提前规划和安排。

（二）确定呈现形式

确定呈现形式是呈现研学旅行成果过程中不可忽视的一步。可以根据研学旅行的主题和内容来选择适合的呈现形式，使学生的表达更加直观生动，同时也能够展示研学旅行的特色和亮点。根据呈现方案，确定具体的呈现形式，如PPT演示、展览、宣传海报、视频展示等。

（1）PPT演示。PPT演示是一种常见的呈现形式，可以通过幻灯片来展示研学旅行的主题、内容和成果。PPT演示可以通过插入图片、视频、图表等元素来增强呈现效果，达到更加直观生动的呈现效果。

（2）展览。展览是一种集中展示研学旅行成果的形式，主要通过搭建展台、展板等形式来展示学生们的成果。展览可以展示学生的手工制作、照片等内容，让观众更加直观地了解研学旅行的主题和内容。

（3）宣传海报。宣传海报是一种简洁明了的呈现形式，主要通过图文来展示研学旅行的主题和成果。宣传海报可以通过设计软件制作，也可以手工制作，既可以增强学生的创意和动手能力，也可以呈现研学旅行的特色和亮点。

（4）视频展示。视频展示是一种较为生动的呈现形式，可以通过拍摄研学旅行的过程和成果来展示。视频展示可以增强学生的合作能力和创意能力，也可以使观众更加深入地了解研学旅行的主题和内容。

（三）分工合作

确定了呈现方案和呈现形式后，研学旅行指导师需要将学生分组，并根据每个小组成员的特长和能力，合理地分配任务，确保每个小组成员都有参与和贡献的机会。分工合作的关键是要明确每个小组及其成员的责任和任务，确保所有的任务都得到妥善地安排和完成。

研学旅行指导师可以根据学生的兴趣爱好、能力特长、性格特点等因素将学生分组，同时也要注意小组的规模，避免人数过多或过少，影响分工合作的效率。

在分配任务时，研学旅行指导师需要根据呈现方案和呈现形式的要求，明确每个小组的任务和责任。例如,如果呈现形式是海报,可以安排一个小组负责文字的撰写和设计,另一个小组则负责图片和图表的制作和设计。同时,研学旅行指导师需要注意平衡每个小组成员的贡献,避免出现某些成员过多承担任务,而其他成员贡献不足的情况。

分工合作的好处是可以发挥每个小组成员的特长和潜力,提高呈现成果的质量和效果。同时,分工合作也可以培养学生的协作精神和团队意识,促进学生之间的交流和合作。

(四)实施呈现

按照呈现方案和呈现形式的要求呈现研学成果。学生们可以在校内或校外呈现研学成果,也可以邀请家长和社区居民参与观看。实施呈现是研学成果呈现过程中的关键环节,它直接影响到呈现效果的好坏和学生的表现。下面对实施呈现的过程进行具体说明。

(1)确定呈现时间和地点。在实施呈现之前,需要确定呈现的时间和地点,以便学生们提前做好准备工作,并且让观众能够准时到达观看现场。

(2)搭建呈现场地。根据呈现形式和呈现要求,学生需要搭建相应的场地,如搭建展览场馆、搭建演讲台等。在搭建场地时,需要考虑场地的布局和美观度。

(3)准备呈现材料。根据呈现形式,学生需要准备相应的呈现材料,如PPT、海报、视频等。在准备呈现材料时,需要注意材料的准确性和完整性。

(4)呈现过程中的表现。学生在呈现过程中要做到表达清晰、准确、流畅,展示出自己在研学旅行中所学到的知识和技能。此外,学生还需要注意仪态、声音和肢体语言等方面的表现。

(5)与观众互动。学生在呈现过程中需要与观众进行互动,例如回答观众的提问、听取观众的建议和意见等。通过与观众的互动,学生可以进一步完善自己的呈现效果。

总之,呈现研学成果,学生需要认真准备、积极配合,专业、自信、流畅地表现自己,使呈现效果得到最大化的提升。

第二节 研学旅行活动反馈

一、研学活动总结和反思

研学旅行是一种非常有效的教育方式,可以帮助学生获得更加广泛的知识和经验,提高学生的学习兴趣和能力。但是,活动结束后如果没有进行总结和反思,研学旅行的效果可能会受到一定的影响。因此,研学活动总结和反思是非常重要的。

首先，总结和反思可以帮助学生发现自己在研学旅行中的不足和问题。在研学旅行中，学生可能会面临各种各样的问题和挑战，如语言沟通、人际交往、文化差异等。通过总结和反思，学生可以更好地认识到自己在这些方面的不足和问题，并针对这些问题制定相应的解决方案，以提高自己的素质和能力。

其次，总结和反思还可以帮助研学旅行指导师和研学机构评估研学旅行活动的效果。在总结和反思的过程中，研学旅行指导师和研学机构可以对研学旅行活动进行评估，包括对活动的组织、教学内容和教学方法等方面的评估。通过评估，可以发现活动中的问题和不足，并在下一次研学旅行中改进和完善，提高教育教学的效果和质量。

总之，研学旅行活动总结和反思对于学生和研学旅行指导师、研学机构都非常重要。它可以帮助学生认识到自己在研学旅行中的不足和问题，提高自己的素质和能力；同时，它也可以帮助研学旅行指导师和研学机构评估研学旅行活动的效果，为下一次的研学旅行提供参考。

（一）接受评价和反馈

在研学成果呈现过程中，接受评价和反馈是非常重要的环节。学生们在呈现研学成果过程中，需要接受来自不同方面的评价和反馈，以便不断完善和提高呈现效果。

首先，学生可以接受观众的评价和反馈。观众可以是家长、同学、社区居民等。学生在呈现过程中需要注意观众的反应，如有需要可以适时调整呈现的节奏和内容，以便更好地吸引观众的注意。学生还可以邀请观众提出问题和建议，以便更好地了解观众的需求和期望。

其次，研学旅行指导师和研学机构的评价和反馈也是非常重要的。研学旅行指导师和研学机构可以针对学生的研学成果呈现给予更专业和全面的指导。他们可以从学术性、专业性、创新性等多个方面对学生的呈现效果进行评价和反馈。这些评价和反馈可以帮助学生更好地理解自己的不足和需要改进的方面，从而提高呈现效果。

在接受评价和反馈的过程中，学生需要积极听取并认真对待不同方面的意见和建议，要虚心接受批评，不断改进和完善呈现方案。同时，学生也需要学会分辨不同的评价和反馈，有针对性地对待不同的问题和建议。只有这样，学生才能够真正将评价和反馈转化为提高自己的动力。

（二）总结和反思

在呈现环节结束后，对呈现过程进行总结和反思是非常重要的一步。这个过程可以帮助学生更好地理解自己在研学旅行中学到的知识，同时也能够帮助他们发现呈现过程中存在的问题，从而进一步提高自己的能力。

学生可以自主评估自己和小组在呈现过程中的表现和问题。学生可以回顾自己在研学旅行中所学到的知识，思考如何将这些知识运用到呈现过程中，从而达到更好的效果。同时，学生还可以评估自己在团队中所扮演的角色，以及是否发挥了自己的潜力和能力。这个过程可以帮助学生更好地认识自己，进一步提高自己的自我意识和自我管理能力。除了学生自主评估,研学旅行指导师和研学机构也可以对呈现过程提出评价和反馈意见。研学旅行指导师可以从专业角度出发,对学生的表现进行评价和指导,帮助他们更好地掌握呈现技巧和提高表达能力。研学机构则可以从整个呈现过程的角度出发,对学生的呈现效果进行评估,帮助学生发现问题并提出改进建议。

总之,研学成果的呈现是研学旅行学习过程中的重要环节,既是对学生学习成果的展示和总结,也是对研学旅行的回顾和总结。通过呈现研学成果,学生不仅可以展示自己的成果,也可以在总结和反思中不断提高自己的学习和表达能力。

二、研学方案反馈与完善

研学方案反馈与完善是研学旅行活动的重要环节,对提升研学活动的质量和效果具有关键性作用。首先,研学旅行指导师和研学机构对研学方案进行评价和反馈,可以发现研学活动中存在的问题和不足,从而及时改进和调整方案。其次,通过完善研学方案,可以进一步明确研学目标和内容,提高活动的可行性和实用性。此外,研学方案的组织和实施也是影响活动效果的关键因素,经过反馈和评估,研学旅行指导师和研学机构可以对活动进行优化和改进,提高学生的参与度和学习效果。

完善研学方案需要全方位地考虑和规划,从研学目标、研学内容、研学活动的组织和实施等多个方面入手。首先,需要对研学目标进行重新审视和明确,确保其符合学生的实际情况和能力水平,同时又具有一定的挑战性和提高性。其次,需要对研学内容进行精选和优化,挑选最具有科学性和实用性并符合当地文化和社会背景的内容;同时,需要确保研学内容的连贯性和系统性,让学生在不同环节中都能对研学活动有完整的认识和理解。在此基础上,还需要对研学活动的组织和实施进行规划和优化。这需要考虑各个环节的具体实施方案,包括路线规划、活动安排、交通和住宿等方面;同时,也需要为学生提供足够的指导和支持,确保学生能够充分理解和参与研学活动,并且能够在活动中有所收获和提高。

案例分析

珠海淇澳岛研学课程评价分析

 思考与练习

简答题
1. 研学旅行评价有什么功能?
2. 研学旅行评价具有哪些特点?
3. 如何开展研学旅行学生评价?

在线答题

第七章
研学旅行突发问题及其处理

本章概要

本章系统介绍了研学旅行中的突发问题及其处理方法,对各种突发问题出现的原因、预防与处理方法进行了重点阐述。

学习目标

知识目标

1. 了解集合问题,途中问题,住宿、用餐问题,课程问题和冲突问题等发生的原因。

2. 熟悉集合问题,途中问题,住宿、用餐问题,课程问题和冲突问题等的预防和处理方法。

能力目标

1. 培养学生对集合问题,途中问题,住宿、用餐问题,课程问题和冲突问题的处理能力。

2. 提高学生对研学前、研学中、研学后所发生突发事件的灵活应变能力。

素养目标

1. 增强学生的团队意识和危机意识。

2. 培养学生乐意为客人奉献和服务且敬业的职业态度。

章节重点

1. 集合问题,途中问题,住宿、用餐问题,课程问题和冲突问题等发生的原因。

2. 集合问题,途中问题,住宿、用餐问题,课程问题和冲突问题等的预防和处理方法。

第七章 研学旅行突发问题及其处理

知识导图

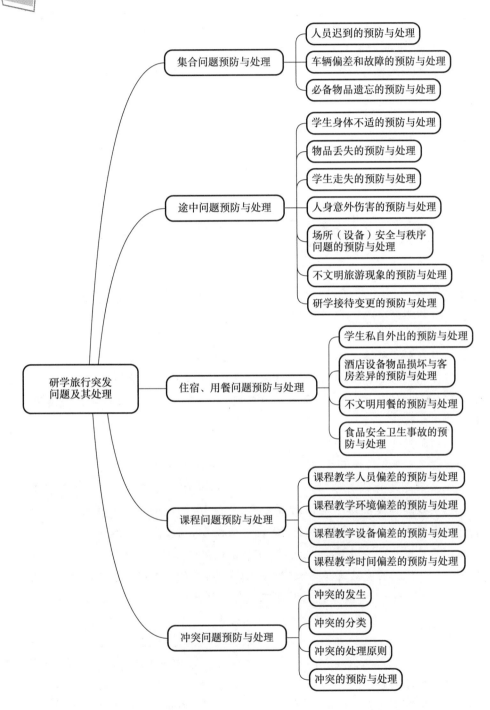

高速公路遇险记——来自校方带队教师的体会

清晨,太阳时隐时现。在合铜黄高速公路(合肥方向)庐江县境内,一辆大型客车快速地行驶着。突然,车身颤抖了一下,又颤抖了一下,然后趴在了超车道上。

车厢里一共有48人,其中43名小学六年级的学生。他们来自池州市贵池区城西小学607班,去合肥参加"探秘非遗文化,读行人文合肥"研学旅行教育活动。此刻,车厢里的孩子们还不知道自己已身处一个非常危险的境地,兴奋得像一群出窝的小鸟,声情并茂地朗诵着课文《学会合作》……司机重新启动车辆,"哒哒哒,哒哒哒",可车辆就像倔强的孩子,头也不点一下。司机钻到车厢底部去检查,还是久久不能排除故障。看着身边快速驶过的车辆,我们心中十分焦急,只好把情况报告给带队的校领导。"你们不要着急,一定要安抚好学生的情绪!"能不着急吗?车子还停在超车道上,而且车上是43名小学生,又不能安全地把他们撤离到安全地带。作为班主任,我只感到身上有一团火往上蹿。我又和研学旅行的实施单位新华书店的领导联系。"我们正在联系修车的人,不要紧的。"新华书店的领导回应说。

还在联系修车的人?难道就不能就近调车子吗?但我又不便去质问他们。车内的学生发现车子停的时间有点长,不安地问:"老师,车能修好吗?我们什么时候到合肥呀?""大家不要多想,先休息一会儿。"面对学生的提问,我也不能给出准信,只能敷衍着说。过了一会儿,车厢里异常闷热,有几个孩子感到胸闷呼吸不畅。不得已,车上的工作人员把孩子们转移到车厢外呼吸新鲜空气。5名工作人员站成一段护栏,背后就是呼啸而过的车流。他们就像一只张开翅膀的老母鸡,护卫着43名稚嫩的孩子暂时转移到超车道左侧白色实线和高速公路中间隔离带之间,长约10米、宽约0.6米的范围内。孩子们表现十分出色,安静、快速、单列一个接着一个,秩序井然地依次排队坐好。为了防止学生乱跑,班长和副班长分别把住队伍的两头,构筑第一道安全防线。他们的身后是一名教官和一位老师,另外三人也背向公路面向学生认真守护。"停住,你要干什么?"护卫老师一把拽住一名学生。"我要上厕所。""大便?小便?"老师问。"你跟我来。其他需要小便的同学别着急,一个一个地来。女生两个人一组,一人撑伞一人方便。"就这样13个男生被班主任老师率着解决了内急,却没有一个女生去方便。虽然女生撑起了遮阳伞,但是她们都不再喝水了。随着时间的推移,43个孩子垂头丧气,不再叽叽喳喳地说话。正午的大太阳晒得大家面红耳赤,有的孩子额头上一直冒汗。领导的关心从远方传来:"已经从庐江调车了,车子已经出发了。"我紧绷的心稍微放松了一些。"一定要注意安全啊!时间越长,风险越大!""请老师联系一下替换司机!"来自各方的声音不断向我传来,像乱鞭一样抽打着我。

在大家的关心和等待中,车辆终于来了。安全换车以后,所有人都长长地舒了一口气。家长们更是积极评价:"虽然研学的路上遇到车辆故障,但是这也给孩子们上了'人生不可能是一帆风顺'的一课。这将是他们人生中难忘的一段经历。"

这次研学旅行高速遇险的经历,是我们城西小学安全教育的一次实战演练,同时也让我们反思:学生安全责任重于泰山,只有把工作做得更细、更实、更好,才能万无一失。

（资料来源：搜狐网,2019-07-07。）

心领神会

第一节 集合问题预防与处理

只有研学旅行指导师及其他研学工作人员、学生、校方等团结合作,才能保证研学课程按照计划顺利运行。一次研学旅行不仅涉及人员众多,涉及的环节也多,因此要在研学开端——研学集合环节,圆满地完成集合等相关工作,系好旅行中的"第一粒扣子"。

一、人员迟到的预防与处理

研学活动的开展主要有两方人员参与:一是负责研学活动基础服务的工作人员和负责研学教学的工作人员;二是参与研学活动的学生。一次研学活动的顺利开展首先要在活动伊始就能够使全员按计划到达约定地点。

（一）研学活动工作人员的迟到

1. 工作人员迟到的原因

研学活动中的工作人员主要细分为学校指导教师与旅行社研学旅行指导师、研学旅行中负责交通的司机、负责安全保障的安全员和医护人员。在研学集合时工作人员可能会出现迟到的现象,工作人员迟到会影响行程的推进,属于研学工作事故。其原因可能是存在不可控制的突发事件,但是一定不能出现因工作人员主观原因而迟到的现象,如工作人员对去往研学集合地点的时间以及路线准备不足。

2. 工作人员迟到的预防

工作人员需要认真阅读接待计划,了解集合时间、具体地点,并认真核对做好准备工作;与司机商定好出发时间,保证提前到达集合地点,司机也需要对驾驶路线足够了解,知道路线的精准距离以及拥堵程度;主动与接待地点有关部门联系;弄清班次(车次)是否有变更,并及时与机场(车站、码头)联系,核实确切的抵达时间。

3. 工作人员迟到的处理

工作人员如果因主观原因导致迟到,应以诚恳的态度积极采取补救措施,切忌推诿责任;如果是客观原因导致的迟到,应向学生耐心解释,以免引起误解并做好安抚工作。如果司机迟到,集合点工作人员应该立即采取实际行动,先与司机取得联系,了解问题原因,预估迟到时间。要是司机迟到时间在15分钟内可以安抚学生等候;要是预估迟到时间过长,可以联系备用司机、备用车队。如果研学旅行指导师迟到,集合点工作人员要先与其取得联系,了解具体到达时间。要是研学旅行指导师迟到时间在15分钟内,可以安抚学生等候;要是预估迟到时间过长,可以协调领队带领学生先行出发,研学旅行指导师直接去往下一地点;要是迟到时长影响到活动的开展,要在学生前往下一地点的时间内尽快协调新的研学旅行指导师来替补。接下来的行程中要为学生提供更加热情周到的服务,采取弥补措施,高质量地完成计划内的活动;必要时,请负责人或者领导出面道歉或酌情给学生一定的物质补偿。

(二)学生的迟到

1. 学生迟到的原因

学生迟到的原因多种多样:一种是客观原因,如天气原因或某种故障导致学生仍滞留在上一站或途中,班次或车次变更而未能及时告知学生导致迟到;另一种是主观原因,如学生起晚或者私事导致不能在约定时间到达集合地点。

2. 学生迟到的预防

(1)在学校集合时迟到的预防。

学校确定研学旅程后,应将完整的旅行计划通过正式的文件或材料发送给学生,同时要保证家长也确认收到。出发前一天学校带队教师要再次提醒家长、学生集合地点与集合时间。出发时间应该尽可能避开交通高峰期,并且集合时间要留有余地,在计划中就设计让学生的集合时间提前30~40分钟。

(2)研学过程中集合时迟到的预防。

提前告知学生参与活动以及吃饭和休息的时间,做好约定,并且每个小组选出组长帮助工作人员提醒和监督学生。为每位学生分发导览图手册,尤其是要告知学生在遇到与队伍失散的情形时,要站在明显的安全地点,打电话给工作人员等待工作人员找到自己。每次和学生分开行动后在集合时都要清点好人数,不要出现"丢学生"的低级错误。入住酒店后的服务要到位,学校带队教师与旅行社研学旅行指导师合作,负责收集酒店门卡和核对到达人数,也要及时叫醒未起床的学生。

3. 学生迟到的处理

在集合时发现学生迟到,学校带队教师应立即与学生沟通,尽快与学生会合;带队教师应至少核对2次学生人数,所有负责人都应该做这个工作。学校带队教师事后在合适的时间问清原因,如果是客观原因,应当安慰学生并且帮助学生分析问题发生的原因以及解决办法;如果是睡晚等主观原因,应当对学生进行说服教育。

二、车辆偏差和故障的预防与处理

旅游大巴车几乎是研学团队必备的交通工具。旅游大巴座位数一般有20~50个，学校与旅行社根据出行学生、教师人数选择有合适座位数的大巴车。旅游大巴车是接送学生的重要工具，工作人员需要事先核对好需要使用的车辆的各种信息和数据，以确保出行安全和顺利。

（一）预订车辆的临时调整

1. 预订车辆临时调整的原因

车辆一般是提前预约使用的，但可能存在使用车辆时车辆已经被占用的情况。这一方面可能是由于旅行社在与司机预约时，预约信息有误；另一方面可能是司机的主观原因所致。

2. 预订车辆临时调整的预防与处理

（1）预订车辆临时调整的预防。

预订车辆时学校和旅行社应当与车队或司机签订明确的合同，合同内容要写清车辆的车型、数量，对车座做出规定，尤其是要强调车辆的使用时间、使用时长，把车辆的准备工作做到前面。研学旅行指导师要有车辆的基本信息以及司机的联系方式，并且要在出发前一天与司机再次沟通联系，避免临时出现问题。

（2）预订车辆临时调整的处理。

集合前一天研学旅行指导师在与司机确认出行信息时，一旦发现车辆出现问题，应当马上联系负责车辆的工作人员，请其调换新的车辆，并且及时完成车辆安全信息调查，确认车辆没问题才能使用，尤其是要与司机沟通好接学生的时间、路线、地点。

（二）车辆设施设备的故障

1. 车辆设施设备故障发生的原因

车辆在日常使用中一般会定时进行检修和维护。即使这样，作为机械，车辆也难免出现一些机械故障。车辆设施设备故障发生的原因可能是汽车维修人员缺乏检修专业性技术，尤其是司机的责任心不足；也可能是车辆使用太过频繁，同时车辆经常超负荷运行等。

2. 车辆设施设备故障的预防与处理

（1）车辆设施设备故障的预防。

使用的车辆须符合法律、行政法规的规定；应当对机动车的安全技术性能进行认真检查，不得驾驶安全设施不全或者机件不符合技术标准等具有安全隐患的机动车；车内的安全带、消防灭火器、座椅等安全设备必须到位。在可以选择的情况下，选择工作年限较长、经验比较丰富的司机，经验丰富的司机对汽车故障等问题有预见性，如果发现问题能较快解决。

（2）车辆设施设备故障的处理。

在车辆行驶过程中出现设备故障时，可以先请司机做简单的检查，查看车辆损坏的原因以及损坏的程度，确定车辆维修需要的时间。若短时间内可以维修完毕并且之后可以安全驾驶，便由司机维修。如果司机检查后认为问题较为严重，研学旅行指导师应立即联系旅行社就近派车，尽可能降低故障对整个行程的影响。

三、必备物品遗忘的预防与处理

研学过程中，工作人员需要带好研学旅行手册、教学用具、队旗、哨子、常备药品、腰麦等，学生要带好相关证件、少量现金、防晒用品、服装、水杯、少量充饥食物、洗漱用品等。

（一）工作人员必备物品遗忘

1. 工作人员必备物品遗忘的原因

每次研学旅行都是一次充实的时间紧凑的行程，时间紧张、任务复杂、工作琐碎，可能导致研学工作人员将必备物品遗忘在家中或者研学中的某一站。工作人员必备物品遗忘多数是因为个人不够细心，以及做事不够有计划性。

2. 工作人员必备物品遗忘的预防和处理

（1）工作人员必备物品遗忘的预防。

研学旅行组织者、管理者要制订完整的研学旅行计划，对于行程中所需的必备物品要制定文字版的清单，而各位带队教师、安全员等工作人员要在出发的前一天晚上在工作群中确认已准备好所有必备物品。在研学一站结束后，前往下一站时每位工作人员都要有检查自己所管理的物品是否在身边的意识，以防遗忘，若物品有损坏也能够及时发现。

（2）工作人员必备物品遗忘的处理。

在研学旅行中，小学生的外出天数一般为3~4天，初中生外出天数一般为4~6天，高中生外出天数一般为6~8天，旅行时间较长。在这过程中工作人员的必备物品可能会出现遗忘、损坏的情况，这时可以与其他工作人员沟通是否可以借用，或者拿出备用替换物品，或者就近购买新的设备。如果遗忘的是需要使用的重要证件等物品，可能需要个人单独往返取回后跟上队伍。针对这种情况，在行程结束后要有专门的文字汇报，以防下次再犯。

（二）学生必备物品遗忘

1. 学生必备物品遗忘的原因

参与研学旅行的学生从小学生到高中生都有，年龄有小有大。年龄大的学生可以较好地管理自己、照顾自己,而年龄小的学生因为生活经验不足更容易遇到遗忘或损坏物品的情况。

2.学生必备物品遗忘的预防和处理

(1)学生必备物品遗忘的预防。

学校或者研学机构在开展研学旅行动员大会时要强调必带的物品,并发放准备清单,对于低年级的学生可以直接对接到学生家长,强调由学生家长协助准备。学校及研学机构要为学生额外多准备一些研学旅行手册,以防学生忘带而影响研学学习效果;要时刻提醒学生珍惜自己的物品及公用物品。

(2)学生必备物品遗忘的处理。

学生遗忘必备物品严重影响后续行程的,研学旅行指导师要及时与学生家长沟通,让家长帮忙送到指定地点。如果是简单的小件物品损坏、遗忘,可以安排学生和同伴共同使用,也可以给学生使用备用物品。

第二节 途中问题预防与处理

整个研学过程很难按照计划一帆风顺地进行,在这过程中会出现一些突发状况甚至大问题,如学生在旅程中可能出现身体不适、物品丢失、走失、人身意外伤害等一系列问题。因此,研学旅行指导师要有突发事件的预防和解决能力。

一、学生身体不适的预防与处理

(一)学生身体不适的原因

如果研学旅行是在异地,学生可能会出现对环境、气候的不适;如果乘坐飞机、火车、大巴等的时间较长,学生可能出现晕车等症状。女孩子可能遇上生理期,在旅程中会非常不适应。研学旅行指导师要格外注意出现身体不适的学生。

(二)学生身体不适的预防

旅行前要让学生家长填好自己家孩子的过敏物、疾病史等重要信息;提前与家长签订相关安全合同;让家长根据自己家孩子身体情况准备药物,让学生携带;提前告知学生、家长不容许学生吃非研学餐饮单位提供的一切食物;学校及旅行社要严格把控学生的入口饮食,尤其是合作餐厅的饮食要符合学生食用的标准。研学旅行指导师要提醒学生及时喝水并且要多关注学生的身体状况,做到科学合理地安排学生旅行行程,让学生劳逸结合。基(营)地研学旅行指导师对当地可能出现的毒虫要有所认识,提前告知学生不能触碰的植物、动物;遇到地势地形陡峭,容易造成摔伤、扭伤的地方,也要提前提醒学生。一定告知学生禁止下水,如果研学活动中有下水活动,一定要协同安全员保护好学生,在整个途中对可能对学生产生伤害的环境保持警惕。

(三)学生身体不适的处理

1. 晕车、晕船、晕机的处理

乘坐交通工具前不宜过饥或过饱,可提前半小时口服晕车药。研学旅行指导师要提醒学生在乘坐交通工具时不要紧张,要注意保持精神放松,当学生出现恶心、呕吐等症状时,可指导学生做深呼吸;有条件的用热毛巾擦脸或在额头放置凉的湿毛巾。学生发生晕车、晕机、晕船时,研学旅行指导师最好安排学生静卧休息或尽量将座椅向后放平,让其闭目养神。长途旅行中学生晕车、晕机、晕船时,研学旅行指导师可请乘务员协助。

2. 中暑的处理

一旦学生中暑,研学旅行指导师应尽快将其移至阴凉通风处,让学生平躺、解开衣领、放松裤带,不停地为其扇风散热,直到其体温降到37.5 ℃以下。尽量让学生喝一些电解质水。若中暑者意识清醒,可让其以半坐姿休息,在头与肩部给予支撑。若中暑者失去意识,则应让其平躺,做必要救助后立即送往医院。

3. 急性腹泻的处理

要注意让学生多休息。若是轻微腹泻,可暂停饮食、多喝水,或由研学团队中医务人员根据具体症状开药。若是严重腹泻,研学旅行指导师应迅速将学生送往医院,要将患者用过的餐具、衣物等煮沸消毒,并对房间、卫生间等消毒。

4. 蚊虫叮咬、蜇伤的处理

被蚊虫叮咬,一般采取的方法有涂花露水、防蚊油、清凉油、风油精等,剧痒者应及时送往医院就诊。若学生被蜜蜂蜇伤,安全员、医务人员要设法将毒刺拔出,然后用肥皂水清洗伤口,严重者要送医院抢救。

5. 骨折、摔伤的处理

及时将学生送往医院救治,但在现场时,研学旅行指导师和医务人员要做好三点。一是止血。止血的常用方法有:手压法,即用手指、手掌、拳头在伤口靠近心脏一侧压迫血管止血;加压包扎法,即在创伤处放厚敷料,用绷带加压包扎;血带法,即用弹性止血带绑在伤口近心脏一侧的大血管上止血。二是包扎。包扎前最好要清洗伤口,包扎时动作要轻柔,松紧要适度,绷带的结口不要在创伤处。三是上夹板。就地取材上夹板,以求固定两端关节,避免转动骨折肢体。

6. 淹溺的处理

清除口、鼻腔内的异物使呼吸道通畅;救护者右腿膝部跪在地上,左腿屈曲,将淹溺者腹部横放在救护者左膝上,使淹溺者头部下垂,救护者和其他在场人员按压淹溺者背部,让淹溺者充分吐出口腔、呼吸道及胃内的水;若淹溺者心跳呼吸停止,立即做人工呼吸和心肺复苏直到心跳恢复,等待120的到来。

7.烫伤的处理

立即找到最近的干净水源,用流动水冲烫伤部位30分钟左右。如果烫伤部位在衣服里面,要及时脱掉衣服或用剪刀剪开,禁止乱扯下伤者衣物,以免加重烫伤部位皮肤的损坏;如果是手足烫伤,可用冷水浸泡,注意不可用冰块直接冷敷伤口,避免造成已经破损的皮肤出现恶化。严重时,经过紧急处理后应立即将学生送往医院治疗。

二、物品丢失的预防与处理

(一)物品丢失的原因

在研学旅行中,学生会乘坐交通工具、住酒店、在餐厅就餐、在研学基(营)地开展活动等,一些年龄小、生活自理能力不够强的学生很容易在任何一站将自己的物品丢失,甚至不乏贵重物品。

(二)物品丢失的预防

出发前一定要提醒学生、家长不要带贵重物品,不要带过多现金,以免丢失。多做提醒工作,不论是在参观游览时还是在就餐、乘坐交通工具时,研学旅行指导师要在一程结束前提醒学生拿好个人物品;尤其在入住酒店结束后,要提醒学生检查卫生间、衣橱、床铺、枕下、床头柜是否落东西;在各场所结束后,研学旅行指导师应巡视最后一遍,查看是否有学生遗忘物品;时刻叮嘱学生检查是否拿好自己的证件。

(三)物品丢失的处理

学生丢失物品后可能会有些慌乱,研学旅行指导师要先安抚学生,力求缓解学生的紧张情绪;学生如果过度紧张,可能无法很好地了解物品丢失的具体细节,所以先要使其情绪得到缓解。引导学生回忆物品丢失的详细经过,尽可能多回忆具体细节,如最后一次看到物品的时间、最可能丢失的地点等。排查物品可能遗失的地点,联系丢失地点的工作人员,请其帮助找寻丢失物品。如果遗失的是生活用品,研学旅行指导师可以让学生就近购买;如果遗失的是证件,在寻找无果的前提下,可以带领学生办理临时证件,尽可能不要影响接下来的行程。

三、学生走失的预防与处理

(一)学生走失的原因

学生走失的原因大致有两种。第一种是工作人员失误。例如,在带领学生进入游览点之前,没有将团队集合的时间和地点讲清楚,或没有向学生强调旅游车的车号及特征,或没有介绍游览路线、所需时间等注意事项,或没有经常清点人数,导致学生离团却未被察觉。第二种是学生不听从工作人员的指挥或安排,擅自行动。

(二) 学生走失的预防与处理

1. 学生走失的预防

工作人员要讲清楚集合的时间和地点、旅游车的车号及特征、游览路线等,让学生充分了解游学地点的基本信息。研学旅行指导师等工作人员要做到在每站的活动开始时、结束时清点人数。研学旅行指导师要制定研学规则,规定学生不可以擅自离队,并且将学生划分成若干小队伍,选出小队长;如果要自由活动等要以小分队行动,研学旅行指导师与小队长保持联系通畅。如果学生有离队的需要,需要向研学旅行指导师报备,之后在指定地点集合。

2. 学生走失的处理

如果是一整个小分队未在约定时间内集合,可以直接联系小队长。如果出现个别学生未归的情况,要直接联系学生;若电话联系不上,要询问同队学生是否了解该走失学生去过哪里。安全员和研学旅行指导师要立即寻找学生,必要时可以寻求景区工作人员调取监控或者利用公共广播寻找。学生找回后要在当日行程结束后询问原因,问题严重者要给予批评警告。

四、人身意外伤害的预防与处理

(一) 人身意外伤害出现的原因

造成学生人身意外伤害的原因可能是多种多样的,主要分为人为因素和环境因素;很多时候学生人身意外伤害是综合原因造成的,即既有人为因素也有环境因素。对于学生受到伤害的情形,需要根据事故原因鉴定责任,学生在研学中的负责人主要有研学主办方工作人员、承办方工作人员、研学接待单位工作人员、学生本人。学生出现人身意外伤害是所有人都不希望发生的,因此,重点是要做好预防工作。

(二) 人身意外伤害的预防

1. 交通事故的预防

司机正在开车时,工作人员不要与司机聊天,以免分散其注意力。安排研学日程时,在时间上要留有余地,避免造成司机为抢时间、赶日程而违章超速行驶。不催促司机开快车。在天气不好(如下雪、下雨、下雾)、交通堵塞、路况不好,尤其是在窄道路山区行车时,研学旅行指导师等一定要主动提醒司机注意安全、谨慎驾驶。如果天气恶劣,研学旅行指导师对日程要灵活地安排,做出合理调整;如果遇到道路不安全的情况,可以改变行程。研学旅行指导师还应阻止非本车司机开车,提醒司机在工作期间不要饮酒;如遇司机酒后开车,绝不能迁就,要立即阻止并向领导汇报,请求改派其他车辆或换司机。要提醒司机经常检查车辆,若发现事故隐患,应及时提出更换车辆的建议。

2. 火灾事故的预防

酒店、餐厅、景点等发生火灾,会威胁学生的生命和财产安全。研学旅行指导师应提醒学生一定不能携带易燃、易爆物品;入住酒店后,不在客房内使用大功率电器。为了保证发生火灾时能顺利疏散学生,所有工作人员都要熟悉酒店楼层安全出口的位置,并向学生详细介绍,牢记火警电话(119),掌握所有学生的房间号。

3. 治安事故的预防

研学过程中可能发生的治安事故主要包括偷窃、抢劫、诈骗、坏人骚扰、行凶等。研学旅行指导师在带团过程中,要保持警惕,采取有效措施,防止治安事故的发生。例如,提醒学生不要将房号告诉陌生人,不要让陌生人或自称酒店维修人员的人随便进入房间,出入房间锁好门;夜间不要有人敲门就贸然开门,以防意外;自由活动尽可能结伴而行;等等。研学旅行指导师平时要注意观察周围的环境,有较强的观察力和警惕性,发现异常情况时应立即采取措施,尽快把学生转移到安全地带。

4. 其他灾难事故的预防

研学活动期间还可能遭遇地震、水灾、泥石流、雷电等灾难事故。除地震外,多数灾难事故可以通过天气预告、新闻等途径有所了解,从而可以提前有所准备。例如,水灾、泥石流、雷电等事故发生的前兆是下雨,可根据降雨量以及研学目的地的地形、地貌、地势决定接下来的行程是否继续,必要时可以征询负责人、学校、家长的意见。

(三) 人身意外伤害的处理

1. 交通事故的处理

第一,研学旅行指导师以及工作人员应立即组织抢救,迅速抢救受伤学生,特别是重伤员,并尽快让所有学生离开事故车辆,立即叫救护车或拦车将重伤员送往距离出事地点最近的医院抢救。第二,保护好事故现场,立即报案(电话:122)。事故发生后,不要在忙乱中破坏现场,要设法保护现场并尽快通知交通、公安部门,争取其尽快派人来现场调查处理。第三,迅速向旅行社、学校、家长报告。讲清交通事故的发生和学生伤亡情况,请求派人前来帮助和指挥处理事故,并要求派车把未伤和轻伤的学生接走送至酒店或继续研学活动。第四,做好学生的安抚工作。事故发生后,交通事故的善后工作将由交运公司和旅行社的领导出面处理。研学旅行指导师在积极抢救、安置伤员的同时,要做好其他学生的安抚工作,稳定其情绪,待事故原因查清后,请旅行社领导出面向学生说明事故原因和处理结果,最后写出书面报告。

2. 火灾事故的处理

尽快拨打火警电话,准确说明失火地点;采取电话和群通知等多种方式尽早通知全体学生,提醒大家不要乘坐电梯,不得跳楼;组织引导学生从安全通道疏散,有工作人员指挥时,要求学生服从统一指挥,迅速撤离火灾现场,研学旅行指导师等工作人员一般应垫后;须穿越浓烟时,用浸湿的衣物裹身,用湿毛巾捂住口鼻,贴近地面顺墙爬行;大火封门时,可用浸湿的衣物、被褥堵塞门缝或泼水降温,等待救援,在窗口摇动鲜艳衣物呼救;最后要及时清点学生人数,确保没有遗漏学生,并上报旅行社及学校。

3. 治安事故的处理

研学旅行指导师一定要挺身而出,保护学生安全。若有歹徒向学生行凶、抢劫财物,在场的工作人员应保护学生的人身安全,迅速将学生转移到安全地点,力争与在场群众、当地公安人员一起缉拿凶犯;如有学生受伤,应立即抢救,送附近医院。治安事故发生时,在场工作人员应想办法立即报警,并积极协助破案。报案时要清晰告知事故发生的时间、地点,简要介绍案情;事后研学旅行指导师等工作人员应详细汇报案情和经过,尽可能描述作案者特征,受害者姓名、性别、伤势及损失物品的名称、数量、型号和特征等;及时报告旅行社、学校、家长,事故严重时请领导前来指挥、处理;稳定安抚学生情绪后,协助处理善后事宜。

4. 其他灾难事故的处理

如果灾难突然发生,研学旅行指导师要依靠旅行社和当地政府,做好自己力所能及的工作。遇到滚石时,千万不要惊慌,要向垂直于滚石前进的方向跑,切不可顺着滚石方向往山下跑。在滚石较多的情况下,要随机应变,如赶紧到坚硬的大岩石块下蹲着,这样可以避免被砸伤;或躲避在树林较为密集的地方。遭遇泥石流时,更要镇定清醒,要往与泥石流成垂直方向的两边山体转移,要以最高效的转移方法(爬)往上转移,越高越好,绝不能顺着泥石流往下走。发生山体滑坡时,一定要往高处转移,切不能躲在山体绝壁下面或停留在比较低凹的山坡上。告诉学生任何时候都要保护好自己的头部,可用随身的旅行包(袋)挡住头部。万一躲避不及时,被埋压在山石或岩石下面,一定不要惊慌,要沉着冷静,千方百计地保护自己,等待救援。如果遇到海啸,一定不要靠近海边、江河的入口,快速到高地等安全处避难,全团尽量集中。

五、场所(设备)安全与秩序问题的预防与处理

(一)场所(设备)安全与秩序问题可能发生的地点

一次研学旅行可能是几个班级甚至几个年级的集体性活动,人数多、规模大,而且研学活动不仅涉及各个景区、研学基(营)地,还涉及公共交通工具,经过大型公共场所,在公共场合可能会发生工作人员意料之外的事情甚至事故。因此,相关工作人员要不断提高公共交通工具(火车、飞机、游船、旅游巴士、游览车等)、公共场所(酒店、餐厅、车站、停车场、人行道等)突发事件的防御与处理能力。

（二）场所（设备）安全与秩序问题的预防与处理

1. 场所（设备）安全与秩序问题的预防

（1）学校及研学承办机构。

负责单位应该提前对研学行程及食宿场所、课程活动场所等进行实地考察，判断其是否符合标准，并与合作单位签署安全责任书。学校及研学承办机构应分别制定研学旅行安全预案、研学旅行交通安全事故应急处理方案、研学公共场所安全事故应急处理方案等，并经常组织研学旅行指导师及安全员进行培训，使其熟悉研学过程中可能会发生安全事故的场所，从而有针对性地设计行前安全教育的教学内容及教学方式。为学生上安全课并且组织模拟演练，针对不同学段的学生，可以通过观看安全警示片、安全知识闯关小游戏、编写口诀、分组讨论等多种方式，对研学旅行中可能出现的安全风险进行普及教育。做好学生分组及角色分工，设置小组安全员，树立学生安全责任意识。小组安全员要充分发挥自己岗位职责，做好研学旅行中的"观察员、保护员、守护员"。

（2）公共交通工具。

①汽车。安全员应在学生上车前仔细检查汽车内部尤其是安全设备，如车内安全带、安全锤、安全门、消防器材等；要求学生全程系好安全带，禁止学生在交通工具内嬉戏打闹，随意走动。

②火车。组织好学生过安检，进入候车站台时要求学生一定站在一米黄线外，不得在站台上打闹；列车进站后，注意带领学生排队有序上车，对年龄小的学生要格外叮嘱其注意车门与站台之间的缝隙。上车前告知学生先携带行李入座，等列车开动后再安排学生摆放行李并进行座位调整，同时确保每一车厢有一位教师；在车内要提醒学生不要随意走动，接开水、泡方便面时注意不宜过满。乘坐卧铺火车，安全员应指导上铺学生正确上、下卧铺的方法，熄灯后应进行车内巡查，关注上铺学生的安全。火车到站前30分钟，研学旅行指导师应收好行李、个人物品，提醒和督促学生携带个人行李在车门前排队等候下车，研学旅行指导师带领学生在车厢前后门排队等候下车。抵达站台后，清点学生人数，检查并确保车厢内没有遗留学生。

③飞机（轮船）。出行前告知学生飞机（轮船）旅客登机（登船）携带物品及托运物品的有关规定。到达机场（码头）后，旅行社研学旅行指导师应组织学生在团队柜台前排队，帮助学生自行办理登机（登船）及行李托运手续，并提醒学生妥善保管证件、登机牌及行李托运凭证。组织学生通过安检，学校研学旅行指导师先行通过安检，等候学生，旅行社研学旅行指导师应待学生全部通过安检后，方可进行安检。等候登机（登船）时要求学生若离开等候区域必须向学校研学旅行指导师报备，听到登机（登船）广播后，学校研学旅行指导师应立刻组织学生集合，清点人数，学校研学旅行指导师对未在现场的学生及时拨打电话，要求其立刻赶往登机（登船）口；旅行社研学旅行指导师先带领学生登机（登船），安全员应配合学校研学旅行指导师寻找迟到学生，待学生全部登机（登船）后，自己方可登机（登船）。认真倾听航空（船舶）运输安全乘坐规定，全

程系好安全带(穿好救生衣)。

④景区游览车、缆车、自动扶梯。乘坐景区游览车、缆车、自动扶梯等交通工具时,旅行社研学旅行指导师与学校研学旅行指导师应分别在队伍的前后带领组织学生,并叮嘱学生不要打闹,注意脚下。

(3)公共场所。

①进入火车站、机场、码头等人多拥挤场所。旅行社研学旅行指导师可与学校研学旅行指导师携带学校介绍信与相关部门进行沟通,协调学生通道,进入候车区、停车场等大型公共场所。到达火车站、机场、码头时,安全员应在车辆停稳后第一时间下车,观察车辆周边环境,确保安全后组织学生下车。安全员应站在车门靠近车头位置,引导学生沿车身列队,清点人数后方可带队伍离开。在徒步行走时,学生应远离人群、靠近道路的里侧,安全员在学生外侧,队伍最前、最后都应有老师。

②过马路。应组织学生根据红绿灯指示行走;若在没有红绿灯的路段通行,安全员应观察道路车辆通行情况,在确保安全的前提下,和研学旅行指导师配合带领学生快速通行;通过复杂路口,且学生人数众多的情况下,可以请交警帮助疏通,顺利通过。

③进入餐厅。旅行社研学旅行指导师应提前联系餐厅准备好食物和就餐区,并做好环境卫生安全检查;下车后旅行社研学旅行指导师应清点人数后带队伍进入餐厅;安全员应第一个进入餐厅,巡视有无安全隐患,尤其需要关注地面有无油污、洗手间地面是否有水渍;旅行社研学旅行指导师组织学生根据分组先行入座,让大家放下随身行李后再去洗手间。

④进入酒店。旅行社研学旅行指导师应提前与酒店确认房号,在车上根据学生分房表提前分配房间号;车辆抵达酒店后研学旅行指导师先下车拿取房卡,根据分房表发放房卡后,再组织学生下车,拿好行李后持房卡、身份证去前台办理相关手续入住酒店。之后,安全员应组织消防逃生演习(时间通常是一次行程中入住酒店的第一天),并叮嘱学生完成演习回到房间后,熟记逃生路线。学校研学旅行指导师及旅行社研学旅行指导师应分别进行房间巡查,旅行社研学旅行指导师应提前检查房间内设施设备,并对使用物品进行示范介绍。

2. 场所(设备)安全与秩序问题的处理

(1)公共交通工具。

安全员应在学生上车前检查大巴车等交通工具的配备安全设施,一旦发现安全带使用故障,可进行座位调整。若发现车上安全锤、灭火器缺失,安全员应要求司机及时调配,如司机无法及时处理,应立刻协调车队迅速调换车辆。出现汽车交通安全事故时,学校与旅行社领队(总控)应担任临时指挥,安全员、医护人员应指导研学旅行指导师共同做好学生救援及安抚工作。如果发生客机、游船安全事故,师生应全程服从乘务人员管理,听从乘务人员指挥,不可擅自行动。

(2)公共场所。

在火车站、机场、码头等人口数量极多,出现人群拥挤现象时,研学旅行指导老师与安全员应当敲响警钟,提防踩踏事件,宁可整个队伍多等一会儿也不要冒险。安全员与研学旅行指导老师一方面负责看护好学生,不让学生走出队伍;另一方面可以尝试与火车站、机场、码头等负责人联系,请求协助另行安排通道,帮助学生离开拥挤环境,如申请在母婴候车室内候车或提前检票进入站台候车。

(3)设备故障、场地替换的处理。

研学活动基(营)地、景点和生活场所发生设备故障时,旅行社研学旅行指导师需立刻通知场所管理方,安置安全警示标牌并立即组织抢修,或选择其他替代设备;若一时无法修复且无备用设备替代,则应联系旅行社更换接待场所。研学活动使用的重要场地及其他公共区域内,一旦出现可能对学生安全造成影响的情形,在征得校方同意后,可对课程地点或活动形式进行调整。学生已经在研学基(营)地、公共区域内开展课程活动,突发安全风险时,旅行社研学旅行指导师应立刻停止课程活动,将学生带离危险区域。

六、不文明旅游现象的预防与处理

(一)不文明旅游现象出现的原因

学生在研学活动中很容易出现不文明的旅游现象,如乱扔垃圾、乱涂乱画、大声喧哗等。探其原因,从心理角度分析,不文明现象的发生与从众心理有关,学生可能个体自信心不足,缺乏判断,选择"随大流"。"人在情境中"理论认为人的生存环境、过往经历会同时影响人的行为,例如,如果景区的卫生环境较好并且一直都保持得很好,就会给学生必须维护景区环境且要与平时的环境状况保持一致的暗示,不文明行为就不会发生;这也和学生学校环境教育与家庭环境教育直接相关,如果家庭、学校未在学生的生活和学习中强调环境保护理念,培养学生良好的环境行为,其在公共空间可能会做出不文明的行为;同时这也与学校研学旅行指导师以及旅行社研学旅行指导师有没有做好以身示范、教育引导有直接关系。

(二)不文明旅游现象的预防与处理

1.不文明旅游现象的预防

(1)景区环境营造。

景区的卫生环境状态要好,景区内应设置适当的提示标语。一方面,景区应提供各种旅游配套设施、设备,如设置区间密度合理的垃圾桶并及时清理,配备环保监察员或志愿者,等等;另一方面,景区要向学生和教师发放文明旅游的宣传手册,也可以在景区内举办各种文明旅游活动,营造浓厚的旅游文明氛围。

(2)学校宣传教育。

学生出行宣讲会上要有关于文明旅游、保护环境的宣讲内容,而且学校也应当在平时就有环境保护教育,如开办环境保护主题会、开展环境保护实践活动等。

(3)研学旅行指导师的引导。

旅行社组团在研学旅行出游前,应与学生签订"文明旅游承诺书";在研学旅行活动项目的安排中,可以有意识地增加与环境、景观保护有关的内容,普及环境保护相关知识,同时研学旅行指导师要成为学生保护环境的榜样,这都会在很大程度上减少景区不文明行为。

2. 不文明旅游现象的处理

(1)学生不文明旅游现象的处理。

若学生在研学活动中出现乱扔垃圾等破坏环境的行为,研学旅行指导师应在发生地及时对学生进行批评教育,尤其是如果发生景点重要景观破坏事件,不仅应当面批评教育,而且需要联系学校负责人和学生家长。

(2)研学工作人员不文明旅游现象的处理。

研学工作人员出现不文明旅游现象的,要与学生保持相同的处理方式,在全体师生面前严肃指出。

(3)不文明旅游现象的事后总结。

出现不文明旅游现象的当天晚上要召开总结会,再次强调文明旅行的重要性,给学生、工作人员留下深刻印象,避免下次再犯。

七、研学接待变更的预防和处理

(一)研学接待变更发生的原因

研学计划和活动日程一旦商定,各方都应严格执行,不能轻易更改。在研学旅行过程中,学生若提出变更路线或日程要求,研学旅行指导师原则上应按合同执行;如果有特殊情况(如学生心理、身体不适,学生家长要求等),应上报旅行社、学校,根据旅行社、校方的指示做好工作。此外,研学旅行过程中可能会出现一些不可控因素(如恶劣天气、自然灾害、公路塌方、航班取消、交通管制等),迫使变更研学活动计划、线路或活动日程。

(二)研学接待变更的预防

1. 学生个人研学计划变更的预防

研学旅行指导师要细心观察学生的变化,观察学生在每个研学活动中的表现,及时发现学生的情绪波动。如果发现学生有伙伴间冲突或者心情低落的情况,要及时与学生谈心谈话,解开学生的心结。在各项目开始时,研学旅行指导师要提前询问学生是否有身体状况不允许的情况,并且做好保护工作。

2.不可控因素导致研学计划变更的预防

研学旅行指导师要提前关注景区发布的交通信息、天气预报等,对能预料的突发情况有预知性;尤其是要不断提高突发事件的解决能力,提高心理抗压能力,遇事要沉着冷静。

(三)研学接待变更的处理

1.延长在一地游览时间的处理

研学团提前抵达或推迟离开都会延长在一地的游览时间,研学旅行指导师需要相互配合,做好说服工作,安抚学生情绪,向学生讲清是什么原因导致的延长游览;及时与旅行社有关部门联系,重新落实该团用餐、用房、用车的安排。此外,研学旅行指导师可根据情况调整活动日程,酌情增加游览景点、活动项目;适当延长主要研学项目的学习时间,并充实晚间活动内容。若研学团推迟离开本地,要及时通知下一站工作人员。

2.缩短在一地游览时间的处理

研学团提前离开或推迟抵达都会缩短在一地的游览时间,这种情况下要尽可能完成计划内的游览项目安排;若确有困难,可将本地主要研学项目、特色景点的情况向学生及校方做介绍,请其选择最希望去的几个,再酌情安排;报告旅行社领导及有关部门,及时办理退餐、退房、退车等事宜。若研学团提前离开本地,要及时通知下一站工作人员。有些游览项目实在没时间安排,旅行社应退还相应费用,以弥补学生、学校的经济损失。

3.被迫改变部分研学计划的处理

客观原因导致的部分研学计划改变,较多表现为个别景点或某项活动被取消或替代。当需要部分改变研学计划时,研学旅行指导师应当与学校带队教师、校方负责人、旅行社、学生、学生家长沟通后做决定,应做好替代研学景点的宣传、介绍工作,激发学生的活动兴趣,促使他们乐意接受旅行社的安排。改变计划后,如果替代景点与原景点差距太大,旅行社应给予学生一定的补偿,或者增加景点或活动项目。

4.学生个人研学计划变更的处理

研学过程中也会出现学生因个人私人原因导致研学行程无法继续开展或者无法参与部分研学项目,这时研学旅行指导师要根据学生情况具体分析,如果学生无法参与需留在酒店或者车内,应有一位指导师或工作人员陪同。出现学生个人脱团的现象,原则上旅行社不退费,这时旅行社研学旅行指导师应当与学校研学旅行指导师沟通,合理安排学生离开,并由学生家长接回。

第三节　住宿、用餐问题预防与处理

参加研学的学生都是未成年人,研学旅行指导师要能注意到学生生活、学习的方方面面。学生提出的问题不管是大还是小,研学旅行指导师都应注意听取学生的表述,尽量满足学生提出的合理要求,同时,也应注意督促学生按照研学安全手册开展活动。

一、学生私自外出的预防与处理

（一）学生私自外出的原因

学生在研学过程中会去到许多新的地方,看到新鲜的食物,每个人都在旅行中跃跃欲试;尤其是在结束了一天的研学旅行后,学生都希望看看当地的风土人情,尝尝当地的特色食物,买买当地的风物特产。因此,要预防学生私自外出,避免出现学生走失等现象。

（二）学生私自外出的预防与处理

1. 学生私自外出的预防

研学旅行开始前制定纪律要求,制定旅行住宿管理规定,将纪律以及外出问题的严重性向家长说明。选择酒店时先考察下榻酒店周边,若酒店周边有格外吸引带队学生外出的事物,尽可能避免选择;也应避免选择郊区和交通不便利的下榻酒店,同时要检查酒店附近的监控是否齐全;选择周边具有特色环境的酒店时,可以直接带领学生外出体验,这可以丰富学生的夜晚活动,让每位学生都有事可做,这样学生就不会选择冒险私自外出。研学旅行指导师每晚都应查寝,需要注意的是,应该由旅行社研学旅行指导师和学校研学旅行指导师合作查寝,由男指导师查男生房间,女指导师查女生房间;查寝时应当尊重学生,注意保护学生隐私。

2. 学生私自外出的处理

学生准备私自外出被研学旅行指导师发现,研学旅行指导师应对学生进行劝阻教育;如果学生仍然执意外出,可对其进行批评教育,问题严重者可通知学生家长。查房时,若发现个别学生违反规定已经私自外出,研学旅行指导师应立刻拨打电话联系该学生,要求其迅速返回酒店,针对其行为给予严厉批评,并汇报给学校负责人。学校研学旅行指导师在事后应进一步加强对班级其他学生的教育,强调研学纪律的严肃性;旅行社研学旅行指导师也应协调酒店的安保管理部门,加强对外出学生的审查、管理。

二、酒店设备物品损坏与客房差异的预防与处理

(一)酒店设备物品损坏与客房差异产生的原因

学生初到新的住宿场所,有着强烈的好奇心,因而可能出现损坏酒店设备物品的现象。酒店设备物品损坏也可能是因为研学旅行指导师未将酒店内各设备物品的使用介绍给学生,也可能是由于酒店设备物品使用的年限过久,已经极易被损坏。

在研学旅行中,容易出现学生之间的客房有所差异的情况,这可能是因为酒店同品类房间不够,学生之间住房规格不同,也可能是由于酒店或者研学工作人员在预订时出现疏忽。

(二)酒店设备物品损坏与客房差异的预防

1.酒店设备物品损坏的预防

旅行社研学旅行指导师在给学生分房间时应检查每个房间的设备物品是否已经损坏或者存在老化现象,及时发现问题并与酒店方沟通调换;同时讲解酒店设备物品的使用,避免学生出现不会使用的问题,尤其是要介绍好浴室的安全使用方法,增强学生的安全意识;也应与学校沟通酒店设备物品的基本情况,按照校方要求配备酒店设备物品;应提前将酒店内物品(吹风机、电视等)损坏以及物品(充电宝等)使用费用告知学校和学生。

2.客房差异的预防

旅行社研学旅行指导师应与学校和家长提前沟通学生居住酒店的标准,包括酒店品牌、服务、房间面积、房型、装修、卫生等方面,将所有学生居住的酒店和客房定为同一标准,避免出现酒店和客房差异。带领全部学生入住的前一晚,旅行社研学旅行指导师应与酒店再次确认客房,防止由于酒店工作人员的疏忽导致客房出现差异。

(三)酒店设备物品损坏与客房差异的处理

1.酒店设备物品损坏的处理

入住前,若研学旅行指导师与学生发现酒店设备物品有损坏的情况,研学旅行指导师应立即与酒店相关负责人沟通,告知酒店设备情况,同时申请调换房间。如果问题较小,不影响学生居住,可以征询学生意见,看其是否可以接受。退房时,发现有设备物品损坏,研学旅行指导师要先询问学生情况,后按照酒店设备物品标准进行赔偿;如果有严重损坏,应该由学校研学旅行指导师联系学生家长沟通赔偿事宜。事后要对学生进行批评教育,也要对其他学生说明问题的严重性,避免其他人再犯。

2.客房差异的处理

若出现客房条件低于标准的情况,如卫生条件不佳(有蟑螂、臭虫、老鼠等)、卫生

间达不到清洁标准等,旅行社应负责予以调换,确有困难须说明原因,并提出补偿条件。若房间朝向不好,学生要求调换不同朝向的同一标准客房时,如果酒店有空房,应予以满足或在内部调配;若酒店无法满足,研学旅行指导师要对学生有所安慰和关照,取得学生理解后安排入住,避免学生出现心理落差。

住双人间的学生要求住单人间时,如果有空房,可予以满足,但房费自理。学生如果因与同学闹矛盾或生活习惯不同而要求住单间,应由学校研学旅行指导师调节或内部调整,若调节、调配不成而酒店有空房,可满足其要求,但研学旅行指导师须事先向学生说明,房费由提出要求的学生自理。

三、不文明用餐的预防与处理

(一)不文明用餐的原因

我国每年在餐桌上浪费的食物约合2000亿元,相当于两亿多人一年的口粮。学生的不文明用餐现象主要有浪费粮食以及不雅的用餐习惯。学生出现不文明用餐行为的主要原因有学校及家长对学生的监管不到位、学生未形成良好的用餐习惯、学生根本没有意识到餐桌文明的重要性等;也可能是提供的饭菜不符合学生胃口,导致食物的大量浪费。

(二)不文明用餐的预防

研学前就制定研学旅行文明用餐公约,就餐前告知学生用餐基本礼仪与注意事项,并对表现良好的同学进行有效激励。提倡"光盘行动",用餐时做好分餐,避免同食。乘坐交通工具,确保学生获得同样的食物,最好是飞机或者列车等准备的餐食;如果旅程较短,可以为学生准备日期良好的面包等食物,尽量不食用泡面,因为吃泡面时容易烫伤。旅行社也应监督提供餐食方食物的安全性,并且规定学生不可以私自订外卖,避免学生食物中毒等事件发生。旅行社要事先和校方、家长、学生了解学生是否有食物过敏情况,同时了解学生的饮食习惯、饮食爱好。

(三)不文明用餐的处理

出现不文明用餐行为如打闹、插队情况时,研学旅行指导师要及时制止;遇到学生剩餐时,应劝说学生不要浪费食物;要了解学生身体情况以及食物过敏等特殊情况;遇到用餐矛盾,如与工作人员有矛盾时,要及时制止,使事件不会继续恶化,同时了解真实情况,根据事实进行后续处理。如果是同伴间发生矛盾,研学旅行指导师可以先将学生隔离开,不要耽误整体学生的用餐,用餐后对学生进行调解。一天行程结束后,研学旅行指导师要针对不文明用餐行为情况进行总结,对表现良好的学生进行嘉奖,对表现不好的学生要教育与鼓励。

四、食品安全卫生事故的预防与处理

（一）食品安全卫生事故发生的原因

研学旅行中食品安全卫生事故的发生可能是由于旅行社与校方的管理疏忽,如旅行社负责食物管理的工作人员对学生的调查了解不充分或者与社会餐饮企业交接时出现马虎现象;也可能是由于社会餐饮企业食品准备的疏忽,如使用不洁餐具、变质或劣质食材,烹饪过程不当等;还可能是由于学生自身的原因,如违反规定私自食用非指定的食物,以及饮食习惯不良等。

（二）食品安全卫生事故的预防

旅行社在选择社会餐饮企业时要寻求长期合作伙伴,要健全监管制度,强化监管职能。根据《食品生产经营监督检查管理办法》和《学校食品安全与营养健康管理规定》等法律法规的要求,通过对餐厅的食品卫生、环境卫生、炊事员的个人卫生,原材料采购、验收、保管、加工、出售,餐具消毒以及岗位责任的落实情况等各项工作的检查来强化对餐饮合作公司的监督,让其切实做到食品卫生、环境整洁、流程合理、操作规范。

研学旅行指导师要做好督促,规定学生不许订外卖、私自食用非指定的饮食,对学生的饮食习惯要了解,知道学生是否有过敏史,对特殊学生要有特殊照顾。研学旅行指导师要学习关于食品安全的知识,积极参与校方或旅行社的培训工作,了解常见的急救方法,提前告知学生关于饮食的规定,如在吃饭喝水时不打闹,做到细嚼慢咽。

（三）食品安全卫生事故的处理

1. 食物中毒的处理

立即向供餐单位服务员或负责人指出,并要求其及时采取措施。发现学生食物中毒,立即停止食用可疑食品,喝大量洁净水以稀释毒素,用筷子或手指向喉咙深处刺激咽后壁、舌根进行催吐;出现抽搐、痉挛症状时,应马上将学生移至周围没有危险物品的地方,并取来筷子,用手帕缠好塞入其口中,防止其咬破舌头。以上病人应由工作人员尽快送往医院治疗。旅行社研学旅行指导师应安排其他学生完成当天研学活动。安全员需将食物留样,及时送到相关部门进行检查,查明中毒原因,并根据有关部门的调查结果,向问题方提出相应赔偿要求,事后以书面材料上报学校。

2. 遭遇食物过敏事故的处理

及时发现学生餐后出现的过敏症状,由随队医护人员进行初步诊断,确定是否送医院治疗;如情况较轻,在征询学生家长后可服用携带的过敏药;如需送医院治疗,则由研学旅行指导师护送前往。

3. 遇到学生噎到的处理

由队医判断是否需要用海姆立克急救法。如果患者是清醒的,令患者直立,抢救者站于患者的背后,双手握拳,用一只手的大拇指顶在患者的上腹部,通过对上腹部的按压,气流向上冲击,使卡在气管里面的异物排出口腔,从而解除阻塞。如果是对于比较肥胖的患者,可以将患者躺平,按压患者的腹部,利用冲击将异物冲到口腔内吐出。

第四节　课程问题预防与处理

研学旅行的核心是研学课程,研学课程顺利开展、完整实施的程度决定了研学旅行质量的高低。因此,要对研学中的课程问题格外用心,研学中主要存在的课程问题有课程教学人员偏差、课程教学环境偏差、课程教学设备偏差、课程教学时间偏差。

一、课程教学人员偏差的预防与处理

(一)教学人员偏差发生的原因

研学旅行作为一种新型综合实践活动课程,面向的是学生的整个生活世界,具有开放性的特征,它强调让学生综合运用各学科所学知识来分析问题和解决问题。因此,教师要基于学生已有的经验和兴趣,打破学科界限,鼓励学生跨领域、跨学科学习,使各学科知识在研学旅行活动中得到延伸、综合、重组与提升,使学生的综合素质得到提高。研学教学人员主要由学校研学旅行指导师、旅行社研学旅行指导师和基(营)地研学旅行指导师构成,研学旅行指导师的综合素质极为重要,其需要掌握教育教学科学理论,拥有导游知识技能。我国研学旅行实践活动刚刚起步,高等院校研学旅行专业人才培养还未跟上社会需求,目前从事中小学研学接待的企业仓促上阵,需要加大对从业人员的培养。

(二)教学人员偏差的预防

1. 研学前

优化研学教师队伍,加强教师行前培训。研学旅行的跨学科与综合性的特点,要求研学旅行指导师应包括各学科任课教师,而不应只由单一学科教师或班主任担任。因此,可以成立研学旅行指导师小组,小组成员由全体任课教师组成,教师对本班学生有责任也有义务给予指导。研学旅行活动开始前,应对各学科指导教师进行培训,培训内容包括:此次研学活动的主题、目的、内容、活动流程;研学基(营)地知识普及;对学生在研学旅行过程中可能提出的问题进行预测和准备;研学旅行活动中教师的指导

方式；任务分配；安全问题及突发事件处理等。目的是通过培训，努力提升教师的"教育旅行知识和能力"。

2.研学中

优化过程指导策略，防止灌输型研学旅行。研学旅行是学生通过实际的活动体验，将理论知识运用到实际生活中的过程。教师应当学会恰当提问，通过发问不断启发引导学生思考、动脑，提问的目的要明确、难度要适中。教师在解答学生的问题时，要注意对学生的提问表示欢迎，点拨学生的思路，启发学生的思维，善于使用追问或反问。教师要善于运用小组讨论，针对学生的特点，进行科学合理的分组。讨论的问题要有吸引力和探究性，并且教师要加强巡视监督，注意总结。

3.研学后

研学旅行结束后的总结反思阶段，应设置针对教师教学的评价，评价内容包括：是否有组织多种形式的成果展示活动；是否有组织学生进行经验交流；是否有针对学生的学习结果进行适当反馈总结；是否有诊断学生出现的问题；对学生的引导能力；等等。针对学生的评价应包括：能否对个人体验进行梳理，形成观点和作品；是否分享了自己的体验和作品；能否发现自己的收获和不足；能否改进自己的不足；能否对同伴做出客观评价；参与积极性如何；语言表达能力、情感态度与价值观的形成等。

（三）教学人员偏差的处理

出行前，若出现学校研学旅行指导师、旅行社研学旅行指导师不能参加研学活动的情况，要及时补上资质合格的教师；两方在活动前要准备一定的备用教师，在活动开始前教师要随时待命。研学活动中可能出现学生不适应课程内容的情况，这时研学旅行指导师要多询问，观察学生是否对全部内容都不适应；如果是大范围不适应，两方研学旅行指导师要协同调整后续的研学内容。如果课程教学反馈结果不佳，学生没有活动的积极性，研学旅行指导师要负责暖场，可以适当穿插游戏，或者降低难度，以及调整分组，研学旅行指导师也应以一个更积极的状态带动学生。

二、课程教学环境偏差的预防与处理

（一）教学环境偏差发生的原因

关于教学环境的定义有许多，本书认为教学环境是由学校环境、家庭环境和社会环境共同构成的学习场所。研学活动中涉及的主要是校外的社会环境——研学旅行基（营）地，研学旅行基（营）地包括物质环境以及人文环境。物质环境包含教学设备、辅助教学资源、安全保障设施、天气等；人文环境指活动氛围，包括人际心理环境、情感环境，如师生关系、生生关系、价值观等。教学环境偏差可能是物质环境、人文环境的偏差；物质环境的偏差主要是由于资金缺乏或者管理不当，而人文环境的偏差主要是由于师生互动的不当或者环境氛围烘托不到位。

(二)教学环境偏差的预防

1. 物质环境偏差的预防

对接研学旅行基(营)地的负责人,要提前了解去往的研学旅行基(营)地的教学设备等,发现必备设施缺失可以要求基(营)地尽快补充或者自带;尤其要提前查看天气预报,为学生合理安排活动。

2. 人文环境偏差的预防

设计的研学教学活动要与研学旅行基(营)地的氛围相匹配,研学旅行指导师要善于调动活动氛围,保持积极的课堂氛围,使师生间、生生间配合默契、愉快互谅,保持关系融洽、互相尊重。研学旅行指导师要做到尊重学生、恪守公正、保持期望、密切交往。

(三)教学环境偏差的处理

1. 物质环境偏差的处理

安全设施缺失时,要求基(营)地马上补上;如果无法保障安全,应当更换活动。发现教学设备,如实验仪器等损坏,应要求基(营)地提供新的实验仪器;若实在无法提供,应灵活处理,可以播放视频,研学旅行指导师讲解。遇到突发恶劣天气,应在保障学生安全的前提下等候恶劣天气结束再开始露天活动,研学旅行指导师可以带领学生先开展室内活动。

2. 人文环境偏差的处理

学生对某位研学旅行指导师有厌烦情绪,研学旅行指导师要主动与学生谈心谈话,很可能是因为双方互动时产生了误会,或者学生认为自己被忽视,所以研学旅行指导师应当公正地对待学生。学生间发生口角,研学旅行指导师要帮忙调和,当面解开误会。教学氛围消极时,研学旅行指导师要善用语言艺术,用较为幽默的语言调节氛围,或者组织学生做游戏;教学氛围的消极很可能是由于讲解时间过长或难度过大,研学旅行指导师应当发挥教学机智,灵活处理。

三、课程教学设备偏差的预防与处理

(一)课程教学设备偏差出现的原因

研学中的教学设备是辅助教学的重要工具,使得教学完整、高效。教学设备一般是指与教学有关的教学仪器和多媒体教学装备,如化学、生物、物理等学科课堂上用到的实验仪器和多媒体教学课堂上使用的电子白板、投影机、教学一体机、音响等设备。教学设备突发故障是造成教学设备偏差的主要原因,因此做好设备检查与备份至关重要。

(二)教学设备偏差的预防

研学教学人员在课程开始前,应实地考察并熟悉研学旅行课程的教学场所及教学设备,准备的设备要与教学内容相契合;应根据学生人数领取教具,预留一定的教学备份设备。基(营)地研学旅行指导师应定期检查固定教学设备,发现故障应及时报修,应做好教学设备检查及耗材备份,如多媒体教学开始前应检查电脑、投影机等设备,并备份可替换的话筒、电池等。

(三)教学设备偏差的处理

若研学课程开始前,发现教学设备偏差,且无法及时修复,研学旅行指导师应当及时调整教学方式,或者更换教学内容。若研学课程开始后,教学设备突发故障,可立刻使用备份设备或更换设备耗材,在此期间,可调换学习内容顺序或者为学生布置新的任务,确保课堂无空场,每位学生有事可做。

四、课程教学时间偏差的预防与处理

(一)教学时间偏差发生的原因

课程教学时间的偏差主要是指课程教学时间比原定时间短、长或教学环节时间分配不当,这主要是因为研学旅行指导师教学环节设置不合理、缺乏教学经验、纪律不够严格,或研学旅行时间紧凑,任务繁忙,存在忽视时间管理的现象。学生自身行为习惯、自我管理能力不足等也会造成教学时间出现偏差。研学中,教学时间的把控应尽量严格,否则会影响下一站行程,甚至整体研学进程。

(二)教学时间偏差的预防

应做好研学行程整体的时间规划,包括集合时间、某一站的活动时间、各段路程时间、吃饭时间、睡觉时间、上车(登机)时间等;同时,要规范操作流程并对每一项任务留出余地,避免突发事件发生影响后续的行程。

研学旅行指导师要做到随身携带手表,自身要成为守时教育的典范;在活动中运用时间提示语,并能结合教学目标和教学的重难点对有限的课堂时间做出合理安排和分配,把握最佳教学时间。活动开始的前5分钟是起始时区,研学旅行指导师要吸引学生进入活动中,研学旅行指导师自身语言干净、生动、流畅也十分重要。

(三)教学时间偏差的处理

如果由于突发情况导致研学团队不能按计划时间抵达研学地点,旅行社研学旅行指导师需向学校研学旅行指导师说明情况,由学校研学旅行指导师报告学校负责人做新的课程教学安排。出现研学教学时间偏差后,旅行社研学旅行指导师应与学校研学旅行指导师协商解决方案,如缩短部分环节或者删减环节、推迟或提前用餐时间、减少午休时间等,减少对后续课程时间的影响,学校研学旅行指导师应将解决方案上报学校领队(总控)批准。

因研学旅行指导师个人原因造成的重大课程时间偏差,属于教学事故,学校及研学承办机构根据情节严重程度可分别对指导师处以批评教育、岗位调整、经济处罚等;因学生原因造成的课程时间偏差,学校研学旅行指导师应根据实际情况进行针对性处理,对学生个人进行教育的同时,也需要做好对其他同学的教育。

因研学承办机构、研学合作单位原因造成研学时间偏差,导致研学课程无法进行,给学生造成损失的,学校可根据合同约定,与研学承办机构、研学合作单位通过协商、调解或民事诉讼等方式解决。

第五节 冲突问题预防与处理

研学旅行过程中不可避免会出现各种矛盾冲突,冲突具有正功能和负功能。适度的冲突能增强冲突各方的团结程度和内部的聚合力,在一定条件下,冲突具有保证社会连续性、减少对立两极产生的可能性、防止社会系统的僵化、增强社会组织的适应性和促进社会的整合等正功能。研学旅行指导师应当有效预防与管控冲突,解决研学旅行中的各种矛盾,不断加强学习,提高解决矛盾冲突的工作能力,在实践中逐渐形成转危为机的能力。

一、冲突的发生

冲突是任何两个或以上的统一体由至少一种对抗心理关系形式或至少一种对抗性互动关系形式连接起来的社会情况或社会过程。关于冲突的功能,社会学中有两种观点。一种观点认为冲突是人与人之间沟通的失败,是社会组织功能的失调,有分裂和破坏作用,需预防与消除它。另一种观点认为冲突是几种有限的人类互动的基本形式之一,一定程度的冲突是社会群体形成与群体生活持续的基本要素,处理冲突是协调人际沟通与组织协商的过程。遗传心理学与精神分析研究表明,对于充分的自我身份形成,即对于个性完全从外部世界分化出而言,冲突是一个重要的条件。

孩子密集的地方,经常会发生各种冲突。研学团体是学习成长的团体,研学过程是学生社会化的过程,研学中能恰当化解矛盾对冲突双方都有正向功能。研学中的冲突有积极作用:一是可促进学生沟通,增进了解,增强向心力;二是可刺激探索,活跃思想,提升创新力;三是可帮助发现问题,宣泄不满,催生新规范。研学旅行指导师如能把学生冲突视为人际互动的特殊形式,从集体立场出发,运用教育智慧妥善处理,就能将冲突转化为引导孩子学习成长、维护研学旅行团体团结的契机。

二、冲突的分类

冲突的类别可以从多种角度划分,如根据冲突的伤害程度、冲突造成的影响、冲突事件发生的频率、冲突事件发生的起因等进行划分。

（一）根据冲突的伤害程度划分

根据冲突的伤害程度,可以将学生冲突分为轻度学生冲突、中度学生冲突和重度学生冲突。轻度学生冲突是最常见的学生冲突,是指学生之间发生的未导致任何人身伤害或其他后果的冲突,比如口角冲突,肢体碰撞等未导致人身伤害的肢体冲突。中度学生冲突是指学生之间发生的导致其中一方或双方比较严重的人身伤害后果的对抗行为,比如刀具威胁恐吓行为,造成轻微擦伤或校园财物损失的打架行为;通常需要学校行政部门和学生管理人员介入协调,以确认冲突细节,达成一致协调意见。重度学生冲突是指冲突造成其中一方或双方重度人身伤害,或对校园秩序和环境造成不良影响的学生之间的冲突行为,比如造成人身伤害的聚众斗殴、谋杀和自杀或者抢劫等违法犯罪行为。重度学生冲突难以在学校层面得到协调,需要在地方派出所立案,通过司法途径解决。

（二）根据冲突造成的影响划分

根据冲突造成的影响,可将学生冲突分为积极的学生冲突和消极的学生冲突。消极的学生冲突是指可能或已经导致消极后果的学生冲突,基本上学生冲突都会涉及消极后果,比如学生受伤等人身安全问题、心理阴影或交往恐惧等心理健康问题、影响学校声誉等问题。当然,学生冲突也可能带来一些积极作用,如学生团体通过召开会议分析冲突问题,解开冲突双方的心结,很好地解决了冲突事件。这是一种积极影响,能提升学生沟通交往的技巧。

（三）根据冲突事件发生的频率划分

根据冲突事件发生的频率,可以将学生冲突分为偶发的学生冲突和频发的学生冲突。偶发的学生冲突是指发生频率比较低、不太常见的冲突类型,比如因第三方唆使造成的冲突,或者是一方为精神病人的冲突等,这些冲突是比较少见的,属于特殊状况;频发的学生冲突是指发生频率较高、经常可见的学生冲突,比如运动场上或吃饭间的肢体冲突、网络上的口角纠纷,这些都是学生生活中比较常见的冲突类型。

（四）根据冲突事件发生的起因划分

根据冲突事件发生的起因,可以将学生冲突分为生活习惯冲突、肢体冲突、网络冲突、第三方挑唆冲突。引起冲突的生活习惯可以是不同地区的生活习惯,比如全国乃至世界各地学生不同的风俗习惯,或违背社会规范和学校纪律的不良生活习惯,比如在自习室大吵大闹、作息不规律、不讲究卫生、恶言恶语等。肢体冲突包括运动场上的肢体碰撞、行走过程中的擦肩相撞、挑衅式的击打等。网络冲突包括网络游戏中的口角纠纷或利益纠纷、网站上的对骂或诽谤攻击、沉迷网络等。第三方唆使冲突主要是指冲突方之外的人故意挑起事端,引致冲突而不参与冲突的情况。

三、冲突的处理原则

研学过程中学生发生冲突时,研学旅行指导师应本着以学生为本的终极目标,根据实际情况,客观、冷静地分析问题。

(一)遵循实事求是的原则

遵循实事求是的原则,了解事件全貌,根据当下实际情况处理问题。将实事求是运用于研学旅行管理中,需要研学旅行指导师对事件的起因、经过、结果有充分的了解,按实际情况来解决问题,这是处理研学旅行矛盾的基础。

(二)遵循公平公正的原则

遵循公平公正的原则,研学旅行指导师在对待所有同学、所有工作人员、所有事上要做到一视同仁,不能戴有色眼镜;只有秉持公平公正,才能以理服人,让所有人认可、信服,真正解决矛盾。

(三)遵循相互信任的原则

学生之间、学生与研学旅行指导师之间、家长与研学旅行指导师间应遵循相互信任的原则,建立起相互依赖与信任的关系。在研学过程中所有人建立起信任,不仅有利于完满地实现研学旅行目标,更有利于在发生冲突时顺利解决冲突。

(四)遵循尊重人格的原则

学生与工作人员都是具有自我意识、自我控制能力、感觉、情感、意志等机能的主体,每个人都有着区别于他人的独特而稳定的思维方式和行为风格。研学旅行指导师要能换位思考,能照顾学生的感受,将平等地尊重他人人格上升为解决冲突的一种理念。

四、冲突的预防与处理

研学旅行中发生冲突可能会影响学生生命健康、研学旅行的正常开展等,因此要加强对冲突的预防以及提高冲突事件的解决能力,冲突事件的发生主要在学生之间、学生与研学工作人员之间、研学旅行指导师之间、家长与研学旅行指导师之间。

(一)学生冲突

1. 学生冲突发生的原因

研学旅行中最常见的冲突是学生之间的冲突以及学生与工作人员之间的冲突。

研学学生仍是未成年人,身心发展不成熟,自我控制能力不足,缺乏社会交往、沟通的技巧。青春期的学生,尤其容易情绪化,容易与同伴和工作人员产生口角冲突;也可能是由于工作人员的言语不当或者处理问题不够周到,导致学生与工作人员之间出现冲突。

2. 学生冲突的预防

研学开始前对学生进行安全教育,培养学生正确的安全观。引导学生尊重自己和他人的生命安全,向学生明晰触犯他人安全的后果,以防出现有重大后果的学生冲突事件。要对学生进行沟通交往教育,教给学生正确的沟通、交往方法,教导学生学习换位思考以及尊重他人的态度,保持自身的良好习惯,用积极沟通的方式解决交往中的矛盾,而不是采取暴力行为,以免造成不可挽回的后果。研学旅行指导师要加强学生活动和生活空间的纪律管理,加强对违禁物品的管制,向学生强调不能携带管制刀具等危险物品的纪律。

3. 学生冲突的处理

首先及时发现并立刻分离冲突双方,防止冲突扩大、升级;接下来应充分了解冲突原因,向冲突双方分别了解冲突发生的原因,并向其他学生了解事件的过程,以保证客观公正地进行处理;紧接着要帮助双方调整情绪,在双方平复激动的情绪后,再分析事件的过程,帮助双方消除误解与隔阂,引导双方换位思考,看到自身言行的不当之处,找到解决方法。冲突解决后,学校研学旅行指导师还应引导学生分析冲突原因,全面认识冲突事件,以防止事件的再次发生。

(二)研学旅行指导师冲突

1. 研学旅行指导师冲突的原因

研学旅行指导师团队由学校研学旅行指导师、旅行社研学旅行指导师、基(营)地研学旅行指导师等不同单位的人员构成,他们代表着不同集体的利益,并且各自的工作重点、专业背景、工作经验不同,性格、脾气也大为不同,因此在研学过程中发生冲突在所难免。较为常见的是组团社研学旅行指导师与接待社研学旅行指导师之间的冲突,在实际操作过程中,面对各种突发状况,他们可能会忽略沟通方式,引发冲突。

2. 研学旅行指导师冲突的预防

要加强研学旅行指导师的师资培训,加强教育理想信念教育,培养具有教育情怀、较高的专业教学能力及问题处理能力的研学旅行指导师。研学旅行指导师还应加强自我教育、自我管理、个人修养的学习与提升,树立正确的团队合作观,在工作中相互理解,相互包容;注重提升情绪管理能力,注重沟通交流,能在言行举止之中展现良好的职业素养。

3. 研学旅行指导师冲突的处理

研学旅行指导师作为一名教师,要时刻谨记教师的身份,约束自己的一言一行,让情绪冷却,不带情绪工作,产生负面情绪时可以选择隔绝引起情绪的人或者事,尝试转移注意力。在确保研学旅行顺利的前提下,研学旅行指导师可以暂时搁置争议,继续研学之旅,待情绪稳定后和对方充分进行沟通交流,分析各自观点或方法的优劣势。若冲突无法通过自我协调,可以各自寻求第三方支持,如请各自领队(总控)出面分析全局,协调各方利益,合理解决冲突。在冲突缓和后,研学旅行指导师应思考自己在冲突过程中的不当之处,真诚与对方交流沟通,重建工作友谊。

(三)家长冲突

1. 家长冲突的原因

研学过程中学生的生命健康是家长第一关心的,其次才是课程质量和研学接待条件。研学过程中,组织方会建立专门的家长群,会及时发送孩子们的照片、视频。家长对研学旅行指导师产生不满情绪,许多时候是因为家长认为自己的孩子未得到本来签订的研学条件;也可能是因为是家长认为自己的孩子未得到公平对待,不如其他的学生。

2. 家长冲突的预防

校方在选取合作的研学机构时应做到公开透明、程序有序,应在经过筛选后,由家长委员会共同选择合作单位。研学机构入选后应按照签署的合同内容(安全保障措施、研学行程安排、研学旅行指导师资质及研学课程教育实施、车辆、食宿安排等)为学生提供服务。旅行中学校研学旅行指导师应在家长群内及时发送学生研学旅行活动开展的情况,并解答家长关于研学旅行的相关问题,同时注意审查发送到家长群内的消息和照片,要发送积极正面的内容,也要"一碗水端平"。

3. 家长冲突的处理

学生家长在家长群内发消息或者直接打电话给研学旅行指导师表达不满时,学校研学旅行指导师都应立刻回应家长,直接从家长口中了解其不满原因,及时制止家长持续情绪化的现象,避免其在群中发送引起混乱的信息。研学旅行指导师要对家长的问题予以答复和解决,首先表明态度与立场,坚决维护学生的合理要求;如果是家长误解,要向家长解释清楚;如果是团队内存在失误,要根据问题严重程度,向家长和学生表达歉意以及补偿和赔偿。研学旅行指导师解决问题要及时并且要防止事件扩大化。

思考与练习

简答题

1. 如何预防和处理研学工作人员迟到问题?
2. 研学旅行中学生走失的原因有哪些?如何预防和处理?
3. 研学旅行中不文明的行为有哪些?如何预防和处理?

案例分析
孩子赴英国研学旅行被欺凌

在线答题

第八章
研学旅行的安全防控

本章概要

本章系统介绍了研学旅行安全防控知识,包括研学旅行安全概况、安全服务规范与防范体系以及有关研学旅行安全工作的政策建议。

学习目标

知识目标
1. 熟悉研学旅行安全管理的概念、有关政策法规以及学术理论基础。
2. 了解目前研学旅行安全工作现状与存在的问题。
3. 掌握研学旅行安全工作的服务规范与防范体系。

能力目标
1. 具备研学旅行安全工作的理论知识,并能在实际工作中加以运用。
2. 具备研学旅行安全工作的技能,能防范并处理研学旅行安全工作中的问题。

素养目标

树立安全意识,遵守劳动纪律,具备防范意识和生命至上的意识。

章节重点

1. 研学旅行安全管理的内涵与原则。
2. 研学旅行安全服务规范与防范体系。
3. 研学旅行的安全教育。

知识导图

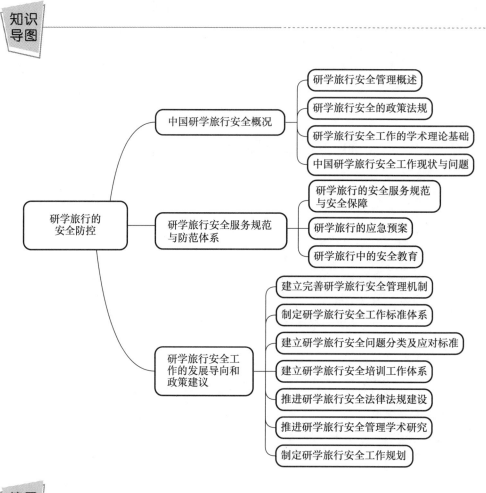

慎思笃行

研学旅行大巴车追尾致1死15伤,安全这道生命关卡如何把好?

2019年11月6日,广州市广清高速狮岭路段发生一起追尾事故,一辆载有学生参加学校组织的秋游研学活动的大巴车追尾大货车,致大巴车司机死亡,货车司机与14名学生受伤。这起事故使研学旅行的安全问题又一次引起社会的广泛关注,研学旅行是中小学生校外教育活动的重要形式,安全保障义务应当由谁来承担?

研学旅行已经成为素质教育的新模式,研学旅行市场未来可期。但因为未成年人自身的原因,在具体实践活动中,他们比成年人更容易受伤,故安全问题成为研学旅行中的重中之重。教育部等11部门于2016年11月30日印发的《关于推进中小学生研学旅行的意见》也对安全责任体系提出了明确的要求,各地要制定科学有效的中小学生研学旅行安全保障方案,探索建立行之有效的安全责任落实、事故处理、责任界定及纠纷处理机制,实施分级备案制度,做到层层落实,责任到人。

研学旅行作为在学校外开展的教学活动,是学校教学活动的延伸,故学校对学生应尽到相应的安全保障义务,应对造成的损失承担赔偿责任。但承接开展研学旅行的旅游经营者对研学旅行中可能出现的安全风险相对于学校更有预见性,所以要比学校承担更高的安全保障和及时救助义务。那么,旅游经营者如何在经营过程中有效地规避风险呢?

研学旅行中涉及的安全因素主要存在于交通、餐饮、住宿、环境这几个方面。对于交通,在选择交通工具尤其是大巴车时,要审核车辆的资质和手续是否齐全,是否有交通部门核发的正式牌照和旅游运营证件,司机是否有多年(至少5年)安全驾驶经验;对于餐饮,要不定期抽查餐厅环境、菜品等,要求餐厅将每日菜品留样;对于住宿,应当提前对基(营)地周围环境进行考察,在楼梯、浴室、开关、插座等有风险隐患的地方标注醒目的警示语;在研学活动开展地要提前对可能出现危险的地方做出警示标识,并且派工作人员在危险地段维持秩序以避免可能出现的安全事故。除了这些,还需要确保意外保险的配备。总之,在安全问题上,提前预防比事后弥补更重要。

(资料来源:搜狐网。)

心领神会

第一节 中国研学旅行安全概况

一、研学旅行安全管理概述

(一)研学旅行安全管理的内涵

研学旅行安全管理是指组织研学旅行的学校和承办机构,依据双方签订的安全责任书在各自安全职责范围内制定和执行各项安全管理制度、方案和预案的过程。

研学旅行的发展如火如荼,然而研学旅行开展的痛点和难点就是安全问题。尽管研学旅行的教育价值毋庸置疑,但是安全问题在实践中成为研学旅行顺利开展的最大阻碍。安全事故一旦发生,必然刺激学校、家长和社会的神经。大家对安全问题的敏感程度越来越高,使研学旅行成为教育部门和家长都不太愿意触碰的"雷区"。

学校作为研学旅行的组织者,需要组织成千上万的中小学生走出课堂、走出校园,走向大自然、大世界、大社会,开展"集体旅行、集中食宿"的研学旅行课程。因此,安全防控以及相关责任问题是学校最担心的问题,由此产生的"畏难""畏责"情绪,使得很多学校组织研学旅行的热情受到影响。

家长作为中小学生的监护人,对孩子的学习成绩和健康成长非常关注,尤其是家长永远将安全问题摆在首位,因此安全问题也是家长在研学旅行课程实施中最关注的点。

如何有效保障中小学生的生命和财产安全,如何有效地进行安全防范工作,是研学旅行实践中必须首要考虑的问题。如果没有行之有效的措施为研学旅行保驾护航,研学旅行活动就无法顺利开展。研学旅行安全管理的内涵要从设计安全、采购安全、实施安全三个方面进行有效梳理。

1. 设计安全

在研学旅行的课程开发、活动策划和线路设计过程中,要尽量发现和排除不安全的因素。在开发研学旅行课程时,要能够预见课程的安全隐患,而不是被动地等出现安全事故后进行排查或者处理;要切实贯彻落实"安全第一,预防为主"的安全工作方针。

研学旅行课程实施标准中要求"集体出行、集中食宿",因此研学旅行活动单次出行的规模较大。在实践操作中,很多学校都是以班级为单位开展活动,有的学校甚至组织全年级进行研学旅行活动。这就导致每次出行人数较多,餐饮、住宿、交通等方面的要求更高。组织大规模的食宿是十分复杂和具有挑战性的,传统旅行活动的标准无法满足这种高要求,也容易导致安全隐患。同时,中小学生的身心特点决定了,一旦走出校门,他们容易放飞自我,在新鲜的环境中学生之间更容易追逐打闹、嬉戏玩耍,容易引发意外事故。

在活动策划和线路设计过程中,一定要尽量发现和排除不安全的因素。在很多研学旅行基(营)地,房间内一律不准放置非固定易碎玻璃器皿,尖角处要进行软包装饰,开水由楼层服务员统一提供,窗户加装安全螺丝栓确保只能打开15厘米左右,不允许售卖冰镇饮料、酒精饮料等。在线路设计过程中,充分考虑沿线的安全问题,如交通、食宿等具体事项的安全。例如,如果乘坐飞机出行,要将学生的安全教育落到实处,确保每一位学生熟知飞机上安全出口的位置、紧急情况下氧气面罩的使用方法等。

总之,在研学旅行课程开发、活动策划和线路设计过程中,要把安全工作放在第一位,首先要考虑安全问题,注重细节管理。

2. 采购安全

在研学旅行的物资采购方面,组织方必须与经营资质齐全、安全保障充分、安全记录良好的供应商合作。供应商的资质十分重要,《中华人民共和国旅游法》第三十四条规定:旅行社组织旅游活动应当向合格的供应商订购产品和服务。虽然该规定是针对旅行社组织旅游活动而言,但是对于研学旅行来说,要求是一样的;而且研学旅行面向的是未成年人,要求甚至会更高。

在旅游领域,因物资来自不合格的供应商而导致的旅游安全问题屡次发生。在研学旅行中,我们不能把安全拿来做赌注,认为只要不出事就好,或者认为事故只要不出在自己所带的研学旅行团队中就好;而应该主动作为,提前做好规划,从源头上做起,在采购时就充分考虑安全问题。

此外，研学旅行保险、安全管理器材、应急物资等采购也必须落实到位。研学旅行的意义是毋庸置疑的，因为"最美的教育在路上"。但是，即便制定了最详尽周密的安全预案，在研学旅行的过程中，还是有可能会出现突发事件或者意外事故。组织方应该避免"因噎废食"，不能因为惧怕发生安全事故，而放弃组织研学旅行活动。

研学旅行保险的采购应该从三方面准备。一是保险公司应该尽快推出"研学旅行责任险"，此保险险种可以由教育部或者各省（自治区、直辖市）教育行政部门出资购买，作为专门为研学旅行保驾护航的责任险。采用政府兜底的保障行为，将此险种作为支撑研学旅行活动安全事故赔偿的后盾。二是研学旅行承办专业机构（一般来说是旅行社等机构）对旅行社责任险进行完善，针对研学旅行活动形成有效的补充，采用"双保险"的制度。三是将"旅游意外险"作为研学旅行责任险的有效补充，从而让研学旅行拥有较为完备的、多种保险机制的综合保障形式。在采购时，要综合考虑保险公司的实力，选择实力雄厚、品牌信用高的保险公司。

安全管理器材的采购应该考虑不同研学旅行课程的实际需要，注重有效的安全管理，包括器材的整体安全以及物资物料的安全，如涉及手工类研学课程时，如何安全使用和管理剪刀这类教具等。在采购时，必须考虑安全性，同时注重过程管理和预防。

应急物资的采购，如防疫物资、医疗物资、急救物资等，必须采购符合国家规定的正规生产厂家的合格产品，严格把控采购关口。

3. 实施安全

在研学旅行实施过程中，应该坚持以安全作为开展一切活动的前提，做到"人人讲安全，处处念安全，事事重安全"。在研学旅行开始前，学校要开展安全教育，不仅要对学生进行教育，也要对带队参加研学旅行活动的教师进行安全责任心教育，从而确保研学旅行活动中的每个环节和细节都不出现问题。另外，学校还需要保持和研学旅行企业或者机构的全方位、多角度的沟通，落实安全责任。在研学旅行过程中，研学旅行指导师要严格按照相关课程标准、规范和要求进行操作，要有安全意识，提升自己的预见性，同时要具备冷静的头脑和良好的心理素质，一旦发生安全事故，能按照应急预案的要求进行相关处理；在研学旅行结束后，对于有关安全方面的问题，要进行总结和反思，不断强化安全意识，防微杜渐。

总之，研学旅行安全无小事，无论是教育行政部门、学校，还是旅游部门、交通部门、旅行社、研学旅行组织机构等，都应该把安全问题放在至关重要的地位，时时讲安全、处处讲安全，才能避免安全问题成为研学旅行发展的最大障碍。

(二) 研学旅行安全管理的原则

研学旅行安全管理主要有安全第一、保障充分、教育有力、专项审核、责任到位五大原则。

1. 安全第一

安全第一是研学旅行安全管理中的首要原则，当研学旅行活动与安全管理有冲突时，必须以安全为重。研学旅行的参与对象几乎都是未成年人，不具备完全民事行为能力，因此在研学旅行活动中，安全问题就是底线问题。为了确保学生的安全，可以放弃既定活动，宁可暂缓甚至中断活动，也要充分保障学生的安全。应牢固树立安全第一的意识，当安全不能充分保障的时候，始终以安全为准绳不动摇，绝不能以牺牲安全为代价开展活动。

2. 保障充分

《关于推进中小学生研学旅行的意见》提出各地要制定科学有效的中小学生研学旅行安全保障方案，要求各地规范研学旅行组织管理。各地教育行政部门和中小学要探索制定中小学生研学旅行工作规程，做到"活动有方案，行前有备案，应急有预案"。研学旅行的课程主要是在校外进行，开放性和不确定性极强，因此需要对研学线路、课程设计、组织方案、实施过程、实施效果等各方面进行事前、事中、事后评估，确保活动中每个环节的安全性。教育行政部门应从顶层设计的角度强化安全管理原则，切实保障研学旅行活动中的安全。

保险行业监督管理机构需要负责指导保险行业提供并优化校方责任险、旅行社责任险等相关保险产品。组织开展研学旅行活动的学校，必须投保校方责任险和师生意外险，充分保障师生的安全。研学旅行的具体承办机构，如旅行社或相关研学旅行教育机构等，必须备齐安全管理所需的物资和应急处理常见物品。

3. 教育有力

首先，要做好行前安全教育，增强学生的安全意识。一定要从思想源头上，牢固树立学生的安全意识。如果没有生命的保障，就谈不上教育，更谈不上发展和幸福。研学旅行是在确保学生安全的前提下开展的教育活动，因此在任何时候，安全都是前提。在研学旅行开展之前，一定要强化学生的安全意识；在研学旅行过程中，个人或者周围的同学遇到任何问题，都应该在第一时间寻求带队教师或研学旅行指导师的帮助。

其次，在研学旅行过程中要做好针对性强的安全教育、安全警示和安全提醒。树立学生的集体意识，强化集体观念，统一行动，做到一切行动听指挥。研学旅行指导师要时刻把安全放在首位，不断地强化安全，在遇到紧急情况或者危险情形时，一定要有明确的安全警示和提示。

最后，在研学旅行行程结束后，要做好安全总结。巩固安全教育成果，总结经验和教训，对于已发生的安全问题，要总结反思，同时举一反三，避免同类事情的再次发生。

4. 专项审核

依据安全管理原则，必须对相关内容进行专项审核，发挥相关主管部门的安全监督管理职责。一方面，组织研学旅行活动的学校要将活动方案（含保单信息等）和应急预案送至相关主管部门审核；另一方面，研学旅行活动的承办机构要将活动方案、行车线路送交警和运管部门备案。通过专项审核，充分发挥相关职能部门的监管职责，才能确保研学旅行活动在实施过程中，各个环节和组织机构都能够充分重视安全问题并予以保障。

5.责任到位

教育行政部门负责督促学校落实安全责任,审核相关方案、预案。学校要与家长和研学旅行承办方签订安全责任书,明确各方责任。教育、旅游、公安、交通、食品药品监管等部门要分别加强各领域安全监督。上述各部门、学校、企业要做到层层落实,责任到人。

(三)研学旅行安全管理理念

根据国家以及各省(自治区、直辖市)制定的研学旅行安全工作指导方针,结合研学旅行的课程性质和课程特点,可以确立研学旅行安全管理的基本理念。

1.确立安全第一理念

《关于推进中小学生研学旅行的意见》明确指出,研学旅行要坚持安全第一,没有安全就没有一切。研学旅行安全风险始终是学校、家长和研学旅行从业人员最担心的问题。安全问题关系到学生身心健康、生命安全,关系到学生家庭幸福。这就要求在研学旅行的各项工作中,各方都要把安全问题放在第一位。安全工作的落实要从线路勘查开始,在课程设计中全面深入分析,在课程实施中着力保障,在课程评价中重点评估。安全第一的理念要贯彻到研学旅行工作的始终。

2.坚持制度为先理念

完善的制度体系是确保研学旅行安全的可靠保证。《关于推进中小学生研学旅行的意见》和《研学旅行服务规范》对建设研学旅行安全管理体系提出了明确的指导意见和建设标准。教育主管部门、旅游主管部门以及其他与研学旅行相关的行业主管机构,学校、旅行社和研学实践教育基地(营地)等研学旅行从业单位,要按照相关要求和意见,分别制定覆盖全面、责任明确、措施具体、方法科学、程序规范的研学旅行安全管理制度。

3.坚持预防为主理念

一切安全管理制度和安全措施的根本目的都是防止安全事件的发生。研学旅行安全工作必须坚持预防为主的原则,要从一开始就在各个环节制定预防安全事件发生的具体措施。在选择线路时,要充分考虑线路资源的各种不安全因素;在勘察线路时,要着重对各种不安全因素进行考察,制定具体可行的应对各类潜在安全隐患的有效措施;在设计课程时,要制定有针对性的安全注意事项;针对各类可能存在的安全问题要制定有效的应急预案。

(四)研学旅行安全工作的基本措施

1.研学旅行安全注意事项

(1)安全注意事项的概念。

安全注意事项是指针对可能发生的意外事故或事件制定的,提醒行为人特别注意，在活动过程中行为人必须遵守的预防性或禁止性措施。

安全注意事项是提供给学生的，是在课程实施过程中学生自己应承担的安全责任，行为主体是学生。承办方或组织者必须将注意事项告知学生，并及时对学生进行提醒和提示。

（2）安全注意事项的制定。

安全注意事项的指向必须具体、有针对性。每一条注意事项都必须针对具体的学习环境、具体的学习条件和具体的设施。

安全注意事项的拟定标准：只要学生按照提示约束和规范自己的行为，就可以避免注意事项指向的危险。

2. 研学旅行的安全防范措施

安全防范措施是指为防范安全事故的发生，针对可能发生事故的环境和条件，承办方或组织者应该提前采取的预防性措施。

安全防范措施是活动承办方应该采取的措施，制定和采取措施的行为主体是承办方。这些措施必须能够起到规避和防范事故发生的效果。安全防范措施不是学生个体可以预见或执行的行为，必须由承办方预先制定，由研学旅行指导师团队具体操作实施。

3. 研学旅行的安全应急预案

安全注意事项和安全防范措施是以预防事故的发生为目的的，而应急预案是一旦出现安全事故或紧急情况，为将损失降到最小而采取的必要措施。

二、研学旅行安全的政策法规

（一）《中华人民共和国安全生产法》《中华人民共和国突发事件应对法》

《中华人民共和国安全生产法》《中华人民共和国突发事件应对法》是各行各业保证安全生产的法律规范。

《中华人民共和国安全生产法》规定："安全生产工作应当以人为本，坚持人民至上、生命至上，把保护人民生命安全摆在首位，树牢安全发展理念，坚持安全第一、预防为主、综合治理的方针，从源头上防范化解重大安全风险。安全生产工作实行管行业必须管安全、管业务必须管安全、管生产经营必须管安全，强化和落实生产经营单位主体责任与政府监管责任，建立生产经营单位负责、职工参与、政府监管、行业自律和社会监督的机制。"该法律确定了政府、生产经营单位、行业组织和从业人员的具体责任，是制定研学旅行安全管理制度、进行安全责任认定的法律依据。

《中华人民共和国突发事件应对法》是为了预防和减少突发事件的发生，控制、减轻和消除突发事件引起的严重社会危害，规范突发事件应对活动，保护人民生命财产安全,维护国家安全、公共安全、环境安全和社会秩序而制定的重要安全法律。该法律对突发事件的预防与应急准备、监测与预警、应急处置与救援、事后恢复与重建等应对活动做出了明确规定,是研学旅行风险管理与应急处置的法律依据。

(二)《旅游安全管理办法》

《旅游安全管理办法》从旅游经营安全、风险提示、安全管理、违法违规处罚等方面对旅游安全工作进行了全面、严格的规范,并在附则中对旅游突发事件等级标准进行了严格界定。

《旅游安全管理办法》是旅游业安全管理工作的专项法规。研学旅行是以旅游为载体的校外教育活动,从承办方的经营业态来讲,这是一种特殊的旅游业态。其安全管理工作必须受到《旅游安全管理办法》的约束。

(三)《生产经营单位生产安全事故应急预案编制导则》《突发事件应急预案管理办法》

《生产经营单位生产安全事故应急预案编制导则》和《突发事件应急预案管理办法》是应急预案编制与实施方面的标准和法规。

《生产经营单位生产安全事故应急预案编制导则》中应急预案的定义:针对可能发生的事故,为最大程度减少事故损害而预先制定的应急准备工作方案。

《突发事件应急预案管理办法》中应急预案的定义:各级人民政府及其部门、基层组织、企事业单位和社会组织等为依法、迅速、科学、有序应对突发事件,最大程度减少突发事件及其造成的损害而预先制定的方案。

以上关于应急预案的专项法规对应急预案的类型、编制与实施做出了详细的规范,是应急预案编制与实施的基本依据。

(四)《关于推进中小学生研学旅行的意见》

《关于推进中小学生研学旅行的意见》(以下简称《意见》)提出了研学旅行安全工作的基本指导方针。《意见》对各地中小学研学旅行的开展提出了"四个以"的基本要求,即开展研学旅行工作要以立德树人、培养人才为根本目的,以预防为重、确保安全为基本前提,以深化改革、完善政策为着力点,以统筹协调、整合资源为突破口,因地制宜开展研学旅行。《意见》特别强调,确保安全是研学旅行的基本前提,安全责任必须落实到位。《意见》把安全性原则作为开展研学旅行的四条基本原则之一,特别指出研学旅行要坚持安全第一,建立安全保障机制,明确安全保障责任,落实安全保障措施,确保学生安全。

《意见》对各地推进研学旅行工作提出了五项主要任务,建立安全责任体系是其中至关重要的一项内容。《意见》明确提出各地要制定科学有效的中小学生研学旅行安全保障方案,探索建立行之有效的安全责任落实、事故处理、责任界定及纠纷处理机制;教育行政部门负责督促学校落实安全责任,审核学校报送的活动方案(含保单信息)和应急预案;学校要做好行前安全教育工作,购买相关的意外险和责任险,与家长、研学旅行委托的企业签订安全责任书;旅游、交通、公安、食品药品监管等部门要各司其职,分别对研学旅行开展涉及的企业、交通工具以及住宿、餐饮等进行安全检查和监督,为研学旅行活动开展提供全面可靠的安全保障。

《意见》还特别指出学校自行开展或采取委托形式开展研学旅行,都需要安排相关人员负责学生活动管理和安全保障,与家长、参与企业等签订协议书,明确各自的权责,切实保障学生安全。

(五)《研学旅行服务规范》

2016年12月,国家旅游局发布的《研学旅行服务规范》(以下简称《规范》)对研学旅行安全管理工作提供了具体规划指导意见。《规范》从安全管理制度、安全管理人员、安全教育和应急预案四个方面对研学旅行安全管理做出了规范。

关于安全管理制度,《规范》提出主办方、承办方及供应方应针对研学旅行活动,分别制定安全管理制度,构建完善有效的安全防控机制。研学旅行安全管理制度体系主要包括研学旅行安全管理工作方案、研学旅行应急预案及操作手册、研学旅行产品安全评估制度、研学旅行安全教育培训制度等。

关于安全管理人员,《规范》提出承办方和主办方应根据各项安全管理制度的要求,明确安全管理责任人员及其工作职责,在研学旅行活动过程中安排安全管理人员随团开展安全管理工作。

关于安全教育,《规范》从工作人员安全教育和学生安全教育两个方面提出了具体要求。关于工作人员安全教育,《规范》提出应制订安全教育和安全培训专项工作计划,定期对参与研学旅行活动的工作人员进行培训。培训内容包括安全管理工作制度、工作职责与要求、应急处置规范与流程等。关于学生安全教育,《规范》也提出了具体的要求。

关于应急预案,《规范》提出主办方、承办方及供应方应制定和完善对包括地震、火灾、食品卫生、治安事件、设施设备突发故障等在内的各项突发事件应急预案,并定期组织演练。

三、研学旅行安全工作的学术理论基础

(一)风险和风险管理

1. 风险

风险,即可能发生的危险。风险的高低,取决于发生损失的可能性和预计的损失的大小。

风险的构成要素包括风险因素、风险事故和损失。

风险因素是指引起或增加某一风险事故发生的机会或造成损失扩大的原因和条

件,是风险事故发生的潜在原因,是造成损失的间接原因。

风险事故是指引起生命财产损失的直接的或外在的事件。没有风险事故的发生就不可能有损失的发生。

损失是指非故意的、非预期的和非计划的经济价值的减少和消失。一般情况下损失分为两种形态——直接损失和间接损失。直接损失是指由风险事故导致的财产本身损失和人身伤害,是一种实质的、直接的损失。间接损失是指由直接损失引起的额外费用损失、收入损失、责任损失。

2. 风险管理

风险管理是指在一个肯定有风险的环境里把风险减至最低的管理过程。风险管理的基本目标是以最小的成本收获最大的安全保障。风险管理是一个动态的、循环的、系统的、完整的过程,包括风险识别、风险估测、风险评价、风险控制、风险管理效果评价等方面的内容。

(二)研学旅行风险的特征和管理

1. 研学旅行风险及其特征

研学旅行风险是指在研学旅行课程实施过程中获得或失去某种有价值事物的可能性。

鉴于研学旅行课程资源的复杂性以及课程实施的真实体验性特征,研学旅行风险也呈现出复杂特征。

第一,客观性。研学旅行风险是研学旅行课程实施的资源、环境、交通、气象条件、场馆设施、基(营)地装备等客观事物和人的活动交叉发展变化过程中所固有的,只要实施研学旅行,其风险就不可避免地存在。

第二,潜在性。由于研学旅行课程资源的复杂性,研学旅行风险的类型也比较多元、复杂,有些风险往往不容易察觉。

第三,相对性。研学旅行风险与行为主体的学习项目、自身能力、旅行与户外活动经验、行为方式和决策密切相关,因此研学旅行风险具有相对性。

第四,损益性。研学旅行风险是和潜在的收益共生的。如果风险超出行为主体所能承受的范围,就可能带来伤害甚至灾难性的后果;如果将研学旅行风险控制在行为主体所能承受的范围之内,则可以让行为主体在课程实施过程中挑战自我、磨炼意志,从而收获快乐、自信与成就感。

2. 研学旅行风险的管理

研学旅行风险的管理要实现两个目标:一是防患于未然,使风险最小化,这是研学旅行风险管理的根本目标;二是损失最小化,在风险事件发生后,将事件所造成的损失降到最小。

（三）研学旅行风险管理的制度体系

1. 研学旅行风险管理的责任机制

研学旅行课程是教育、文化、旅游等行业的从业人员组成的教学团队共同协作完成的教学活动，必须通过主办方、承办方、供应方和保障方紧密合作，才能确保课程安全顺利实施。因此，构建责任分明、衔接有效、组织严密、配合有序的风险管理责任机制是研学旅行风险管理的基础。

2. 研学旅行风险管理的监控机制

研学旅行风险监控是指对研学旅行课程实施全过程中风险因素的监测和控制，密切观察风险因素的变化，及时准确预测可能发生的风险及可能造成的损失，并且采取有效措施对风险因素加以控制，以保证研学旅行课程顺利实施。研学旅行风险监控包括风险监测和风险控制。

3. 研学旅行风险管理的预警机制

研学旅行风险预警是指根据研学旅行课程实施的实际情况及风险管理者的经验，合理划分风险预警区间，判断风险是处于正常状态、警戒状态还是危险状态。研学旅行风险预警系统要求存在于研学旅行的各个环节，保证预警系统能通畅地传递信息。研学旅行风险预警系统是一种全域性、全程性、全员性的风险管理机制。

4. 研学旅行风险管理的决策机制

风险管理决策即风险处理手段的选择，是风险管理的核心和重点。风险管理决策直接影响风险管理的成效，贯穿风险管理的始终，其目标是以最小的成本获得最大的安全保障。通常风险管理的处置方法有很多，应根据实际情况从中选择最佳的方法，并制定出处置风险的总体方案。

风险管理决策的基本流程包括：第一，信息分析，识别各种可能存在的风险及其性质，估计风险的大小；第二，针对某一具体的客观存在的风险，拟定几种风险处理方案；第三，运用一定的决策手段选择一种最佳处理方案或制定某几种方案的最佳组合；第四，根据风险的不确定性，对选择的方案进行评价和修正。

风险处置的方法很多，常用的有风险规避法、风险自留法、风险转移法、建立风险准备金等。

四、中国研学旅行安全工作现状与问题

自2016年底《关于推进中小学生研学旅行的意见》印发以来，2017年至2019年是研学旅行爆发性增长的三年。在政策利好和市场前景预期良好的情况下，教育领域、文化领域、旅游领域及与其相关的各行各业都深度介入研学旅行行业。在各界力量的推动下，研学旅行一时间繁荣起来，但这种爆发性增长也带来了诸多问题和挑战。安全问题是当前亟待解决的重要问题，也是制约研学旅行健康发展的首要因素。研学旅

行教育为本、安全第一,没有安全就没有一切。

对于当前研学旅行安全工作中的突出问题,国务院安全生产委员会专家咨询委员会主任、中国职业安全健康协会理事长、原国家安全生产监督管理总局副局长兼国家安全生产应急救援指挥中心主任王德学在《研学旅行安全工作指南》一书的"序"中深刻指出,当前研学旅行安全工作存在以下问题:①各级教育主管部门和文化与旅游等主管部门尚未建立研学旅行安全管理行政保障体系,不能够从制度和标准上对相关学校和从业机构给予有效的业务指导,也没有建立起规范合理的责任追究制度;②相关从业机构的安全管理机制不健全,不能够建立研学旅行安全的单位责任保障体系;③研学旅行从业人员安全法规知识欠缺、安全风险管理专业知识与技能缺乏、安全风险管控能力严重不足,不能有效规范和处置安全事件;④少数从业机构安全意识淡薄、唯利是图、生师比过大,没有配备合格的安全员,不合理地减少成本,降低了安全保障系数;⑤研学旅行安全员没有从业标准,未经过系统的研学旅行安全专业培训,缺乏安全员应该具备的专业技能,从业人员鱼龙混杂,加大了研学旅行的安全风险。王德学极其深刻地指出了当前研学旅行安全工作的突出问题,也表明了解决这些问题的紧迫性。从调研情况来看,以下七个方面的现状是特别需要引起重视的。

(一)研学旅行安全工作行政管理机制的现状

尽管《关于推进中小学生研学旅行的意见》等重要文件都强调了"研学旅行,安全第一"的理念,但截至2019年底,无论是教育部门、文化和旅游部门还是安全应急管理部门,都还没有出台关于研学旅行安全管理的规范,也没有建立完备的研学旅行安全管理机制。这是研学旅行安全工作当前最需要关注的问题,亟需有关部门高度重视。

(二)研学旅行从业机构安全管理机制现状

从调研情况来看,绝大多数研学旅行从业机构都制定了相关的安全管理制度,但总体上来看,安全管理制度的规范性、实效性不高,从业机构间安全管理水平和质量差异较大。

相对而言,规模大的从业机构,其安全管理制度较为完整规范;而占据市场主体的小微企业,安全管理制度令人担忧。从业机构安全管理机制当前存在的主要问题有以下几类。

1. 制度体系不完备

从业机构的安全管理机制应包括安全管理岗位责任制度、从业人员安全管理业务技能培训制度、实施过程安全监控制度、安全风险保障制度等,但当前能够在这些方面建立完备的制度体系的从业机构并不多。

2. 制度措施不规范

有些从业机构的管理制度仅仅是凭经验甚至是凭想象制定的,逻辑混乱,条文前后不衔接,制度文件的制定没有依据相关的法律和政策规范,也没有安全管理的学术理论支撑;甚至有些企业的所谓安全管理制度仅仅是为了应付投标工作而从网上下载和抄袭的材料。

3. 制度措施无实效

当前从业机构的安全管理制度总体来看针对性不够、实效性不高,制度实施的可操作不强,较难和实际工作相结合,甚至有些仅仅是一个摆设。

(三)研学旅行从业人员现状

总体来看,当前研学旅行从业人员的安全管理能力有待提高,人员结构有待进一步优化。中国成人教育协会调研数据显示,目前研学培训中对安全人员的培训还不够重视,基本上是企业自行进行内部培训,经过系统的专业培训的安全人员较少。

(1)经过教育或安全行业协会或组织培训且合格的安全员数量不到安全员总数的1%。

(2)经过企业内部培训的安全员数量不到安全员总数的10%。

(3)在配备安全员的研学旅行团队中,学生与安全员的配比比例一般为30∶1~50∶1。

这种状况造成了研学旅行从业人员虽对安全工作很重视,却没有足够的安全风险识别与管控能力,不能预见和防范安全事故的发生,当安全问题发生时往往举止失措,不能正确处置和应对。

研学旅行从业人员是防止安全事故发生的重要屏障,对研学旅行从业人员进行系统规范的安全管理业务培训,以及开展岗位能力认证是当前的紧迫任务。

(四)安全第一理念的树立与落实现状

总体来看,各级部门和各类从业机构及从业人员都能够意识到安全问题的重要性,并树立了"研学旅行,安全第一"的理念,但是在实际工作中这种理念的落实情况并不理想。

安全始终是学校、家长及主管部门最关心的问题,也是研学旅行从业人员高度重视的问题,但是当前研学旅行从业人员的安全管理能力还有待进一步提高。安全工作效果仅靠安全意识是不够的,必须以一定的专业能力来保障。

中国成人教育协会的调研发现,有些从业机构在研学旅行工作实施和研学旅行指导师团队人员配置中完全没有体现出对研学旅行安全工作的重视,甚至安全意识和安全工作行为表现相矛盾。

(五)研学旅行安全工作标准现状

当前我国研学旅行安全工作标准体系尚未完善,导致从业机构在实际工作中具有较大的盲目性,研学旅行安全的管理责任人大多凭经验和个人理解去工作。这必然会影响安全管理目标的实现。

（六）研学旅行从业机构规模对安全工作的影响

当前研学旅行从业机构以小微企业为主。这些小微企业运营成本有限,很难在研学旅行安全员岗位设置和安全专业培训方面有充足的经费投入;在市场上,还要面临与大中型企业的业务竞争,利润相对较低。为了节省成本,这些规模较小的研学机构往往聘用未经专业培训的普通研学旅行指导师或导游员兼任安全员,这也会导致研学旅行存在潜在安全风险。

（七）研学旅行安全理论研究与应用现状

研学旅行安全领域的学术研究滞后,导致当前的安全管理缺乏科学的理论指导,存在突出的盲目性和经验主义特征。现在市场上能够见到的研学旅行安全的作品多数是微观层面上各类常见的安全事故和卫生状况的应急处置常识手册,不能够从宏观层面、从系统管理的角度对研学旅行安全管理工作给予切实的指导。

近年来,随着研学旅行市场的持续火热,越来越多的研究者和从业者关注研学旅行的安全问题,并提出了一系列问题处理方案,有望对当前安全管理领域产生重要的影响。

第二节 研学旅行安全服务规范与防范体系

一、研学旅行的安全服务规范与安全保障

（一）研学旅行的安全服务规范

《研学旅行服务规范》为研学旅行在人员配置、服务保障、安全管理等方面提供了具体的参照依据,是引导和推动研学旅行健康发展的重要文件。以下是其对研学旅行安全服务规范的部分规定。

1. 安全员

承办方应至少为每个研学旅行团队配置一名安全员,安全员在研学旅行过程中随团开展安全教育和防控工作。

2. 安全防控措施

主办方应有明确的安全防控措施、教育培训计划。

旅行社(承办方)应制作并提供研学旅行产品说明书,产品说明书除应符合《中华

人民共和国旅游法》和《旅游设施与服务》(LB/T 008)中有关规定,还应包括研学旅行安全防控措施。

3. 交通服务

应按照以下要求选择交通方式：

(1) 单次路程在400千米以上的,不宜选择汽车,应优先选择铁路、航空等交通方式;

(2) 选择水运交通方式的,水运交通工具应符合《水路客运服务质量要求》(GB/T 16890—2008)中的规定,不宜选择木船、划艇、快艇;

(3) 选择汽车客运交通方式的,行驶道路不宜低于省级公路等级,驾驶人连续驾车不得超过2小时,停车休息时间不得少于20分钟;

(4) 应提前告知学生及家长相关交通信息,以便其掌握乘坐交通工具的类型、时间、地点以及需准备的有关证件;

(5) 宜提前与相应交通部门取得工作联系,组织绿色通道或开辟专门的候乘区域;

(6) 应加强交通服务环节的安全防范,向学生宣讲交通安全知识和紧急疏散要求,组织学生安全有序乘坐交通工具;

(7) 应在承运全程随机开展安全巡查工作,并在学生上、下交通工具时清点人数,防范出现滞留或走失;

(8) 遭遇恶劣天气时,应认真研判安全风险,及时调整研学旅行行程和交通方式。

4. 住宿服务

(1) 应以安全、卫生和舒适为基本要求,提前对住宿营地进行实地考察,主要要求如下:①应便于集中管理;②应方便承运汽车安全进出、停靠;③应有健全的公共信息导向标识,并符合《公共信息图形符号》(GB/T 10001)的要求;④应有安全逃生通道。

(2) 应提前将住宿营地相关信息告知学生和家长,以便做好相关准备工作。

(3) 应详细告知学生入住注意事项,宣讲住宿安全知识,带领学生熟悉逃生通道。

(4) 应在学生入住后及时进行首次查房,帮助学生熟悉房间设施,解决相关问题。

(5) 宜安排男、女学生分区(片)住宿,女生片区管理员应为女性。

(6) 应制定住宿安全管理制度,开展巡查、夜查工作。

(7) 选择在露营地住宿时还应达到以下要求:①露营地应符合《休闲露营地建设与服务规范》(GB/T 31710)的要求;②应在实地考察的基础上,对露营地进行安全评估,并充分评价露营接待条件、周边环境和可能发生的自然灾害对学生造成的影响;③应制定露营安全防控专项措施,加强值班、巡查和夜查工作。

5. 餐饮服务

(1) 应以食品卫生安全为前提,选择合格的餐饮服务提供方。

(2) 应提前制定就餐座次表,组织学生有序进餐。

(3) 应督促餐饮服务提供方按照有关规定,做好食品留样工作。

(4) 应在学生用餐时做好巡查工作,确保餐饮服务质量。

6. 医疗及救助服务

（1）应提前调研和掌握研学营地周边的医疗及救助资源状况。

（2）学生生病或受伤,应及时送往医院或急救中心治疗,妥善保管就诊医疗记录。返程后,应将就诊医疗记录复印并转交家长或带队教师。

（3）宜聘请具有职业资格的医护人员随团提供医疗及救助服务。

7. 安全管理

（1）安全管理制度。

主办方、承办方及供应方应针对研学旅行活动,分别制定安全管理制度,构建完善有效的安全防控机制。研学旅行安全管理制度体系包括但不限于以下内容：①研学旅行安全管理工作方案；②研学旅行应急预案及操作手册；③研学旅行产品安全评估制度；④研学旅行安全教育培训制度。

（2）安全管理人员。

承办方和主办方应根据各项安全管理制度的要求,明确安全管理责任人员及其工作职责,在研学旅行活动过程中安排安全管理人员随团开展安全管理工作。

（3）应急预案。

主办方、承办方及供应方应制定和完善包括地震、火灾、食品卫生、治安事件、设施设备突发故障等在内的各项突发事件应急预案,并定期组织演练。

8. 安全教育

（1）工作人员安全教育。

应制订安全教育和安全培训专项工作计划,定期对参与研学旅行活动的工作人员进行培训。培训内容包括安全管理工作制度、工作职责与要求、应急处置规范与流程等。

（2）学生安全教育。

学生安全教育要求如下：①应对参加研学旅行活动的学生进行多种形式的安全教育；②应提供安全防控教育知识读本；③应召开行前说明会,对学生进行行前安全教育；④应在研学旅行过程中对学生进行安全知识教育,根据行程安排及具体情况及时进行安全提示与警示,强化学生安全防范意识。

（二）研学旅行安全保障

1. 制定科学的研学旅行安全方案

为了全面贯彻落实"安全第一,预防为主"的安全工作方针,切实保障广大师生研学旅行的活动安全,研学旅行开始前应制定切实可行的研学旅行安全方案。其主要内容包括以下几个方面。

（1）健全领导机构。

设立研学旅行领导小组,组长一般由开展研学旅行的学校校长或书记担任,主要负责研学旅行整体工作,做好全面协调和指导工作。副组长一般由副校长担任,主要配合组长负责交办工作,做好分管的研学旅行安全工作,做好小组成员协调工作和督促工作。小组成员一般由校委会中层领导担任,主要职责是统一听从领导小组的指挥和安排,负责各自的专项安全工作,做好协调部门和具体管理工作,也可以从车辆管理、纪律教育、餐饮住宿、安全保障、宣传报道、后勤服务等方面给成员进行具体分工。

（2）职责分工明确。

带队教师工作组组长一般由年级组长或教研室主任担任,职责是统一听从领导小组的指挥和安排,做好具体管理工作。工作组成员可有多人,一般由部门处室干事或行政管理人员担任,职责是配合组长做好检查、督促工作,负责下情上报工作,安排宣传报道,负责摄影报道、活动宣传等。安排校医负责研学旅行全程紧急救护,也可聘请校外专业医生。

（3）人员认真负责。

带队教师负责人员点名,做好活动中的安全教育,有序组织工作,落实相关责任。

（4）要求明确清晰。

对参与研学旅行的师生讲明研学旅行全过程及安全注意事项。对工作人员讲明纪律要求,建立责任追究制度。

2.落实相关安全责任

教育主管部门负责督促学校落实安全责任,审核学校上报的研学旅行活动方案（含保单信息）和应急预案。学校要做好行前安全教育工作,负责确认出行师生已全部购买意外险,必须投保校方责任险,与家长签订安全责任书,与委托开展研学旅行的企业或机构签订安全责任书,明确各方安全责任。研学旅行要做到"活动有方案,行前有备案,应急有预案"。

学校负责科学合理地制定方案,以安全优先为原则规划出行线路和出行方式,选用具备合法营运资质的客运公司的交通工具,合理安排研学旅行时间等。安全方案和应急预案是保障落实研学旅行安全问题的关键,同时应告知家长研学旅行活动的意义、时间安排、出行线路、费用收支等信息;加强研学旅行事前培训和事后考核;根据需要配备一定比例的学校领导、教师和安全员,也可吸收少数家长作为志愿者,负责学生活动管理和安全保障;与家长签订协议书,明确学校、家长、学生的责任和权利等。

3.落实研学旅行线路安全保障

（1）加强研学旅行线路研发。

对旅行社和研学旅行主题方案要进行评定,实行严格管理,完善违法信息共享机制,积极创造诚实守信的研学旅行环境,选择规范化、标准化的研学旅行基（营）地。

（2）加强研学旅行目的地安全管理。

在安排研学旅行目的地方面必须做到以下两点。

第一,选择具有合法经营资质的正规接待单位或政府认可的接待单位,可根据各地教育主管部门列出的各级研学旅行基（营）地名单进行选择。我国各级教育主管部门根据研学旅行基（营）地的自身资源和现有条件,将研学旅行基（营）地划分为国家级、省部级和地市级,这些都是正规的研学旅行接待单位,可以满足不同类型的研学旅行需求。

第二,研学旅行接待单位有专业的接待团队、专业的讲解人员和专业的课程实施人员,能够针对小学、初中、高中三个学段学生的学情特点开展研学旅行活动。研学旅行接待单位最好在近5年内无安全事故责任和不良诚信记录;有完善的安全保障制度、安全应急人员和医务人员。

(3)加强研学旅行安全保障。

必须强化研学旅行全过程安全管理,做到防患于未然,确保万无一失。特别要严把研学旅行过程中交通安全、食品安全关。旅行社相关从业人员,如研学旅行指导师等,在上岗前要进行安全风险防范及应急救助技能培训。旅行社要对学生进行风险提示,开展安全培训,要有专业的医护和应急人员随行;要成立专业的应急处置部门,安排专人负责协调处理突发事件;要为师生购置足额研学旅行相关保险;制作紧急联络卡(见表8-1),以备出现安全问题时可根据卡片信息联系到相关人员。

表8-1 紧急联络卡

姓名		
学校		照片
联系电话		
年龄	血型	
酒店住址	班级	
紧急联系人	性别	
所在地	学生证号	
酒店电话	有无过敏史	
备注		

(4)加强研学旅行交通安全管理。

在安排研学旅行交通运输方面必须做到:第一,要考察出行线路,尽量安排通行顺畅、安全的道路,要制定规划科学的线路图;第二,旅行车辆必须选用旅游汽车公司的合法正规运营车辆,不得租用存在手续不全、无资质、未参保等问题的车辆,租用车辆时必须签订运输合同;第三,从业驾驶员应该具备丰富的驾驶经验,最好具有10年以上驾龄或5年以内无安全事故责任和不良诚信记录,应具有应急救护的基本常识和基本技能;第四,在出行过程中,要保证每人都有座位,避免车辆超载行驶;第五,涉及远途或赴境外研学旅行时,要选择安全性能高且成本低的高速列车、旅游专列、航空线路等交通方式。

(5)加强研学旅行餐饮安全管理。

在安排研学旅行团队就餐方面必须做到:选择具备食品药品监督管理部门颁发的餐饮服务许可证和市场监督管理部门颁发的营业执照等具有合法资质的餐饮企业;同时,企业应有大型团队接待经验,相关餐饮从业人员均具有健康证,企业和从业人员5年内无事故责任和不良诚信记录。

(6)加强研学旅行住宿安全管理。

在安排研学旅行住宿方面必须做到:第一,选择具有公安部门颁发的特种行业许可证和市场监督管理部门颁发的营业执照且住宿价格相对较低的经营场所或营地;第二,在住宿中需要搭建户外帐篷时,营地帐篷区应建在高地以防止暴雨、洪水、泥石流等自然灾害造成损害;同时应具有驱蚊、驱虫等措施;有夜间值班巡逻人员,保证应急救援人员随时待命,确保营地学生的住宿安全。

二、研学旅行的应急预案

开展研学旅行,制定应急预案是必不可少的一项重要工作。应急预案的制定应该包含以下几个方面。

(一)明确研学旅行的活动内容

要求参加研学旅行的学生明确活动的内容,针对研学旅行的具体内容,对学生进行安全教育,应急预案中要包含详细的安全保障措施;要把研学旅行活动中有可能发生的安全风险告知学生本人和学生家长,把安全教育内容融入研学旅行活动报名表、研学旅行协议、研学旅行活动的全过程;要根据学生数量和活动本身的需要,安排学校领导、教师具体负责组织和实施。

(二)明确研学旅行的活动地点

研学旅行活动地点的选择影响着研学旅行活动的安全。研学旅行目的地的规模、设施设备状况、交通区位条件等,都会影响研学旅行的开展。

(三)明确研学旅行的交通条件

除了要创造有利于研学旅行的交通条件,开展研学旅行活动的主办方——学校还需要选择与合法经营、证件齐全、具备良好信誉、客运经营时间较长的公司进行合作。在车辆行驶过程中,要求驾驶员谨慎驾驶,避免疲劳驾驶,行驶途中不能与他人闲聊、接打电话、玩手机等,要确保行驶安全。

研学旅行指导师要负责监督行车安全,在行车前提醒学生放好自己的个人物品,防止物品砸伤人员或者其他物品,造成不必要的损失;提醒学生系好安全带;行车途中,不允许学生离开座位在通行道上随意走动,防止摔伤;遇到驾驶员违反交通安全法规或不按规范行车的,要予以提醒。若车辆存在严重安全隐患或驾驶员存在违规操作等,研学旅行指导师应要求立即停车,及时与负责安全相关的领导联系,要求更换车辆或驾驶员等。

(四)明确研学旅行的天气状况

若遇恶劣天气或突发事件,研学旅行领导小组应启动应急预案,按照规定开展工作,必须做到第一时间组织工作,第一时间上报相关主管部门,第一时间拨打报警、救援电话;同时,维护好现场秩序,由带队组长负责,抢救小组应做好应急抢救工作。

(五)明确研学旅行的安全事故

若遇安全事故,如交通安全、食品安全、意外伤害、自然灾害、突发疾病、学生走失、财务损失等,研学旅行指导师应按照相关应急处理程序进行解决,同时在事后写清楚事故说明报告,总结经验教训。

三、研学旅行中的安全教育

《关于推进中小学生研学旅行的意见》提出,各地要制定科学有效的中小学生研学旅行安全保障方案,探索建立行之有效的安全责任落实、事故处理、责任界定及纠纷处理机制,实施分级备案制度,做到层层落实、责任到人。

(一)针对研学旅行指导师的安全教育

研学旅行指导师包括中小学校研学旅行指导师、研学旅行基(营)地研学旅行指导师和旅行社研学旅行指导师三大类。针对不同类别的研学旅行指导师,应分别做好相关安全教育。

第一,加强中小学校研学旅行指导师的价值观和责任心教育。在研学旅行之前,对老师进行明确的工作任务分工,明确主体责任;在研学旅行中,要让老师明确自己的工作任务,协助做好安全管理工作;在研学旅行结束之后,要求老师开展安全总结工作。

第二,加强基(营)地研学旅行指导师的安全教育工作。牢固树立安全第一的思想意识,在研学旅行课程实施过程中,密切关注学生的安全;在课程实施规范和标准上下功夫,严格按照相关操作流程开展活动,避免出现安全事故。一旦发生安全事故,基(营)地研学旅行指导师要保持头脑冷静,按照相关应急预案进行处理。

第三,加强旅行社研学旅行指导师的安全教育。在研学旅行实施过程中,旅行社是承办方,具备组织旅游活动的经验,在安全方面经验丰富,旅行社研学旅行指导师应该绷紧安全防线,提升安全管理意识,做好相关安排,避免安全事故发生。

（二）针对研学旅行学校的安全教育

学校要把安全工作放在首位、做在前面,加强安全和应急机制建设;提前考虑研学旅行过程中可能出现的安全风险,做好预判,并提前制定相应的预防和应对方案。只有这样,学校才能掌握安全工作的主动权。

（三）针对研学旅行承办方的安全教育

学校要和开展研学旅行的企业、机构或有关资源单位全面沟通,加强安全教育,全面落实安全责任。

（四）针对学生的安全教育

中小学生参加研学旅行,应对其开展行前安全教育,从吃、住、游、行、人身安全、财产安全等方面强化学生安全意识,提高自我保护能力。

1. 吃

研学旅行前要注意调整饮食,多吃清淡食物,以免上火。在研学旅行过程中,不能随便购买零食、冷饮,不吃陌生人给的东西,切勿吃生食、腐烂水果,不要光顾路边无牌照摊档;切忌暴饮暴食,多喝温水,多吃蔬菜、水果;要在统一安排的餐厅就餐,不应挑食,要注意营养均衡;不得抢饭,若不够吃,可向带队教师反映;用餐时不要着急,不要烫伤自己;服务员上菜时要格外小心。带队研学旅行指导师应协助年龄较小的学生料理日常生活。

2. 住

要注意休息,保持精力充沛。活动期间不得在夜间或自由活动时间自行外出。如果确实需要外出,要告知研学旅行指导师,并请人陪同以保证安全。入住宾馆,检查房间内设施是否有问题,如有问题须及时告知研学旅行指导师或在指导师查房时及时向其反映。住宿时,切勿贪图一时凉快用冷水洗澡,如需帮助应及时给研学旅行指导师打电话。晚上按时就寝,查房后,锁好房间门,不要让陌生人进入房间,不得擅自离开房间。

3. 游

遵守团队纪律,随身佩戴研学旅行卡牌,必须听从研学旅行指导师的安排,爱护资源,保护环境,不损坏公共财物和设施设备。不得无故退出或中途离开团队,旅途过程中,自觉排队,有序游览,不要拥挤。

4. 行

遵守乘车时间,准时抵达集合地点,不要误车。车辆行驶途中不得擅自离开座位,不得随意走动,不要把头、手伸出窗外,车上不得大声喧哗,随时保持车上卫生。上车后系好安全带,靠走道的学生应放下座椅把手。

5. 人身安全

遵守纪律,安全第一。要严格执行安全规定,确保购买旅行社责任险及意外伤害保险,在研学旅行过程中发生人身意外事故,按保险条款处理。不得隐瞒重大疾病和药史(如有无心脏病、传染病史等)。洗澡时,注意防滑,要调好水温,防止烫伤。不得触摸电器线路板、插座等带电设施。

6. 财产安全

尽量少带贵重物品。不在公共场所露出大额现金,不乱花钱。注意保管好自己的财物,现金超过100元的学生可将现金交由带队教师暂时保管。

7. 纪律意识

要有蓬勃向上的朝气,讲文明、懂礼貌,保持良好的精神面貌,要团结友爱、互帮互助。同学之间发生矛盾时,应及时向研学旅行指导师反映。不要相互追逐打闹,按顺序行走,认清自己的队伍、队旗、研学旅行指导师,服从安排。

8. 集体意识

要有集体观念,统一行动,互相帮助,不要独自离开或者随意更改旅游地点和时间,若确实有要事(如买水、上洗手间等),必须向研学旅行指导师说明,由其陪同随行。在活动期间不得和陌生人来往,要提高警惕,不接受陌生人给予的食物;遇到有人搭讪或纠缠,要立刻向研学旅行指导师报告,特殊情况下可求助警方。如果发现同伴身体不适,应立刻报告研学旅行指导师。若有同学走散,不要恐慌惊叫,听从研学旅行指导师指挥,集体结伴寻找。

9. 必备物品

研学旅行时必须携带部分生活用品及安全防范用具。

洗漱用品:毛巾、牙膏、牙刷、洗发水、沐浴露、洗衣液等。

常备药品:感冒药、腹泻药、晕车药、跌打损伤药、清凉油、创可贴、驱蚊药、花露水等。

生活用品:钱包、塑料袋、衣物、鞋、卫生纸、防晒装等。

学习用品:双肩包、研学资料、签字笔、笔记本、手机、照相机等。

防护用具:手电筒、雨披、求救哨子、小黄帽、应急救护包、旅行卡牌、反光背心等。

总之,研学旅行安全有赖于学校、研学旅行承办机构、研学旅行基(营)地、旅游部门、交通部门、公安和食品药品监督管理部门、保险公司等相关主体的密切配合、多方联动。

第三节 研学旅行安全工作的发展导向和政策建议

近年来,我国研学旅行迅速发展,相应的制度体系构建、工作标准规范和人力资源建设呈现出一定的滞后性。有关部门应尽快健全相关行业发展规范,通过政策、制度和标准来明确发展导向,引导行业健康发展。

一、建立完善研学旅行安全管理机制

(一)建立研学旅行安全工作行政管理机制

1. 建立审核备案制度

地市、区县教育主管部门及文化和旅游主管部门要建立研学旅行工作审核备案制度。所辖学校和研学旅行从业机构开展研学旅行要提前向主管部门申报研学旅行工作方案。

(1)招投标文件审核备案。

教育主管部门要负责对所辖学校的研学旅行招标方案进行审核把关,严格执行国家有关招投标的法律规定。经过审核批准的招标公告可以在教育主管部门和学校的官方网站上发布,未经审核批准的招标公告不得发布执行。招标公告的审核必须坚持合法、公正、公开、公平的原则,坚决杜绝招投标环节出现不规范甚至暗箱操作等违规违法行为。招标文件和招标公告中关于研学旅行安全的条款要作为重点审核的内容。

文化和旅游主管部门也要建立研学旅行工作审核与备案制度。重点对所辖从业机构与相关方签订的合作协议、保险合同等进行审核或备案。

(2)安全预案审核。

学校和研学旅行从业机构要在招投标工作结束后将安全预案和中标课程一起提交主管部门,主管部门负责对安全预案进行审核,预案审核通过后对课程进行备案。

教育主管部门要根据《生产经营单位生产安全事故应急预案编制导则》的有关要求,对学校和从业机构提交的合作协议和安全应急预案进行严格审查。

2. 建立完善的安全预警与报告制度

教育主管部门要负责建立安全预警机制,实行安全预警等级制度。学校在研学旅行课程实施过程中要按照规定向教育主管部门进行安全报告。安全报告可以采用每日报告制度,也可以依照安全预警等级制度实行事故报告制度。

文化和旅游主管部门要根据安全预警等级制度建立安全应急响应机制。研学旅行承办方和供应方要依据安全预警等级制度和安全应急响应机制向主管部门实行事故报告制度。承办方和供应方主管部门接到安全事故报告后,要立即按照响应条件启动应急预案。

关于安全报告,可以建立常规报告渠道和紧急报告渠道。常规报告渠道可以通过网络平台进行安全信息报告。紧急报告渠道下,学校、从业机构、教育主管部门、文化和旅游主管部门都要设立研学旅行安全联系人,通过联系人电话报告。研学旅行行政主管部门和学校的研学旅行安全联系人必须相互保持电话畅通,随时准备应对突发事件。

3. 建立分级响应机制

尽快建立完善研学旅行安全管理分级响应机制,制定各级别安全事故的响应条件和响应程序。轻微安全事故由研学旅行指导师负责处理,较为严重的安全事故应依据事故的严重程度分级启动相应应急预案,根据不同级别的响应条件逐级启动应急预案,确保安全事件得到迅速有效的处理,将损失降到最低。

4. 实施分类处置机制

研学旅行课程资源的多样性决定了需要应对的安全问题非常复杂,为全面应对各类安全问题,要对可能面临的各种情况进行科学分类。对不同类型的安全事故制定相应的科学高效的处置措施,并对从业人员按照分类处置机制进行系统培训,确保每个人都知晓和掌握各类安全问题的处置流程和技术标准。

5. 建立责任认定机制

鉴于研学旅行的工作特点,无论安全管理制度如何完善,安全事件都有可能发生。一旦发生安全事件,安全责任的认定就是一件非常困难的事情,这也是困扰学校和研学旅行从业机构的一大难题。安全责任认定没有相应的法律和标准,已经成为制约研学旅行工作健康发展的主要因素之一。建立有效的安全责任认定机制已经是一项刻不容缓的任务。教育主管部门与文化和旅游主管部门要主持建立研学旅行安全责任认定机制,在建立安全责任认定机制过程中,应组织法律、交通、保险、医疗、应急保障等各领域的专业机构和专业人员广泛参与。相关部门应在此工作基础上推动相关立法工作,为研学旅行乃至整个户外教育领域的健康发展建立法律保障体系。

6. 建立研学旅行安全责任追究机制

各研学旅行参与方应建立基于安全责任认定的安全责任追究机制。安全责任追究包括两个方面的问题,即外部追责和内部问责。

7. 建立完善市场准入制度

建议地市级教育主管部门尽快建立研学旅行市场准入制度,明确界定可以承办学校研学旅行课程的旅行社及其他研学旅行专业机构的资质条件,严格规范承办方、供应方的从业行为,确保研学旅行课程实施的安全规范;建立研学旅行从业机构安全管理等级认定制度,明确不同安全管理等级机构可以投标的研学旅行课程招标活动的标准,促进研学旅行从业机构不断完善,改进安全管理工作,提升安全管理水平。

建议建立黑名单制度,将在研学旅行从业过程中发生重大安全事故的承办方和供应方列入黑名单,取消或限制其承办和参与研学旅行业务的资格。

建议建立白名单制度,将在开展研学旅行业务中表现优秀,特别是安全保障工作表现优秀的承办方和供应方列入白名单,供学校在研学旅行招标时优先选择。

8. 建立多方联动机制

研学旅行课程是需要多方合作才能完成的教育教学活动,涉及教育、文化和旅游、交通、餐饮、医疗、保险等多个行业;就课程实施过程中的主要合作方而言,涉及主办方、承办方、供应方和保障方等不同单位角色。无论是研学旅行的安全预防还是安全事件的处置,都需要各方联动完成。因此,为有效应对研学旅行安全问题,教育部门及文化和旅游部门应牵头建立各方参与的研学旅行安全工作联动机制。在同一部门内，特别是对研学旅行工作有主管责任的教育部门及文化和旅游部门内部，也需要建立主管部门、主办或承办单位、课程实施团队的安全联动机制。

（二）指导研学旅行从业机构建立安全管理机制

研学旅行行政主管部门应尽快建立完善对所辖学校或从业机构的业务督导机制，指导学校或从业机构建立科学规范的研学旅行安全管理制度、教师及从业人员的岗位能力培训制度、课程实施过程中的安全监控制度、研学旅行课程组织的安全保障制度和全方位的安全评价制度。

研学旅行行政主管部门要对所辖学校或从业机构定期进行全面的或专项的安全督导与评价，对发现的问题责令整改，对严重违规行为进行问责和处置。

二、制定研学旅行安全工作标准体系

研学旅行作为新生事物，缺乏工作标准是重大的安全隐患。应尽快制定研学旅行安全工作标准体系，从源头上防范研学旅行安全事故的发生。相关从业人员包括研学旅行从业机构（包括学校、承办方和供应方）的主管人员、各方执行课程实施的研学旅行指导师、研学旅行随队医生和研学旅行安全员。要制定各类岗位从业人员的基本素质标准和安全职责，特别是对研学旅行安全员，要实行执业资格认定制度，对其岗位能力和岗位职责制定严格和清晰的标准。

（一）指导学校及从业机构建立科学的研学旅行工作规范

地市或区县级教育主管部门应该负责建立学校研学旅行工作规范，对学校开展研学旅行工作给予全方位、全过程的操作指导。

学校研学旅行工作规范应该在学校研学旅行制度建设、师资培训、课程建设、招投标、合作协议等各方面制定规范性要求；对研学旅行工作从招标、行前课程、行中课程到行后课程的全过程提出规范性指导意见。文化和旅游主管部门应该主持建立承办方、供应方等各学校及从业机构的研学旅行工作流程，制定研学旅行工作和服务标准，规范从业人员的执业行为。

（二）制定研学旅行从业人员能力标准

研学旅行的主要从业人员大体由两类人员组成：一是教育系统的教师和学校研学旅行教育主管人员；二是文化和旅游系统的旅游管理、导游、安全员等从业人员。教育主管部门应制定教师和学校研学旅行教育主管人员的能力结构和能力标准，并依据标准研制研学从业人员培训课程体系。

建议教育主管部门与文化和旅游主管部门一起制定研学旅行从业人员知识结构

和岗位能力标准,特别是对于直接面向学生进行课程实施的研学旅行指导师和研学安全员,要制定明确的从业能力标准。

(三)制定研学旅行从业机构准入标准

研学旅行从业机构必须是在国家相关部门合法注册、具有独立法人资格的法律主体,如旅行社、青少年宫、专业协会、户外教育机构等;还要从机构资质、规模、资金状况、从业业绩、诚信记录等各方面规定准入标准细则。

(四)制定研学旅行实践基地建设标准

地市级教育主管部门应负责制定研学旅行实践基地的建设标准,建设标准应涵盖设施标准、服务标准、课程标准、交通标准、周边环境标准、救援保障标准、岗位责任标准等各方面的建设内容。教育主管部门应依据相应标准,组织辖区内研学旅行实践基地的评审和认定,并推荐或组织申报省级、国家级研学实践教育基地。

对于所辖研学旅行实践基地,教育主管部门要督导其按照建设标准完成建设任务,按照相关管理标准规范实施研学旅行课程,强化安全责任意识,全面落实安全管理要求。

(五)建议教育主管部门制定科学规范的课程设计与实施标准

课程设计与实施不规范会导致研学旅行课程教育为本的理念不能得到有效落实,主要原因之一就是课程设计与实施的标准还没有建立。建议教育主管部门尽快制定研学旅行课程设计与实施标准,引导学校进行研学旅行课程建设。在课程设计与实施标准的制定过程中,要把安全标准作为一项重要的内容,研制明确的指标细则。教育主管部门可以组织关于研学旅行课程规范的专项培训,提高学校的研学旅行课程设计、实施和评价能力。

为促进学校研学旅行课程规范实施,可以组织优秀课程评选,以评促学,并遴选出优秀课程作为示范。在评选优秀课程时,要把课程设计的安全要素作为评审的重要指标。

三、建立研学旅行安全问题分类及应对标准

(一)建立研学旅行安全危害因素辨识标准和安全问题分类体系

为有效应对安全事件,要尽快建立研学旅行安全危害因素辨识标准和安全问题分类体系。建议依据研学旅行安全风险因素和研学旅行课程资源类型建立研学旅行安全问题分类体系。基于安全风险因素及其产生原因进行安全问题分类,有利于针对不同的安全问题制定防范措施和处置标准。基于研学旅行课程资源类型进行安全问题分类,有利于针对不同类型课程资源的风险因素进行安全防范措施和安全注意事项的

研制,有利于针对研学旅行课程设计和课程实施机构建立研学旅行安全应对管理机制。

(二)建立研学旅行突发问题的应对和处理标准

相关部门和机构尽快建立研学旅行突发问题的应对和处理标准,建议从事故的预防和处理两个方面制定安全问题应对和处理从业技术标准、工作流程和相关人员的岗位责任标准。根据研学旅行安全实践,针对常见的安全问题制定科学简明、便于操作的应对和处理标准,是防范事故发生和降低事故损失的重要前提。特别是对于以下几类常见的研学旅行安全问题,应尽快制定应对和处理标准。

(1)交通事故。交通事故是研学旅行过程中容易造成群死群伤等重大安全问题的事故。根据承运工具的不同,交通事故主要分为公路交通事故、铁路交通事故、水上交通事故和航空交通事故。

(2)重大自然灾害。研学旅行过程中可能遇到的重大自然灾害有地震、暴雨、洪灾、台风、泥石流、滑坡等气象和地质灾害。

(3)人为事故。常见的人为事故包括食物中毒、绝大多数火灾、溺水、烧烫伤、冲突导致的伤害等。

(4)常见疾病与运动损伤。常见疾病主要包括中暑、流感、腹泻、过敏、低血糖等;常见运动损伤包括表皮擦伤、软组织挫伤、肌肉韧带拉伤、关节扭伤、伤口出血、骨折等。

四、建立研学旅行安全培训工作体系

相关行业协会要加大工作力度,切实推进研学旅行安全培训工作,要制订短期培训计划和中长期培训计划,建立和完善研学旅行安全培训工作体系。

研学旅行安全培训计划应该包括培训的规模规划、层级规划、时间规划和区域规划。

建立和完善研学旅行安全培训工作体系,要探索培训和执业资格认定制度相结合的培训机制,将安全培训制度化、常态化;探索研学旅行安全学习学分制,建立研学旅行安全业务学习的全职业生涯学习促进机制。2019年教育部批准在高校设立研学旅行管理与服务专业,在高校相关专业的课程建设中要把研学旅行安全课程作为课程建设的重要领域,所培养的学生要具备熟练的安全应对和处理能力以及初步的安全管理能力。

五、推进研学旅行安全法律法规建设

研学旅行是一门跨领域的中小学校外教育课程,也是一个跨行业的巨大产业。研学旅行行业的健康发展,既涉及千家万户的切身利益,也关乎国家素质教育改革的深入推进,以及国家休闲旅游产业的多元化创新发展。由于研学旅行涉及多部门、多行业,管理难度极大,迫切需要法律法规的规范、约束和保障。特别是在研学旅行招投标、研学旅行纠纷的仲裁与处置、研学旅行安全责任的认定标准和认定机制方面,亟待相关法规来规范。

六、推进研学旅行安全管理学术研究

建议成立研学旅行安全管理学术研究机构,推进研学旅行风险管理学术研究,并通过学术研究机构、行业协会和有关管理、培训平台相结合的方式,将研学旅行安全管理研究的学术成果在研学旅行工作实践中进行检验和落实,发挥学术对实践工作的引领和保障作用。

建议相关行业协会和出版机构发挥对学术研究的引领和导向作用,合理规划研学旅行领域的出版工作,在教材研发、资源库建设、精品案例、操作手册等方面合理安排人力和出版资源,完善和丰富学术资源体系,满足人才培养和工作引领的需求。

七、制定研学旅行安全工作规划

为了有序推进研学旅行安全工作不断发展,全面提高研学旅行安全工作水平,建议研学旅行主管部门或与研学旅行安全工作相关的行业协会主导编制研学旅行安全工作发展规划。研学旅行逐渐成为中小学的常态化学习方式,将在很长一段时间影响学校的教育教学管理工作和学生的体验学习,研学旅行的安全工作将在很大程度上决定研学旅行能否健康可持续发展。应把研学旅行安全工作作为一个专门的工作领域来制定发展规划,统筹政策、法规、技术、设施、实践和学术研究,调动各方面的行业资源,有计划地推进研学旅行安全工作,保障研学旅行健康有序发展。

案例分析

研学旅行团学生受伤,各方如何担责?

 思考与练习

简答题
1. 研学旅行安全管理的原则有哪些?
2. 研学旅行风险的特征是什么?
3. 如何保障研学旅行中的交通安全?

在线答题

第九章
研学旅行的招投标

本章概要

本章较为系统地论述了研学旅行招投标的理论、程序与工作流程,研学旅行指导师需要具备招投标相关的业务能力与知识储备。本章除了阐述理论,还以案例形式介绍了招投标文件的编制。

学习目标

知识目标

1. 了解和熟悉研学旅行招投标的理论、资格、程序与工作流程。
2. 掌握研学旅行招投标的流程与方法。

能力目标

1. 能够运用研学旅行招投标的知识,撰写相关文案。
2. 能够分析现实中的招投标现象,把握招投标的方法与流程。
3. 能将所学知识内化为能力,为未来工作奠定良好基础。

素养目标

形成良好的法律意识与规则意识,培养积极进取精神。

章节重点

1. 研学旅行招标人和投标人的定义与资格。
2. 研学旅行招标和投标的程序与环节。
3. 研学旅行招标文件与投标文件的编制。

知识导图

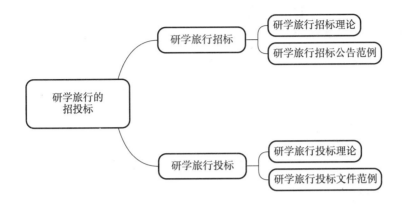

慎思笃行

研学旅行收费不可成为脱缰之马

日前,多地中小学校陆续开展了丰富多彩的研学活动。学生通过研学开阔了眼界,增长了知识,增加了才干。但一些高价研学旅行也引来了家长的吐槽和反对。譬如,广东某校组织学生前往香港开展为期5天的研学旅行,每个学生收费5980元。针对家长反映的高价研学现象,有关机构进行了调查。调查显示,绝大多数研学活动中,费用都是由第三方研学组织机构收取的,或者学校仅仅是代收,家长和学生自愿选择是否参加,学校没有强迫行为,但这并没有削弱家长反对的声音。

读万卷书,行万里路。学校组织学生参加一些高价研学旅行本质上没有错,单从商业角度来看,只要第三方机构能够提供与高价对等的高品质活动及服务,这是没有问题的。但是我们要认识到,中小学生研学旅行活动面向的是全体在校学生。因此,我们应考虑每一个家庭的经济承受能力,不能用高价把绝大部分孩子拒于研学旅行的大门之外,研学旅行要更多地考虑大多数普通家庭的经济承受能力。

(资料来源:郭珲峰.研学旅行收费不可成为脱缰之马[J].陕西教育(综合版),2023(Z2):78.)

心领神会

第一节　研学旅行招标

一、研学旅行招标理论

（一）研学旅行招标人定义

研学旅行招标人是依照《中华人民共和国招标投标法》规定提出研学旅行招标项目进行研学旅行项目招标的法人或者其他组织。根据《中华人民共和国民法典》第五十七条，法人是具有民事权利能力和民事行为能力，依法独立享有民事权利和承担民事义务的组织。该组织包括企业法人、机关法人和社会团体法人。法人不是自然人。

（二）研学旅行招标人资格

研学旅行招标人必须具备以下条件：
（1）必须依法成立，经国家职能部门核准登记后取得法人资格；
（2）必须具有必要的财产或经费；
（3）有自己的名称、组织机构和场所；
（4）能够独立承担民事责任。
依法成立的学校、教育培训机构以及研学旅行教育协会、学会等都是法人，开展研学旅行活动时都具有研学旅行招标人资格。

（三）研学旅行招标程序

研学旅行招标的程序包括：
（1）招标人编制招标计划，履行审批手续，取得批准；
（2）招标办与招标代理机构办理委托手续，确定招标方式；
（3）进行市场调查，招标办与招标代理机构和招标人确认招标项目后，编制招标文件；
（4）发布招标公告或发出招标邀请函；
（5）出售招标文件，对潜在投标人进行资格预审；
（6）接受投标人标书；
（7）在招标公告或招标邀请函中规定的时间、地点公开开标；
（8）评标委员对投标文件进行评审；
（9）依据评标原则及程序确定中标人；
（10）向中标人发送中标通知书；

(11) 组织中标人与招标单位签订合同;

(12) 进行合同履行的监督管理,解决中标人与招标单位的纠纷。

(四) 研学旅行招标主要工作环节

1. 编制招标文件

招标人在招标申请批准后,需要编制招标文件,其主要内容包括以下多个方面:

(1) 项目简介;

(2) 投标邀请;

(3) 课程方案及要求;

(4) 研学旅行保障及服务标准;

(5) 投标人资质和条件要求;

(6) 提交投标文件的截止时间、方式及标书文件封装要求;

(7) 投标文件的内容详单;

(8) 开标说明,包括开标时间和地点、投标人参加开标的代表要求、投标人代表应现场提交的资料说明;

(9) 评标流程及纪律要求;

(10) 付款方式;

(11) 招标方案的解释权声明;

(12) 招标工作联系人及联系方式。

2. 确定标底

招标人组织专业人员按研学旅行课程方案并结合现场实际,匡算出研学旅行行程总造价和单项费用,然后报上级主管部门等审定。标底一经确定,应严格保密,任何人不得泄露。如果招标人不熟悉研学旅行项目标底的编制,可以聘请旅行社或招标代理机构帮助代编。标底不能高于研学旅行项目批准的预算总额。

3. 进行招标

一般分为招标和报送标函、开标、评标、决标等几个步骤。

4. 签订研学旅行合同

按中标标函规定的内容,招标人与中标人签订合同。

5. 监督执行

合同签订后要由有关方面监督执行。合同可以经当地公证单位公证,受法律监督,也可以由教育主管部门和旅游主管部门等单位进行行政监督。

(五) 招标公告或招标邀请函的发布

1. 招标公告的发布方式

(1) 自主招标采用学校网站与多种媒体相结合的方式发布招标公告。预审结果公示及招标信息发布一般用学校网站或其他招标单位官网，也可以是上级教育主管部门网站、报纸电视、线上研学服务平台及各类新媒体。

（2）如果是委托招标，由委托代理机构根据需要选择合适的媒体平台发布招标公告。

2. 招标邀请函的发布方式

研学旅行招标有公开招标和邀请招标两种方式。采用邀请招标时，招标邀请函直接送达受邀单位，不公开发布。

3. 招标公告或招标邀请函的发布时间

课程实施前2个月之前或者评标工作一个月前。

二、研学旅行招标公告范例

以中国政府采购网上"阜阳职业技术学院2020年春季研学旅行项目招标公告"为例，研学旅行招标公告如下：

阜阳职业技术学院2020年春季研学旅行项目招标公告

中乾立源工程咨询有限公司受阜阳职业技术学院的委托，现对阜阳职业技术学院2020年春季研学旅行项目进行公开招标，欢迎具备条件的国内投标供应商参加投标。

一、项目名称及内容

1. 项目编号：YDCG-F2019109
2. 项目名称：阜阳职业技术学院2020年春季研学旅行项目
3. 项目单位：阜阳职业技术学院
4. 资金来源：财政资金
5. 项目预算：160万元
6. 最高限价：800元/人（约2000人，以实际出行人数为准）
7. 标段（包别）划分：一个标段

二、投标供应商资格

1. 符合《中华人民共和国政府采购法》第二十二条规定。
2. 本项目不接受联合体投标。
3. 供应商存在以下不良信用记录情形之一的，不得推荐为中标候选供应商，不得确定为中标供应商：

（1）供应商被人民法院列入失信被执行人的；

（2）供应商或其法定代表人或拟派项目经理（项目负责人）被人民检察院列入行贿犯罪档案的；

（3）供应商被工商行政管理部门列入企业经营异常名录的；

（4）供应商被税务部门列入重大税收违法案件当事人名单的；

(5)供应商被政府采购监管部门列入政府采购严重违法失信行为记录名单的。

4. 具有有效的营业执照。

5. 按照相关法规、规章的规定投保旅行社责任保险(须提供有效期内保险单复印件并加盖公章)。

三、报名及招标文件获取办法

1. 招标文件获取时间:2019年12月6日9时至2019年12月27日9时(注:不少于5个工作日)。

2. 报名方式:

(1)凡有意参加的供应商,可在阜阳市公共资源交易网下载招标文件。

(2)颍东区人民政府网 http://www.yd.gov.cn/。

四、开标时间及地点

1. 开标时间:2019年12月27日9时(注:距招标文件发售开始时间不少于20日)。

2. 开标地点:阜阳市公共资源交易中心开标555室。地址:城南新区三清路(新三中斜对面)阜阳市民中心五楼。

五、投标文件递交时间、截止时间及地点

1. 纸质投标文件递交时间:投标截止时间前1小时内。

2. 投标文件递交的截止时间(开标时间)同开标时间。

3. 投标文件提交地点:阜阳市公共资源交易中心开标555室。

4. 逾期送达的或者未送达指定地点的投标文件,采购人拒绝接受。

六、联系方法

(一)项目单位:阜阳职业技术学校

地　　址:阜阳市颍东区众兴路与富强路交叉口

联系人:×××

电　话:×××

(二)采购代理机构:中乾立源工程咨询有限公司

地　　址:阜阳市城南新区高速时代城26栋201室

联系人:×××

电　话:×××

七、其他事项说明

1. 本项目需落实的节能环保、中小微型企业扶持等相关政府采购政策详见招标文件。

2. 请各位潜在投标人认真对待项目投标,投标文件制作时,签字或盖章等不可缺少,由此产生的责任由投标人自行承担。请认真理解招标人需求,充分理解招标文件各项规定。

八、公告期限

本项目公告期限为5个工作日。

九、投标保证金缴纳账户

账户一：

收款单位：阜阳市公共资源交易中心投标保证金专户

开户银行：×××

银行账号：×××

账户二：

收款单位：阜阳市公共资源交易中心投标保证金专户

开户银行：×××

银行账号：×××

账户三：

收款单位：阜阳市公共资源交易中心投标保证金专户

开户银行：×××

银行账号：×××

2019年12月6日

第二节　研学旅行投标

一、研学旅行投标理论

（一）研学旅行投标人定义

研学旅行投标人是响应学校或者教育管理机构招标，已在学校、教育管理机构或招标机构处领购研学旅行招标文件并参加研学旅行投标竞争的法人或其他组织。任何未在招标人或招标机构处领购招标文件的法人或其他组织均不得参加投标。旅行社如果响应学校或者教育管理机构招标，已领购招标文件并参加投标竞争，就已为研学旅行投标人。

（二）研学旅行投标人资格

研学旅行投标人应当具备承担研学旅行招标项目的能力。国家有关规定对投标人资格条件或者招标文件对投标人资格条件有规定的，投标人应当具备规定的资格条件。

（三）获取研学旅行招标信息的渠道

获取研学旅行招标信息的渠道有以下几种。

（1）各地教育系统网站公告信息。学校招标信息经上级主管部门批准后，一般会在教育部门官方网站上公布。

（2）学校官网。

（3）研学旅行招标方委托代理机构发布的招标公告。

（4）招标主办方投送的招标邀请函。

（5）研学旅行专业平台发布的招标信息。

（6）百度关键词检索招标信息。

（7）其他渠道获得研学旅行招标信息。

（四）研学旅行投标流程

根据《中华人民共和国招标投标法》，旅行社研学旅行项目投标程序是：研究招标文件—规划研学旅行线路—勘察线路，收集资料—复核工作量—编制研学旅行手册—编制投标文件—提交投标文件—开标与评标。投标的详细流程如下：

1. 研究招标文件

重点是投标人须知、合同条款、研学旅行线路、研学旅行目的地范围、研学点资源、研学工具、饮食饭店要求、住宿酒店要求、交通工具要求、学生数量、学生层级、价格水平、课程设计要求、课程实施保障、研学服务标准、标书内容清单、研学旅行实施过程表、技术规范要求及特殊要求等项目。

2. 规划研学旅行线路

根据招标文件要求和所提供线路核心研学点资源的特点，结合空间和时间、学段要求确定研学旅行课程主题。根据课程主题链接其他相关研学点（景区、场馆、社区、职业体验点），设计研学旅行专题课程体系。

3. 勘察线路，收集资料

勘察线路的目的是完善课程线路的设计。勘察线路应确认以下信息：

（1）当地投标项目有关的法律法规、当地研学旅行项目专家及劳动力供应状况。

（2）研学旅行目的地的属性、研学点资源和经营状况等。

（3）研学旅行目的地研学旅行资源的自然条件、教学条件及环境。例如，研学旅行行目的地的文化背景、政治背景、历史背景、自然资源条件、地质地貌、交通状况、水电等的供应和其他资源状况等。

（4）课程资源的安全性。在勘察环节即可完成安全注意事项及安全防范措施的初稿。

（5）课程实施的时间长度。规划好各课程的时间分配，做好研学点之间的时间衔接。

(6)课程实施的最佳线路。对多种可能的线路进行实地勘查,分析比较,按照安全第一、效率第二、舒适第三的原则,规划出最适合的课程线路。

(7)课程实施的物质条件。确认课程实施点的物质条件,特别是饮食饭店条件、住宿酒店条件、交通工具条件,以及必须携带的证件、禁止携带或者禁止使用的物品等。例如,有的研学点需要携带水鞋、鞋套,有的研学点禁止携带手机等。

(8)交通工具的要求。根据勘查信息,合理选择出行方式,确保交通安全高效。

(9)课程实施的方式。在了解资源特点的基础上,确定最佳课程实施组织方式。

(10)入住酒店的考察。对酒店房间设施以及安全疏散设施进行细致考察,全面了解酒店设施的安全性及舒适性。

(11)研学旅行餐饮安排。对研学线路中涉及的餐饮点进行考察,对学生行程中的饮食做出科学合理的安排,既要保证饮食的安全性和营养搭配,也要尽可能让学生体验各地的特色美食,了解各地的饮食文化。

(12)研学旅行指导师与项目专家、导游、讲解员之间关于课程实施方面的沟通。

(13)收集各种资源图文信息,为课程设计和研学旅行手册制作准备材料。

(14)参加研学旅行目的地现场踏勘与标前会议交底、答疑等。

投标人若因为招标之前来不及进行线路勘察,或者出于成本考虑暂不进行线路勘察,则必须对线路课程资源的相关信息进行详尽的收集和研究,要与基(营)地、场馆、餐饮、住宿等研学服务供应方做好充分的沟通。这既能尽可能为编制课程方案和研学旅行手册做准备,也能防止中标之后无法履行承诺而造成违约。但是在课程中标后,投标人必须进行现场勘察,并根据勘察情况对已有课程方案及研学旅行手册进行修订。

4.复核工作量

复核工作量指根据招标文件复核或计算工作量,这是非常重要的一个环节。复核工作量包括整个研学旅行的工作量、辅助教学服务工作量以及旅行社服务全部成本。

5.编制研学旅行手册

课程方案和研学旅行手册可以由旅行社自行编制,也可以委托专业机构或者专业人士设计编制。所选择的专业机构应该拥有教育教学、课程理论、组织管理、旅游教育、安全管理、法律合同等方面的专业人才;所委托的专业人士应具有研学旅行教学能力、研学旅行课程理论知识、研学旅行活动组织能力、旅游专业知识、中小学教育教学基础知识、安全管理知识、合同业务知识、文案编辑能力。

6.编制投标文件

(1)投标文件应当对招标文件的实质性要求做出响应。投标文件的内容一般包括投标函、公司简介、师资队伍、教学能力、服务标准、课程设计方案、教学过程评价、安全保障及其预案、投标报价清单、商务和技术偏差表。

(2)课程设计方案是报价的基础和前提,也是招标人评标时考虑的重要因素之一。

因此,编制课程设计方案应在课时、质量、方法、教学、安全保证等方面有所创新,应有利于降低研学旅行成本,从而对投标人产生更强的吸引力。

(3)确定正确的投标策略,在信誉、价格、教学质量、改进设计、先进性、具有特色的教学方案等方面体现自身的优势。

技术标的策略内容:突出自身的优势,如研学方法、研学教具、师资技术力量、代表性业绩等;突出研学旅行质量管理,质量水平尽量优于学校、教育管理机构等主办方要求水平;突出安全掌控优势,在满足主办方教学要求的同时,提出稳妥的研学旅行安全目标和措施;向主办方提出一些有利于研学旅行的合理化建议及一些优惠条件。

(4)制定投标报价方案。结合线路勘察获取的研学点收费情况,根据招标公告公布的项目资金预算,对课程实施的保障与服务标准要求进行预算分析,制定投标报价方案。研学旅行项目报价策略可采取不平衡报价法、多方案报价法、增加建议方案法、突然降价法、无利润竞标法、先亏后盈法等。

7.提交投标文件

(1)注意投标截止日期,即提交投标文件的最后期限,超过日期视为无效投标。

(2)投标文件应当对招标文件提出的实质要求和条件做出响应,如研学旅行线路、课程设计方案、教学方法、质量标准、报价限额等。

(3)投标文件应按招标文件的要求完整地呈现内容。

(4)提供投标文件的材料清单。投标文件应该包括资质证明文件、保险证明文件、安全责任承诺书、研学旅行手册、应急预案、从业业绩证明材料、课程方案、展示课件、应标陈述方案及其文案等。

8.开标与评标

(1)开标。开标时间应与提交投标文件的截止时间一致。开标地点应为招标文件中预先确定的地点。

(2)评标定标。评标委员会一般由招标人代表和教育、旅游等方面的专家组成,其成员人数为5人以上单数,其中教育、旅游等方面的专家不得少于成员总数的三分之二,并适当邀请熟悉招投标法律法规的专家参与。

评标原则:公开、公平、公正。

评审方法:严格按照招标文件公布的评标办法和标准执行。

说明:开、评标过程中,若有效投标文件少于3份,则此次招标无效,需重新招标。

(3)中标通知。中标人确定后,招标人应当向中标人发出中标通知书,并同时将中标结果通知所有未中标的投标人。中标通知书对招标人和中标人具有法律效力。中标通知书发出后,招标人要改中标结果的,或者中标人放弃中标项目的,应当依法承担法律责任。招标人和中标人应当自中标通知书发出之日起30日内,按照招标文件和中标人的投标文件订立书面合同,招标人和中标人不得再行订立背离合同实质性内容的其他协议。

二、研学旅行投标文件范例

（一）封面和扉页

以某研学教育公司的投标文件为例，封面一般只有标题，如图9-1所示；扉页一般如图9-2所示。

```
┌─────────────────────┐     ┌─────────────────────┐
│                     │     │                     │
│                     │     │                     │
│  ××××研学教育有限公司标书  │     │  ××××研学教育有限公司标书  │
│                     │     │                     │
│                     │     │                     │
│                     │     │        项目名称：      │
│                     │     │        单　　位：      │
│                     │     │        时　　间：      │
│                     │     │                     │
└─────────────────────┘     └─────────────────────┘
       图9-1  封面                    图9-2  扉页
```

（二）前言

前言一般如下：

前　　言

济南市××××中学小学部：

很高兴参加济南市××××中学小学部研学旅行项目的投标。我们对本次活动充满信心，对与贵校的合作充满诚挚的意愿。接到标函文件后，我公司成立了专门研标小组，经过细致的研究，认真查看了现有招标文件，根据研学要求和我公司的实际情况认真编写了投标文件。我公司认为我们有实力在确保按期保质、保量的前提下完成本次研学旅行任务，势必带给孩子们一次终生难忘的研学之旅。

现将标书递交贵校，诚请各评委审议。

投标单位：××××研学教育有限公司
法人代表：×××
××年××月××日

（三）目录

目录一般如下：

目　录

第一部分　投标函 ……………………………………………××
第二部分　公司概况介绍 ……………………………………××
　　第一章　公司简介及管理架构 …………………………××
　　第二章　安全保障 ………………………………………××
　　第三章　业务能力 ………………………………………××
第三部分　拟采取的研学行程 ………………………………××
第四部分　拟建立的管理组织机构以及人员配备、要求 ……××
第五部分　服务标准及措施方案 ……………………………××
　　第一章　日常服务标准 …………………………………××
　　第二章　研学旅行应急方案 ……………………………××
第六部分　详细报价清单 ……………………………………××
第七部分　退款说明 …………………………………………××

（四）正文

以第一部分投标函为例：

第一部分　投标函

致：＿＿＿＿＿＿＿（招标人名称或招标代理人名称）

（1）我方已仔细研究了济南市××××中学小学部春季××××（研学项目名称）开学招标的全部内容，愿意承担贵校本次研学的责任，并承诺按照合同约定完成计划。

（2）我方承诺在投标有效期内不修改、撤销投标文件。

（3）如我方中标：

①我方承诺在收到中标通知书后，在中标通知书规定的期限内与你方签订合同。

②我方承诺按照招标文件规定向你方递交履约担保。

③我方承诺在合同约定期限内完成合同内容。

（4）我方在此声明，所提交的投标文件及有关资料内容完整、真实和准确。

（5）＿＿＿＿＿＿＿（其他补充说明）。

投标人：××××研学教育有限公司（盖章单位）

案例分析

合肥市××小学2023年春季研学旅行活动招标书

法定代表人或其委托代理人：×××（签字）

地址：××××××

电话：××××

邮政编码：××××××

×× 年 ×× 月 ×× 日

思考与练习

简答题
1. 研学旅行招标人应具备哪些条件？
2. 研学旅行招标的流程是什么？
3. 研学旅行投标过程中为什么要勘察线路、收集资料？

参考文献
References

[1] 谢贵安,谢盛.中国旅游史[M].武汉:武汉大学出版社,2012.
[2] 薛兵旺,杨崇君,官振强.研学旅行实用教程[M].武汉:华中科技大学出版社,2020.
[3] 梅继开,张丽利.研学旅行课程开发与管理[M].武汉:华中科技大学出版社,2021.
[4] 梅继开,曹金平.研学旅行导师实务[M].武汉:华中科技大学出版社,2021.
[5] 张晓瑜,占晓婷.中小学研学旅行必须走课程化之路[J].教育教学论坛,2020(9):326-327.
[6] 钟婕,何青青.系统论视域下中小学研学旅行课程开发的路径研究[J].教育探索,2021(8):29-32.
[7] 杨丹丹.博物馆综合实践活动课程的开发和实施[J].教育理论与实践,2020,40(9):62-64.
[8] 陈钰岚.研学旅行导师的培育与管理研究[D].南京:东南大学,2020.
[9] 魏巴德,邓青.研学旅行实操手册[M].北京:教育科学出版社,2020.
[10] 李先跃,张丽萍.复合型研学导师的素质与能力探讨[J].黑河学院学报,2021,12(1):90-92.
[11] 王嵩涛.研学旅行指导师的基本素质和能力要求[J].教育艺术,2022(10):7-9.
[12] 陈仁容,陈志云,邓琼芬,等.地理研学导师培养视角下的研学旅行设计——以腾冲火山国家地质公园为例[J].中学地理教学参考,2022(20):93-96.
[13] 邓德智,伍欣.研学旅行指导师实务[M].北京:旅游教育出版社,2020.
[14] 许昌斌,李玺.研学旅行项目开发与运营[M].武汉:华中科技大学出版社,2022.
[15] 李岑虎.研学旅行课程设计[M].2版.北京:旅游教育出版社,2021.
[16] 李先跃.研学旅行发展与服务体系研究[M].武汉:华中科技大学出版社,2020.
[17] 李建刚,谷音,王军.研学导师实务[M].武汉:华中科技大学出版社,2022.
[18] 潘淑兰,王晓倩.研学旅行概论[M].武汉:华中科技大学出版社,2022.

[19] 张志勇.研学旅行是落实立德树人根本任务的重要举措[J].基础教育参考,2017(2):6-8.

[20] 张明清,窦志萍.导游服务案例选:技巧与提高[M].昆明:云南大学出版社,2007.

[21] 杨媛媛,刘霞.导游业务[M].重庆:重庆大学出版社,2017.

[22] 杨连学.导游服务实训教程[M].北京:旅游教育出版社,2010.

[23] 齐欣,李菲.导游实务[M].北京:北京理工大学出版社,2014.

[24] 陈巍.导游实务[M].北京:北京理工大学出版社,2010.

[25] 李金禄."力行"教育思想的探究与实践[M].福州:海峡文艺出版社,2020.

[26] 刘鑫莹.全面风险管理视野下S校学生冲突现状及管理问题研究[D].成都:西南交通大学,2018.

[27] 谢慧仪.中小学生冲突问题的社会学观照——兼论班主任处理冲突的策略[J].中小学班主任,2021(7):26-28.

[28] 王璐瑶.小学教师课堂教学时间管理研究[D].大连:辽宁师范大学,2022.

[29] 孙鲁倩.研学旅行中的教学行为研究[D].石家庄:河北师范大学,2019.

[30] 关德军.高校食堂卫生安全隐患及其消除[J].安庆师范学院学报(社会科学版),2007(1):70-71,129.

[31] 管苗苗,柏叶美,刘丽霞.对景区不文明现象的调查与反思——以山东、天津、江苏部分景区为例[J].新西部,2018(9):57,59.

[32] 邹宇婷.旅游不文明行为的社会心理学分析[J].现代商贸工业,2018,39(28):156-157.

[33] 张启全,齐莉莉.基于社会学视角的导游冲突问题研究[J].菏泽学院学报,2015,37(3):62-66.

[34] 李岑虎.研学旅行案例选评[M].北京:旅游教育出版社,2021.

[35] 中国研学旅行安全发展报告编写组.中国研学旅行安全发展报告蓝皮书(2017—2019)[M].济南:山东教育出版社,2020.

[36] 张淑莹.研学旅行活动课程教材建设研究——以《寻美广东》(小学3—4年级)版本编写为例[D].广州:广州大学,2020.

教学支持说明

为了改善教学效果,提高教材的使用效率,满足高校授课教师的教学需求,本套教材备有与纸质教材配套的教学课件(PPT电子教案)和拓展资源(案例库、习题库、视频等)。

为保证本教学课件及相关教学资料仅为教材使用者所得,我们将向使用本套教材的高校授课教师赠送教学课件或者相关教学资料,烦请授课教师通过电话或加入研学旅行专家俱乐部QQ群(群号:487307447)等方式与我们联系,获取"电子资源申请表"文档并认真准确填写后发给我们。

地址:湖北省武汉市东湖新技术开发区华工科技园华工园六路
邮编:430223
电话:027-81321911
研学旅行专家俱乐部QQ群二维码:

教学课件资源申请表

填表时间：_____年___月___日

1. 以下内容请教师按实际情况写，★为必填项。
2. 根据个人情况如实填写，相关内容可以酌情调整提交。

★姓名		★性别	□男 □女	出生年月		★职务	
						★职称	□教授 □副教授 □讲师 □助教

★学校		★院/系	
★教研室		★专业	
★办公电话		家庭电话		★移动电话	
★E-mail（请填写清晰）		★QQ号/微信号	
★联系地址		★邮编	

★现在主授课程情况	学生人数	教材所属出版社	教材满意度
课程一			□满意 □一般 □不满意
课程二			□满意 □一般 □不满意
课程三			□满意 □一般 □不满意
其 他			□满意 □一般 □不满意

教材出版信息		
方向一		□准备写 □写作中 □已成稿 □已出版待修订 □有讲义
方向二		□准备写 □写作中 □已成稿 □已出版待修订 □有讲义
方向三		□准备写 □写作中 □已成稿 □已出版待修订 □有讲义

请教师认真填写表格下列内容，提供索取课件配套教材的相关信息，我社根据每位教师填表信息的完整性、授课情况与索取课件的相关性，以及教材使用的情况赠送教材的配套课件及相关教学资源。

ISBN（书号）	书名	作者	索取课件简要说明	学生人数（如选作教材）
			□教学 □参考	
			□教学 □参考	

★您对与课件配套的纸质教材的意见和建议，希望提供哪些配套教学资源：